U0360624

国家出版基金项目
NATIONAL PUBLICATION FOUNDATION

新时代外国语言文学
新发展研究丛书

总主编　罗选民　庄智象

认知翻译学新发展研究

Cognitive Translation Studies: New Perspectives and Development

文　旭　刘　瑾　肖开容／著

清華大學出版社
北　京

内 容 简 介

　　本书以中国认知翻译学研究最近十年（2010—2020）所取得的成绩和未来趋势为主题，通过对研究成果的系统梳理和深入分析，从研究体系和方法演进、理论创新、应用研究三个维度，总结归纳了中国认知翻译学近十年在研究体系构建、研究方法创新、理论创建、笔译认知研究、口译认知研究、典籍翻译认知研究、人机交互翻译认知研究方面所取得的成绩，展望了各分支领域未来发展趋势。

　　本书以翔实的研究文献为基础进行分类整理和数据分析，既有整体概览，也有系统归纳和趋势分析，为从事认知翻译学研究或对认知翻译学感兴趣的研究人员和翻译专业研究生提供参考。

图书在版编目（CIP）数据

　　认知翻译学新发展研究 / 文旭，刘瑾，肖开容著. —北京：清华大学出版社，2021.6
（2022.11 重印）
　　（新时代外国语言文学新发展研究丛书）
　　ISBN 978-7-302-57273-2

　　Ⅰ. ①认…　　Ⅱ. ①文…　②刘…　③肖…　　Ⅲ. ①认知语言学—翻译学—研究
Ⅳ. ① H059

　　中国版本图书馆 CIP 数据核字（2021）第 005000 号

策划编辑：郝建华
责任编辑：郝建华　黄智佳
封面设计：黄华斌
责任校对：王凤芝
责任印制：沈　露

出版发行：清华大学出版社
　　　　　　网　　　址：http://www.tup.com.cn, http://www.wqbook.com
　　　　　　地　　　址：北京清华大学学研大厦 A 座　　邮　　编：100084
　　　　　　社 总 机：010-83470000　　　　　　邮　　购：010-62786544
　　　　　　投稿与读者服务：010-62776969, c-service@tup.tsinghua.edu.cn
　　　　　　质量反馈：010-62772015，zhiliang@tup.tsinghua.edu.cn
印 刷 者：大厂回族自治县彩虹印刷有限公司
装 订 者：三河市启晨纸制品加工有限公司
经　　销：全国新华书店
开　　本：155mm×230mm　　　印　　张：19.25　　　字　　数：291 千字
版　　次：2021 年 8 月第 1 版　　　　　　印　　次：2022 年 11 月第 2 次印刷
定　　价：118.00 元

产品编号：088057-01

中国英汉语比较研究会
"新时代外国语言文学新发展研究丛书"
编委会名单

总主编

罗选民　　庄智象

编　委

（按姓氏拼音排序）

蔡基刚	陈　桦	陈　琳	邓联健	董洪川
董燕萍	顾曰国	韩子满	何　伟	胡开宝
黄国文	黄忠廉	李清平	李正栓	梁茂成
林克难	刘建达	刘正光	卢卫中	穆　雷
牛保义	彭宣维	冉永平	尚　新	沈　园
束定芳	司显柱	孙有中	屠国元	王东风
王俊菊	王克非	王　蔷	王文斌	王　寅
文秋芳	文卫平	文　旭	辛　斌	严辰松
杨连瑞	杨文地	杨晓荣	俞理明	袁传有
查明建	张春柏	张　旭	张跃军	周领顺

总　　序

　　外国语言文学是我国人文社会科学的一个重要组成部分。自 1862 年同文馆始建，我国的外国语言文学学科已历经一百五十余年。一百多年来，外国语言文学学科一直伴随着国家的发展、社会的变迁而发展壮大，推动了社会的进步，促进了政治、经济、文化、教育、科技、外交等各项事业的发展，增强了与国际社会的交流、沟通与合作，每个发展阶段无不体现出时代的要求和特征。

　　20 世纪之前，中国语言研究的关注点主要在语文学和训诂学层面，由于"字"研究是核心，缺乏区分词类的语法标准，语法分析经常是拿孤立词的意义作为基本标准。1898 年诞生了中国第一部语法著作《马氏文通》，尽管"字"研究仍然占据主导地位，但该书宣告了语法作为独立学科的存在，预示着语言学这块待开垦的土地即将迎来生机盎然的新纪元。1919 年，反帝反封建的"五四运动"掀起了中国新文化运动的浪潮，语言文学研究（包括外国语言文学研究）得到蓬勃发展。中华人民共和国成立后，尤其是改革开放以来，外国语言文学学科的发展势头持续迅猛。至 20 世纪末，学术体系日臻完善，研究理念、方法、手段等日趋科学、先进，几乎达到与国际研究领先水平同频共振的程度，取得了令人瞩目的成绩，有力地推动和促进了人文社会科学的建设，并支持和服务于改革开放和各项事业的发展。

　　无独有偶，在处于转型时期的"五四运动"前后，翻译成为显学，成为了解外国文化、思想、教育、科技、政治和社会的重要途径和窗口，成为改造旧中国的利器。在那个时期，翻译家由边缘走向中国的学术中心，一批著名思想家、翻译家，通过对外国语言文学的文献和作品的译介塑造了中国现代性，其学术贡献彪炳史册，为中国学术培育做出了重大贡献。许多西方学术理论、学科都是经过翻译才得以为中国高校所熟悉和接受，如王国维翻译教育学和农学的基础读本、吴宓翻译哈佛大学白璧德的新人文主义美学作品等。这些翻译文本从一个侧面促成了中国高等教育学科体系的发展和完善，社会学、人类学、民俗学、美学、教育学等，几乎都是在这一时期得以创建和发展的。翻译服务对于文化交流交融和促进文明互鉴，功不可没，而翻译学也在经历了语文学、语言学、文化学等转向之后，日趋成熟，如今在让中国了解世界、让世界了解中国，尤其是"一带一路"建设、人类命运共同体构建、讲好中国故事、传递好中国声音等方面承担着重要使命与责任，任重而道远。

20世纪初，外国文学深刻地影响了中国现代文学的形成，犹如鲁迅所言，要学普罗米修斯，为中国的旧文学窃来"天国之火"，发出中国文学革命的呐喊，在直面人生、救治心灵、改造社会方面起到不可替代的作用。大量的外国先进文化也因此传入中国，为塑造中国现代性发挥了重大作用。从清末开始特别是"五四运动"以来，外国文学的引进和译介蔚然成风。经过几代翻译家和学者的持续努力，在翻译、评论、研究、教学等诸多方面成果累累。改革开放之后，外国文学研究更是进入繁荣时代，对外国作家及其作品的研究逐渐深化，在外国文学史的研究和著述方面越来越成熟，在文学理论与文学批评的译介和研究方面、在不断创新国外文学思想潮流中，基本上与欧美学术界同步进展。

外国文学翻译与研究的重大意义，在于展示了世界各国文学的优秀传统，在文学主题深化、表现形式多样化、题材类型丰富化、批评方法论的借鉴等方面显示出生机与活力，显著地启发了中国文学界不断形成新的文学观，使中国现当代文学创作获得了丰富的艺术资源，同时也有力地推动了高校相关领域学术研究的开展。

进入21世纪，中国的外国语言学研究得到了空前的发展，不仅及时引进了西方语言学研究的最新成果，还将这些理论运用到汉语研究的实践；不仅有介绍、评价，也有批评，更有审辨性的借鉴和吸收。英语、汉语比较研究得到空前重视，成绩卓著，"两张皮"现象得到很大改善。此外，在心理语言学、神经语言学和认知语言学等与当代科学技术联系紧密的学科领域，外国语言学学者充当了排头兵，与世界分享语言学研究的新成果和新发现。一些外语教学的先进理念和语言政策的研究成果为国家制定外语教育政策和发展战略也做出了积极的贡献。

习近平总书记指出："要着力推进国际传播能力建设，创新对外宣传方式，加强话语体系建设，着力打造融通中外的新概念新范畴新表述，讲好中国故事，传播好中国声音，增强在国际上的话语权。"为贯彻这一要求，教育部近期提出要全面推进新工科、新医科、新农科、新文科等建设。新文科概念正式得到国家教育部门的认可，并被赋予新的内涵和定位，即以全球新技术革命、新经济发展、中国特色社会主义新时代为背景，突破传统的文科思维模式与文科建构体系，创建与新时代、新思想、新科技、新文化相呼应的新文科理论框架和研究范式。新文科具备传统文科和跨学科的特点，注重科学技术、战略创新和融合发展，立足中国，面向世界。

新文科建设理念对外国语言文学学科建设提出了新目标、新任务、新要求、新格局。具体而言，新文科旗帜下的外国语言文学学科的发展目标是：服务国家教育发展战略的知识体系框架，兼备迎接新科技革命的挑战能力，彰显人文学科与交叉学科的深度交融特点，夯实中外政治、文化、社会、历史等通识课程的建设，打通跨专业、跨领域的学习机制，确立多维立体互动教学模式。这些新文科要素将助推新文科精神、内涵、理念得以彻底贯彻落实到教育实践中，为国家培养出更多具有融合创新的专业能力，具有国际化视野，理解和通晓对象国人文、历史、地理、语言的人文社科领域外语人才。

进入新时代，我国外国语言文学的教育、教学和研究发生了巨大变化，无论是理论的探索和创新，方法的探讨和应用，还是具体的实验和实践，都成绩斐然。回顾、总结、梳理和提炼一个年代的学术发展，尤其是从理论、方法和实践等几个层面展开研究，更有其学科和学术价值及现实和深远意义。

鉴于上述理念和思考，我们策划、组织、编写了这套"新时代外国语言文学新发展研究丛书"，旨在分析和归纳近十年来我国外国语言文学学科重大理论的构建、研究领域的探索、核心议题的研讨、研究方法的探讨，以及各领域成果在我国的应用与实践，发现目前研究中存在的主要不足，为外国语言文学学科发展提出可资借鉴的建议。我们希望本丛书的出版，能够帮助该领域的研究者、学习者和爱好者了解和掌握学科前沿的最新发展成果，熟悉并了解现状，知晓存在的问题，探索发展趋势和路径，从而助力中国学者构建融通中外的话语体系，用学术成果来阐述中国故事，最终产生能屹立于世界学术之林的中国学派！

本丛书由中国英汉语比较研究会联合上海时代教育出版研究中心组织研发，由研究会下属 29 个二级分支机构协同创新、共同打造而成。罗选民和庄智象审阅了全部书稿提纲；研究会秘书处聘请了二十余位专家对书稿提纲逐一复审和批改；黄国文终审并批改了大部分书稿提纲。

本丛书的作者大都是知名学者或中青年骨干，接受过严格的学术训练，有很好的学术造诣，并在各自的研究领域有丰硕的科研成果，他们所承担的著作也分别都是迄今该领域动员资源最多的科研项目之一。本丛书主要包括"外国语言学""外国文学""翻译学""比较文学与跨文化研究"和"国别和区域研究"五个领域，集中反映和展示各自领域的最新理论、方法和实践的研究成果，每部著作内容涵盖理论界定、研究范畴、研究视角、研究方法、研究范式，同时也提出存在的问题，指明发展的前景。总之，本丛书基于外国语言文学学科的五个主要方向，借助基础研究与应用研究的有机契合、共时研究与历时研究的相辅相成、定量研究与定性研究的有效融合，科学系统地概括、总结、梳理、提炼近十年外国语言文学学科的发展历程、研究现状以及未来的发展趋势，为我国外国语言文学学科高质量建设与发展呈现可视性极强的研究成果，以期在提升国家软实力、构建人类命运共同体过程中承担起更重要的使命和责任。

感谢清华大学出版社和上海时代教育出版研究中心的大力支持。我们希望在研究会与出版社及研究中心的共同努力下，打造一套外国语言文学研究学术精品，向伟大的中国共产党建党一百周年献上一份诚挚的厚礼！

罗选民　庄智象

2021 年 6 月

前　言

　　翻译是一种复杂的认知活动，有必要采用认知科学（如认知心理学、认知语言学、神经科学等）的理论和方法对译者的心智活动进行研究。这一研究取向从 20 世纪 60 年代逐渐开始，经过八九十年代的进一步探索以及最近三十年的快速发展，逐渐走向成熟，成为一个新的翻译研究分支（Xiao & Muñoz，2020）。

　　进入 21 世纪，国际认知翻译学研究取得了长足的发展。2010 年，Shreve 和 Angelone 合编的 *Translation and Cognition*（《翻译与认知》），收录了多篇具有里程碑意义的论文，标志着认知翻译学进入了新的发展阶段。比如，Halverson 提出了 Cognitive Translation Studies（认知翻译学）这一术语；Muñoz 论述了 Cognitive Translatology（认知翻译论）的理论原则。2017 年，Schwieter 和 Ferreira 合编了 *The Handbook of Translation and Cognition*（《翻译与认知手册》），集合了 30 篇论文，从理论演进、方法创新、译者与工作场所特征、译者能力培养与口译研究、趋势展望五个方面展示了认知翻译学在理论与方法方面的最新进展，充分反映了认知翻译学的强劲发展势头。另外，劳特里奇出版社将于 2021 年推出 *The Routledge Handbook of Translation and Cognition*（《劳特里奇翻译与认知手册》），该手册规划了 30 章内容，涵盖翻译与认知的多个侧面，将成为认知翻译学研究的另一个重要指南，意味着国际认知翻译学研究进入一个新的阶段。

　　2018 年，学术期刊 *Translation, Cognition & Behaviour*（《翻译、认知与行为》）创刊，成为专注于认知翻译学研究的专门学术期刊。除此以外，认知翻译学研究也是国际学术期刊的热门选题，自 2005 年至今已有 8 个学术期刊先后以主题专刊形式集中刊发认知翻译学研究论文（肖开容，2020）。

　　全球多所大学建立了认知翻译研究中心或实验室，如丹麦哥本哈根商学院的"翻译与技术创新研究中心"（CRITT，自 2019 年开始设于肯特州立大学）、中国澳门大学的"翻译传译认知研究中心"（CSTIC）、巴西米纳斯吉拉斯联邦大学的"翻译实验研究实验室"（LETRA）、德国美因兹大学的"翻译与认知研究中心"（TRA & CO）、意大利博洛尼亚大学的"协助多语交际与认知研究实验室"（MC2 Lab）等。2011 年，在原翻译能力研究小组 PACTE 的基础上形成了第一个国际翻译认知研究协会"翻译与认知实证研究协作组"（TREC）。

同时，在过去三十年里，认知翻译研究也经历了非常活跃的方法论更新，从有声思维法为核心的口头报告、击键记录为核心的译者行为数据记录、眼动追踪，到最近的神经影像记录和以心率检测、皮电测试方法收集译者生理数据等，使翻译研究的实证性、跨学科性更加突出，产出了一大批基于实证数据的研究成果。同时，近年来连续召开了多个以认知翻译研究为主题的系列国际学术会议，如"翻译认知国际研讨会"（ICCRTI）、"国际口笔译认知大会"（ICTIC）、"翻译过程研究工作坊"（Translation Process Workshop）等，体现出国际认知翻译学研究的活跃态势。

中国的认知翻译学研究在 21 世纪之前并不突显。进入 21 世纪，尤其是在 21 世纪的第二个十年里，中国认知翻译学研究取得了突飞猛进的发展：在研究方法和理论探索等方面有很多突破，在国内外学术期刊上发表了系列论文，先后出版了多部学术专著（Sun & Xiao, 2019）；成立了中国英汉语比较研究会认知翻译学专业委员会和中国翻译认知研究会等学术组织，召开了多个系列学术会议；国内第一个专注于认知翻译学研究的学术集刊《语言、翻译与认知》（*Studies in Language, Translation & Cognition*）也已于 2021 年创刊；研究方法更新、理论体系构建、交流平台建设等方面都体现出活跃态势，而且与国际认知翻译研究已经逐渐接轨，几乎处于同步发展趋势。

那么，最近十年中国认知翻译研究取得了哪些研究成果？在理论思想、研究话题、研究方法等方面取得了什么样的成绩？未来有何发展趋势？作为"新时代外国语言文学新发展研究丛书"之一，本书将聚焦 2010—2020 年间中国认知翻译学研究取得的成绩和未来发展趋势。为全面、深入、系统梳理过去十年间中国认知翻译学研究成果，我们邀请了十位专家，分别从研究体系和方法演进、理论创建和应用研究三个方面，梳理过去十年间中国认知翻译学研究成果，归纳研究特点，总结主要领域所取得的成绩，分析未来发展趋势，主要内容和核心观点如下。

第一部分为研究体系和方法演进，包括第 1—4 章，分别聚焦认知翻译学整体概貌、笔译认知研究、口译认知研究和认知翻译研究方法演进。

第 1 章为"近十年中国认知翻译学发展概览"，主要论述中国认知翻译学最近十年飞速发展的具体体现、核心研究领域、重要成果以及五个发展趋势，是对整个认知翻译学体系所做的概览性总结和梳理，可帮助我们系统全面了解中国认知翻译学的情况。

第 2 章为"笔译认知研究"，包括笔译认知的超学科和多学科研究、笔译认知过程分析和笔译认知研究发展趋势三个板块，对笔译认知研究的理论视角、核心话题、研究方法和重要成果进行了全面深入的介绍，将国内外笔译认知研究融会贯通，指出未来的笔译研究在实验设计（被试选取与实验生态效度）、笔译作品与笔译过程研究结合、研究技术的多元化等方面的发展趋势。笔译认知研究要充分利用最新的技术，采用最新的研究理念和设计思路，在翻译过程的神经生理机制等方面做出更多有价值的探索，为笔译认知研究指明了发展方向。

第 3 章为"口译认知研究"，首先从工作记忆、口译认知加工、语料库与口译认知研究三方面介绍国际口译认知研究的现状，然后重点从口译记忆、口译笔记、口译认知加工侧策略、口译信息加工等方面总结中国认知翻译界在口译认知研究方面所取得的成绩，分析中国口译认知研究在研究体系和方法论上面的不足，指出未来发展的三大趋势：口译认知理论建构、多模态口译认知研究和口译认知研究方法论体系完善。

第 4 章为"认知翻译学研究方法演进"，主要从思辨研究和实证研究方面梳理过去十年中国认知翻译学研究方法的演变。其中，实证研究的兴起是突出的特点，包括采用击键记录和眼动追踪、绩效测量、有声思维法、脑功能成像方法的实验研究、调查研究、语料库研究、文献计量研究、语篇分析研究。另外一个突出的特点是多元互证法的使用。未来发展趋势主要在于研究数据的处理和利用、如何应对技术进步带来的挑战和认知主体的多元化。

第二部分为理论创新，包括第 5—8 章，涵盖概念隐喻理论与翻译、范畴理论与翻译、意象图式理论与翻译和框架理论与翻译。

第 5 章为"概念隐喻理论视角的翻译研究"。该章首先总结了过去十年国内隐喻翻译研究的基本趋势,介绍了基于概念隐喻的翻译理论构建研究,然后重点总结了隐喻翻译理论指导下的文学作品翻译和非文学作品的翻译研究成果,如政治文本、中医文本、科技文本、金融文本、外宣文本的翻译等。未来发展趋势包括:拓展概念隐喻理论的翻译理论研究、概念隐喻与其他相关语义理论的结合、中国文化背景下的概念隐喻翻译理论创新、基于大规模语料和新技术的概念隐喻翻译研究等。

第6章为"范畴理论视角的翻译研究",主要介绍最近十年国内范畴化理论视角的翻译研究,包括翻译的范畴化研究、翻译的范畴属性和翻译范畴转换模型。翻译具有原型范畴属性,基于源语范畴和目标语范畴的关系可构建翻译的语言范畴转换和非语言范畴转换模型。

第7章为"意象图式理论视角的翻译研究",主要基于认知语言学的意象图式理论,构建翻译的意象图式模型,并通过实例分析了基于意象图式的翻译应关注事体、意象图式及其侧显、语言编码等与翻译方法的共变关系,体现出认知语言学理论对于翻译过程的理论解释力。该章指出,未来的认知翻译学研究应加强宏观与微观的结合,将翻译视为跨文化认知行为,探索人类经验结构和认知图式的跨文化传递,对文化互通和文化交流做出理论阐释。

第8章为"框架理论视角的翻译研究",主要聚焦最近十年国内以框架理论为视角在翻译理论模型构建和应用研究方面所取得的成绩。在理论模型方面,先后有学者构建了译者认知的"三部曲"模式、翻译的"框架操作"模型、基于原型的概念框架转换翻译思维过程模型以及框架语义构建与概念整合模型等。同时,框架理论还广泛应用于诗歌、小说、戏剧、哲学著作、中医典籍等的翻译以及翻译教学研究。框架理论视角的翻译研究未来趋势主要体现为对认知翻译理论的进一步拓展、框架语义理论与构式语法理论结合的翻译研究以及基于多语种框架网的翻译研究等。

第三部分为应用研究,包括第9—10章,分别涉及典籍翻译的认知研究和人机交互翻译认知研究。认知翻译学的理论和方法已在多个方面应用,其中过去十年比较突出的应用包括典籍翻译研究和新技术条件下的翻译研究。

第9章"典籍翻译的认知研究"以中国外语类16种核心期刊

2010—2019 年间所发表的有关中国典籍英译研究的成果为语料，梳理和分析了这些研究成果的特点和所取得的成绩，从概念隐喻和概念转喻与典籍英译、认知识解与典籍英译、其他认知理论与典籍英译三个方面深入论述了这些研究的主要观点。未来的典籍翻译认知研究将拓展研究的范围和理论深度，深入解决理论与实践的脱节等问题。

第 10 章"人机交互翻译认知研究"聚焦在翻译技术不断发展的背景下多种新形态翻译中的认知问题。该章首先回顾了翻译技术和人机交互翻译的发展历程，然后基于国内最近十年翻译技术研究文献，重点分析了译后编辑研究和机器翻译研究的热点和核心话题。未来的人机交互翻译认知研究将呈现研究方法的多样化、关注翻译技术的可用性等趋势。

过去十年是中国认知翻译学取得飞速发展的十年，在研究体系、理论模型、研究方法、研究设计等方面都取得了很多突破，逐渐成为中国翻译学研究中的一个显学和新增长点，所取得的成绩也有多方面的体现。作为认知翻译学近十年发展成果的浓缩，本书是集体智慧的结晶，十位认知翻译学研究领域的资深专家和青年学者应邀参与了本书的撰写。其中，文旭提出总体构想和规划，文旭、刘瑾、肖开容拟定全书的结构和撰写思路，每章撰写人员分别为：第 1 章金胜昔；第 2 章卢植；第 3 章王建华；第 4 章陈思佳；第 5 章刘瑾；第 6 章文旭；第 7 章杨朝军；第 8 章肖开容；第 9 章王明树；第 10 章贾艳芳。十位作者以多年研究为基础，以扎实的专业水准和深刻的洞察力，在繁忙的教学和科研工作之余，高质量地完成书稿，对此表示衷心感谢！

因作者水平和篇幅所限，本书仅代表性地呈现过去十年间中国认知翻译学研究的一些主要成绩。如今，随着信息技术的快速更新，人类的沟通方式正在发生深刻变革。翻译的形态、内涵和外延也随之发生诸多变化。但是无论技术如何革新，无论交际方式和渠道如何变化，人始终是交际的主体，认知始终是交际活动的核心问题。因此，关注多语、跨语交际中的认知问题，将是认知翻译学深入发展的内在推动力。期待下一个十年中国认知翻译学研究取得更多突破性成绩。

文　旭

2020 年 11 月

目 录

图 目 录

表 目 录

第一部分
研究体系和方法演进

第1章
近十年中国认知翻译学发展概览

1.1　引言

　　认知翻译学是一种翻译研究新范式，主张将认知科学的理论原则和研究方法与翻译研究结合，深入分析翻译的本质和规律（Shreve & Angelone，2010；王寅，2012，2014；卢卫中、王福祥，2013；文旭，2018；文旭、肖开容，2019）。翻译研究借鉴其他学科的理论与方法来解决自身的问题，是学术研究跨学科性日益增强的必然结果。其中，认知语言学的概念隐喻理论、概念转喻理论和识解理论等为翻译研究提供了新的学术增长点（Brdar & Brdar-Szabó，2013；谭业升，2012b；金胜昔、林正军，2015a；胡壮麟，2019）。翻译学科本身的内生之力，跨文化交际不断加强的外部之力，以及这种学科交叉形成的合力，最终催生了认知翻译学这一新兴学科。

　　中国认知翻译学这一新兴领域已经形成了稳定的学术共同体，正致力于按照相同或相似的研究路径尝试解决翻译中存在的各种问题（刘绍龙、夏忠燕，2008；金胜昔、林正军，2016）。新时代的第二个十年即将过去，在过去十年间，中国认知翻译学发展状况如何？形成了哪些核心研究领域？取得了哪些重要成果？未来有何发展趋势？科学回答这些问题不仅能深入揭示我国认知翻译学的发展轨迹、特征和规律，还能够帮助国内学者少走弯路、避免盲从、更好地把握本领域的最新研究动态，助推中国认知翻译学研究向更高层次发展。

基于认知翻译学所具有的人文学科和跨学科特点，参照文献数据来源分类标准（邱均平、王日芬，2008），借鉴布拉德福定律的某一学科多数关键文献都集中于少数核心期刊这一主张，以及穆雷和邹兵（2014）提出的"在能够体现学科建设成就的成果中，博士论文是一个重要组成部分，它可以反映出该领域新的研究问题、研究方法或研究发现"这一观点，本章主要以 2010 年 1 月—2020 年 5 月发表在"中文社会科学引文索引"（CSSCI）来源期刊上与认知翻译研究相关的论文和博士论文为数据来源进行统计分析。具体做法是，在中国知网数据库，以"2010—2020"为时间区间，分别以"认知"（认知科学、认知心理学）和"翻译"（口译、笔译）作为主题词、关键词检索项，进行单独检索和交叉检索。精读筛查后滤除重复的文献以及会议通知、稿约等，最终获得有效期刊文献数据 356 篇、博士论文 61 篇。本章主要以这些文献为爬梳对象，采取数据可视化结合文本细读的方法，综合国内认知翻译学发展过程中出现的重要机构和事件，深入缕析过去十年间我国认知翻译学的发展概况，进一步研判该领域的未来发展动向。

1.2　认知翻译学的飞速发展

1.2.1　学术成果不断涌现

不同时期发表或出版的相关文献数量能够烛照某一领域的研究状况和发展趋势。图 1.1 在时间和数量两个维度上表明 2010—2020 年间国内认知翻译学研究领域的学术成果不断涌现。在 2010 年至 2012 年期间，期刊论文发文量相对稳定，每年基本保持在 30 篇至 35 篇之间；2013 年略有下降；2014 年至 2016 年和 2017 年至 2019 年两个三年区间内，呈现上涨趋势，在 2016 年和 2019 年分别达到区间的顶点，峰值表明两年分别发文为 45 篇和 41 篇。2020 年只收集到截至 5 月底的数据，仅有 11 篇论文，不能反映该年度发文量的总体情况。博士论文数量在近十年间相对稳定，年均 6.1 篇。从 2015 年起，博士论文数量呈现稳步递增的趋势，2019 年达到峰值 9 篇。总体来看，期刊论文和博士论文的发文量分布趋势与金胜昔和林正军（2016）所做的相关数据统计结果吻合，这充分说明越来越多的国内学者尝试从认知的视角来研究翻译问题，中国认知翻译学进入快速发展期。

图 1.1 2010—2020 年中国认知翻译学研究发文量分布

1.2.2 **学术共同体日益壮大**

具有一定学术影响力且稳定高产的作者群体构成了认知翻译学研究的学术共同体，并不断发展壮大。学术共同体成员主要是那些在认知翻译学研究中造诣较深的核心作者，他们的核心期刊发文量是衡量其科研生产力和学术影响力的主要指标。根据普赖斯定律，发表论文数为 N 篇以上的作者为该学科的杰出科学家，即核心作者。计算公式为：$N=0.749(\eta max)^{1/2}$，其中 ηmax 为发文量最多的作者所发论文数量。我们梳理所收集的文献发现，近十年发表核心期刊论文最多的是上海外国语大学的谭业升，为 14 篇，因此该领域核心作者最低发文量应为 $N=0.749\times(14)^{1/2}=2.8\approx3$ 篇。根据这一标准，进入学术共同体的成员主要包括谭业升、文旭、康志峰、王寅、王湘玲、李德凤、王建华、卢植、肖开容、卢卫中、刘正光、王明树、冯全功、陈吉荣、钱春花、李占喜、刘绍龙、苗菊、曾利沙、朱琳、范祥涛、孙三军、林正军和金胜昔等。侯林平、冯佳、王一方、孙凤兰、卢信朝等共同体成员有关认知翻译学的核心学术成果主要发表在 2016 年之后，这也充分说明在金胜昔和林正军（2016）的统计之后，认知翻译学领域又不断有新的成员加入，认知翻译学共同体逐渐发展壮大。上述学术共同体成员有着相近的研究取向，主要以翻译过程等问题为内核，以认知研究为路径，对该领域的特定课题进行研究，并持续产出高质量的研究成果。正是这些核心作者所形成的合力保证了国内认知翻译学健康快速地发展。

1.2.3 学术传播平台的构建

1. 认知翻译学研究会的建立

　　学会或研究会是专门从事某一学科研究的学术组织，是有着相同或相近研究旨趣的学者交流"新学问、新问题、新科学、新技术"，进行"辩论、质证、交流学术经验的群众团体，是联合社会和个人的纽带"（蔡国梁等，2003：98）。学会或研究会在促进学术发展、推动科技进步方面起着重要的作用。中国认知翻译学发展初期，学者们交流渠道较窄，除了期刊外，交流平台散见于以语言学、文学或是翻译学为主题的学术会议。这种状况不利于学术共同体的组建，不利于形成合力来解决认知翻译学的重大课题和难题，在一定程度上制约了中国认知翻译学向更高层次发展。

　　有鉴于此，中国认知翻译学界于 2017 年分别成立了两个相关学会：中国英汉语比较研究会认知翻译学专业委员会，由文旭教授任会长；中国翻译认知研究会，由康志峰教授任会长。近三年来，两个学会在国内共组织了近 10 次认知翻译学专题学术会议，参加会议的多是国内外高校教师、专职研究人员、硕士和博士研究生等，也邀请了部分国际学者参加。从这些学术活动的规模、论文质量与数量来看，国内认知翻译学自学会成立后得到了更好的发展。认知翻译学领域的一些重要话题，如认知语言学与翻译学的衔接、融合问题，相关实验、实证研究方法等得到了更深入的讨论，国内外认知翻译学研究的前沿与热点得到了进一步的传播。同时，中国认知翻译学的国际影响力在一定程度上也得到了提升。

2. 核心期刊的助力

核心期刊是记载科学成果的载体与文献库，不仅是进行学术交流的重要工具，而且还是良性学术争鸣和传播的平台。发表认知翻译研究论文的核心期刊既对该领域的发展起到了有力的助推作用，又从量和质两个维度彰显了近十年国内认知翻译研究所取得的巨大成绩。根据近十年发文量筛选出排位前 20 的期刊，制成图 1.2。排在前七位的是发表相关论文 47 篇的《上海翻译》、31 篇的《中国翻译》、29 篇的《外语翻译》、19 篇的《外语学刊》、18 篇的《外国语》以及分别发表 17 篇的《外语与外语教学》和《外语研究》。在这 20 强期刊阵营中外语类核心期刊占据绝对数量，为认知翻译学界发布研究成果、交流思想观点和开展学术探讨提供了重要平台。《东北师大学报》（哲学社会科学版）、《广西民族大学学报》等综合性人文社会科学类核心期刊也刊发相关论文，帮助该领域研究者及时捕捉热点话题和前沿动态，在一定程度上也助推了认知翻译学研究成果的传播。

越来越多核心期刊选择发表认知翻译学研究论文，从传播渠道的丰富性这一侧面说明国内认知翻译学已被学界认可，逐渐成为一门显学。

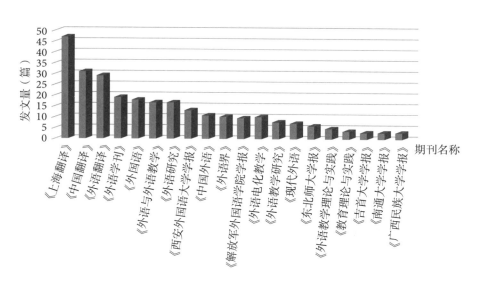

图 1.2　认知翻译学研究论文的期刊分布

3. 科研立项的支撑

科学研究需要学者们的智力投入，也需要持续的经费保障。中国认知翻译学研究得以顺利进行并取得大量高质量成果，与不同层级的项目资助密不可分。上至国家社科基金、教育部社科基金，下至省级、市级的各项基金都有相关立项，已经形成了一个从上到下多层级、立体的研究资助体系，有力地保障了国内认知翻译学研究的顺利开展。其中，国家社科基金支持的项目在学术研究中发挥着重要的示范、推动作用。一方面，国家社科基金的资助彰显了国家层面对开展认知翻译研究的重视程度；另一方面，这种资助导向也吸引着更多研究者加入认知翻译学的阵营。

梳理国家社科基金立项情况，发现近几年国家对认知翻译学相关研究支持力度明显加强。2017 年西南大学肖开容主持的国家社科基金一般项目"认知翻译学研究体系的构建研究"，主要从哲学基础、理论主张和研究分支等角度系统梳理和构建认知翻译学作为翻译学的一个研究领域的学科体系；2019 年广东外语外贸大学卢植主持的国家社科重点项目"认知翻译学视阈下的翻译过程研究"从认知翻译学的理论出发，采取实验实证方法开展翻译过程研究。国家社科基金对认知翻译学应用研究也不乏支持，例如，2016 年陕西师范大学孟霞主持的"汉俄翻译中的同义转换能力研究"；2017 年浙江大学梁君英主持的"英汉同声传译能力的发展模型研究"，宁波大学项霞主持的"汉英视、笔译的语篇认知加工模式对比实证研究"；2018 年北京第二外国语学院刘淼主持的"面向人工智能的汉俄翻译质量评估研究"，华南农业大学李占喜主持的"硕士生译者认知过程的实验语用学研究"；2019 年中国人民大学王建华主持的"口译过程认知论建构与人工智能口译研究"，湖南大学王湘玲主持的"人工智能时代基于认知过程的翻译创新人才培养理论与实证研究"，北京外国语大学孙三军主持的"翻译材料难度量化分级研究"等。另外，国家社会科学基金项目 2020 年和 2021 年度课题指南专门设立了"翻译认知范式研究"指导条目。

上述部分立项实例充分说明中国认知翻译学近十年的发展得益于雄厚的科研基金资助保障，也从一个侧面表明该研究领域因其学理价值和应用价值已经获得了学术界的认可和相关管理部门的肯定。

1.2.4　国际学术对话的加强

中国认知翻译学界一直重视与国际学术界开展对话交流。中外学者的信息交流与学术对话有助于我们了解国外认知翻译学的研究进展，也利于传播中国学者的研究成果，帮助我们既做到"知彼"，也做到"知己"。自中国英汉语比较研究会认知翻译学专业委员会和中国翻译认知研究会成立之后，不断邀请国外或境外认知翻译学领域的专家参会，交流最新研究成果，受邀参会的专家包括欧洲翻译学会会长、Translog创始人 Arnt Lykke Jakobsen，意大利博洛尼亚大学的 Ricardo Muñoz Martín，挪威阿哥德大学的 Sandra L. Halverson，西班牙巴塞罗那自治大学的 Patricia Rodríguez-Inés，英国杜伦大学的郑冰寒，美国肯特州立大学的 Isabel Lacruz 等。上述学者构成了国外认知翻译学研究领域的核心作者群体，在认知翻译学的理论建构和翻译传译过程的实证研究方面建树颇丰，与中国认知翻译学界的深入交流，推动了中外认知翻译学的共同发展。

开展国际学术对话的另一渠道就是在国际期刊撰文，交流中国学者的最新研究成果。北京外国语大学的孙三军和肯特州立大学的 Gregory M. Shreve 合作，采取 NASA 任务负荷指数（NASA Task Load Index）方法，针对翻译难度的测量进行了实证研究（Sun & Shreve，2014），同时又对翻译难度的相关理论和研究方法展开深入探讨（Sun，2015）。湖南大学贾艳芳、王湘玲和肯特州立大学的 Michael Carl 合作，利用击键记录（keystroke logging）、屏幕记录（screen recording）、问卷调查等方法，对神经机器翻译和人工翻译的译后编辑过程进行实验对比研究（Jia et al.，2019a，2019b）。

最近，西南大学的肖开容与意大利博洛尼亚大学的 Ricardo Muñoz Martín 联合担任 Linguistica Antverpiensia NS–Themes in Translation Studies（LANS–TTS）期刊客座主编，负责编辑 2020 年认知翻译学研究的主题专刊 "Cognitive Translation Studies: Theoretical Models and Methodological Criticism"；又与挪威阿哥德大学的 Sandra L. Halverson 联合担任 Cognitive Linguistic Studies 期刊客座主编，负责编辑 2021 年认知翻译学主题专刊 "Developments in Cognitive Translation and Interpreting Studies"，进一

步为中外学者的信息交流打开了更多窗口，同时也拓宽了国内外学术研究互通的渠道。

这种学术交流的国际性互动对于认知翻译学的发展大有裨益。总体来看，中外学者就认知翻译学的相关问题不断开展对话，且这一趋势逐渐加强，也说明中国认知翻译学近十年的蓬勃发展是得益于中外学者合力推动的结果。

1.3 认知翻译学核心研究领域及重要成果

认知翻译学的核心研究领域指在一个具体时间维度内，一定数量具有内在关联的论文共同聚焦的科研问题，代表该领域一段时间内最具热点、最具挖掘潜力的研究主题。该领域内的高被引论文通常被认定是核心文献，是最具代表性的重要研究成果，对洞悉这个学科的发展趋势及变化情况起到至关重要的作用。如何锁定认知翻译学的核心研究领域？关键词共现的数据可视化方式是路径之一。关键词通常由词或词组构成，是对文章主旨内容的高度概括和浓缩。通过关键词共现知识图谱可以展现出一定时期内相关文献的集中情况，从而帮助框定认知翻译学的核心研究领域。借助 CiteSpace 可视化工具和知网可视化工具分别生成图 1.3 期刊论文关键词共现图谱和图 1.4 博士论文关键词共现图谱。

节点代表论文的关键词。节点的大小与关键词的出现频次成正比，节点间连线代表其共现关系。综合考察图 1.3 和图 1.4 中的节点情况，可以发现认知翻译学的内核还是翻译，认知语言学、认知语用学的理论分析工具应用最多，翻译过程、翻译教学、翻译策略、关联翻译论、隐喻等关注度非常高。研究对象除了笔译外，口译占比逐渐加大，这一点在博士论文中尤为突出。

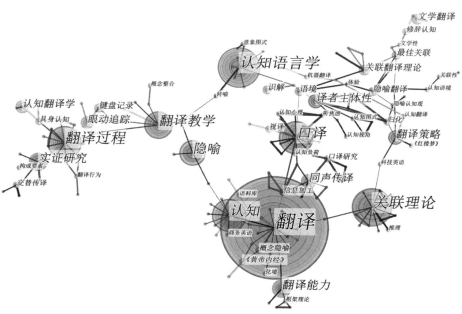

图 1.3　期刊论文关键词共现图谱

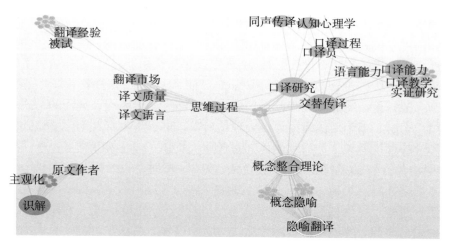

图 1.4　博士论文关键词共现图谱

借助关键词图谱并结合对相关文献的细读，我们将认知翻译学的核心研究领域主要概括为认知翻译学理论体系构建研究、翻译过程、翻译策略、翻译能力、翻译教学、隐喻和转喻翻译的认知研究六个大的方面。

1.3.1 认知翻译学理论体系构建研究

纵观近十年的研究成果，国内认知翻译学理论体系构建一直是学者们聚焦的热点，该研究领域主要涵盖认知翻译模式、翻译转换、翻译对等、译者主体性、翻译单位五个子域。

1. 认知翻译模式

Toury（1988）指出，在翻译研究中理论体系的建构是永无止境的，这一方面表明翻译研究的复杂性；另一方面也说明翻译研究理论建构的紧迫性和重要性。认知翻译学理论来源主要是认知语言学等认知科学领域的核心原则和理论假设。王寅（2005）在《中国翻译》上发表《认知语言学的翻译观》一文，截至目前被引达 617 次，是认知翻译学领域的重要成果。作者根据体验哲学和认知语言学的基本观点提出翻译的认知语言学模式，强调翻译具有体验性、互动性、创造性、语篇性、和谐性以及翻译的"两个世界"（包括现实世界和认知世界）。七年后，王寅再次在《中国翻译》上撰文《认知翻译研究》，将"认知语言学核心原则、范畴化、突显原则和原型理论、隐喻转喻、参照点、翻译的构式单位、识解、基于用法模型等作为理论参数，进一步丰富并细化了认知翻译学的理论框架，为后续的认知翻译研究提供了参考和借鉴（杨子、王雪明，2014；谌莉文，2016；陈吉荣，2017；郑剑委、彭石玉，2018）。

颜林海（2014）基于王寅（2005, 2012）提出的认知翻译学理论框架，建构了"认知翻译操作模式"，从体验哲学角度描述了翻译过程的本质，即翻译的过程就是译者互动体验的过程，从认知语言学角度描述了翻译过程的认知机制。雷晓峰和田建国（2014）构建了隐喻翻译模式，强调译者要从全局出发考虑隐喻的语境相关因素、认知过程和语用目的，动态化地顺应源语和目标语文本内外语境因素，通过顺应性选择译出能满足交际功能与目的的隐喻译文。冯全功（2017b）提出文学翻译中修辞认知的三大转换模式：修辞认知转换为概念认知、修辞认知转换为修辞认知、概念认知转换为修辞认知。

最新的认知翻译学理论框架由文旭和肖开容（2019）在其著作《认知翻译学》中构建。该认知翻译学理论模式建立在认知语言学的哲学观（强调思维是具身性的、富有想象力且具有完型特征的体验主义哲学）、语言观和认知语言学的表征方法（包括经验观、突显观和注意观）基础上，将范畴化、概念隐喻、概念转喻、多义性、相似性、主观性、框架、识解、概念整合、关联论等作为分析因子，探讨上述因子与翻译间的关系。除此之外，还有肖开容（2012）在其博士论文中构建的框架操作模型。

上述认知翻译学理论模型的适用性和操作性多通过大量翻译实例得以验证，但是例证多来自于笔译目标语料，翻译目标语对多是英汉两种语言，而口译案例的研究相对很少。因此今后研究既要关注笔译，还要涉及口译，尤其急需相关的实证实验研究形成汇流证据，来提供修改完善相关认知翻译学理论所需要的各项参数。

2. 翻译转换

翻译转换（translation shifts）是翻译研究的重要课题之一。Catford（1965）将翻译转换界定为源语到目标语过程中发生的形式不对等现象，主要涵盖层次转换（level shifts）和范畴转换（category shifts）。所谓层次转换是指一种语言层次上的源语言单位转换为不同语言层次的等值目标语；范畴转换指的是脱离形式对应的转换，包括篇章结构、类别以及语言体系等方面的转换。Catford 的翻译转换局限于语言的层次和范畴转换，忽略了转化过程中人的认知参与。认知翻译学跳脱出语言层面转换的束缚，从认知翻译观出发，研究翻译转换的认知机制以及转换的认知过程，丰富了翻译转换的内容。彭正银（2010）强调翻译是处理语言之间信息转换的认知过程。在这一过程中，语言只是信息的载体和转换的工具，知觉视点影响译者对信息的处理方式，进而制约了语言的组配方式和表达结果。

认知范畴观在翻译转换研究中的地位举足轻重，本书第 6 章将专门探讨翻译的范畴属性以及翻译的范畴转换模型。国内学者对此也开展了一定的研究。谌莉文（2016）指出翻译过程中受原型思维驱动的概念框架效应具有空间性和时代性特征，主要包括三类经验转换，即原型概念补充、原型概念缺省和原型概念变异，通过译者的认知操作，翻译交际效度得以彰显。邵惟韺（2017）认为翻译范畴转换过程具有方向性差异，即英汉翻译转换过程和汉英翻译转换过程存在很大不同。前者认知扫描过程倾向为 S（抽象化）>T（具体化）=V（差值）；后者的认知扫描过程倾向为 S（具体化）<T（抽象化）=V（差值）。造成这一差异的原因在于原文和译文在抽象和具体范畴方面存在非等值关系。文旭、司卫国（2020）进一步厘清了翻译的认知转换本质，指出翻译是一项以范畴转换为基础，受自身认知和象似性制约并以此为理据的认知活动。在翻译实践中，译者需要分析源语范畴和目标语范畴，将语言结构、概念结构或经验结构都纳入考察维度。为实现"形神皆似"的理想转换效果，译者还需具备一定的象似性意识。

3. 翻译对等

翻译对等是翻译理论与方法研究的重要内容。现代翻译理论主要从语言学、交际学、社会符号学、翻译学方法和文艺学五大路径对"翻译对等"展开研究（张伟平，2010）。国内认知翻译学研究仍将对等作为研究的重要话题，主要从原型观、识解观、预设观、图示观的视角来考察（徐以中、孟宏，2013；金胜昔、林正军，2015a；普昆，2015；贺爱军，2016；刘正光等，2020），丰富了"翻译对等"的研究内容，也拓展了厘清"翻译对等"本质的研究视角，可以视作第六种路径。王明树（2010b）在博士论文中提出了"主观化对等"的假设，认为译者在理解原文和产出译文过程中，均受到"辖域、视角、突显、详略度、情感、情态"的制约，上述六个要素构成了"主观化对等"的重要内容。徐以中和孟宏（2013）将翻译对等二元切分为属于表层等值的断言等值以及属于深层等值的预设等值。他们强调翻译时若要做到预设等值，需要对预设的类别进行细分，要考察译者在翻译过程中的认知机制。从认知翻译观来看，绝对的翻译对等或是翻译等值是难以实现的，这是由"认知的主体性和同样具有主体性的文化因素"以及"认知主体识解的参与导致概念化方式的差异"所导致的结果（刘正光等，2020：34）。形式对等或意义对等（功能对等）源于结构主义语言学符号任意性的思想，对语言本质的认识存在误差，因而在实践中存在诸多弊端。鉴于此，刘正光等（2020：34）提出了"认知对等"的概念，所谓"认知对等"是指"人类的认知图式在不同的语言里所共享的本体性特征"。该概念建立于认知语言学的语言观基础之上，创新之处在于明晰了认知对等的内核是本体层次的共性特征，而不对等存在于认知主体层次和文化层次。但是上述认知对等观的内容还需丰富，框架也需要进一步完善，而且其指导价值还需要通过翻译实践来验证。

4. 译者主体性

在翻译研究中，译者从被边缘化的地位逐渐提升至中心地位，从当前译界公认的"源语文本—译者—目标语文本"以及"源语作者—译者—目标语读者"三元关系中可见一斑。译者是翻译这一链条上非常重要的一环，"译者主体性是翻译主体性中最核心的内容"（金胜昔、林正军，2016：116）。认知翻译学丰富了译者主体性研究的内容，对译者的认知操作以及翻译过程所关涉的认知要素的分析能为论证译者主体性提供认知理据。陈吉荣（2011）依据"现实—认知—语言"这一认知语言学核心原则，分析了译者的认知机制，为译者主体性研究提供了新的理论框架。她发现过度翻译和不足翻译源于译者的认知不足和认知过度。认知不足与翻译目标语境的辖域和背景有关，而认知过度则与"焦点与场景"翻译框架关系紧密。这种认知不足和认知过度恰恰说明译者主体性是能动性和受制约性的辩证统一。金胜昔和林正军（2016）从概念整合理论视角分析了这种辩证统一的认知机制。他们提出译者主体性的构建过程主要包含解构原作和建构译作时进行的两轮概念整合，内含心理空间网络，由源语作品、源语作者、译文读者以及两种社会语言文化等元素构成。这些要素经概念整合后外化为翻译的创造性，同时又制约着译者主体性的发挥。对于译者的创造性，闫怡恂（2019）的博士论文从文化认知视域开展研究，认为译者主体创造性在文学翻译中的文本呈现形式是译者文化认知持续参与加工的结果。

建立在体验哲学和"现实—认知—语言"这一认知模式基础上的认知翻译观为深入研究译者主体性提供了新的理论工具和研究方法，这也是翻译研究由产品到过程转向中所急需的。但译者主体性构建所关涉的要素庞杂，影响译者创造性的认知动因还需进一步分析验证。

5. 翻译单位

翻译单位是翻译研究的重要课题，相关研究已形成产品和过程两种研究指向，前者认为翻译单位是源语语言单位，后者视翻译单位为译者认知/注意力单位（王福祥、郑冰寒，2019）。两种指向都是认知翻译学关注的内容。王寅（2012）提出了翻译单位构式观。他认为"构式"是语言在心智中的基本表征单位，具有灵活的调变性，因此主张将构式视为翻译单位，但并未设计具体的操作路径。杨子和王雪明（2014）进一步丰富了翻译单位的构式论分析框架，认为翻译过程就是将源语文本分解为各组成构式、分析其组合意义，进而由译入语中的构式以译入语所允许的构式组合方式再现原文文本内构式组合意义的过程。他们在此基础上提出了具体的操作方案。以"构式"为翻译单位的主张存在合理性和前瞻性，但是其操作性和有效性还需进一步检验。

1.3.2　翻译过程认知研究

认知科学家、神经科学家和人文学者对翻译过程中人脑的运作机理兴趣浓厚，翻译教师对于翻译过程也怀有极高的研究热情，这就促使翻译过程研究成为认知翻译学关注的焦点，而且未来研究会继续维持这种高关注度。认知翻译学观照下的翻译过程研究是在宏观上对翻译认知过程进行描写，实质是描写译者复杂的认知心理过程。当前研究主要集中在两方面，包括翻译认知过程的描写与理论建构以及翻译过程所关涉认知要素的研究。第一方面在 1.3.1 中已作介绍，上文提及的很多翻译过程模式都在尝试结合证据观察，对翻译认知过程进行描写并试图建立相关理论模型（肖开容，2017；颜林海，2014；谌莉文，2016；郑剑委、彭石玉，2018）。

翻译过程认知研究是认知翻译学的核心研究领域，研究趋势呈现出实证—实验的倾向，研究工具表现出多元化的特点。这种翻译过程的行为研究方法主要通过译者的外在行为来观测分析译者翻译过程中的认知过程（李德凤，2017），研究工具包括有声思维、眼动实验、屏幕记录等。卢植和孙娟（2018）采用眼动实验方法，对比研究了高水平译者和低水平译者就不同文本进行人工翻译和译后编辑时的认知加工情况，发现译后编辑能够提高翻译效率，减少译者在原文理解及译文生成过程中的认知努力；另外，文本类型对译者在译后编辑过程中的认知努力产生一定影响。王家义、李德凤、李丽青和何妍（2018）通过眼动追踪技术，考察了译员进行不同阅读任务时的眼球注视行为，发现与翻译有关的阅读任务在加工难度和深度上大于常规阅读任务；译员的阅读与专业水平有关，职业译员的阅读速度更快，阅读效率更高，学习者译员在阅读中的认知负荷更大。方向性在翻译过程研究中的重要性日益受到关注。何妍、李德凤和李丽青（2020）使用近红外脑功能成像技术探索方向性对学生译员在汉英、英汉视译过程中认知加工的影响。他们发现口译方向对译员视译表现、视译过程中的脑激活模式以及认知负荷均有显著影响。汉英视译错误率显著高于英汉视译错误率；英汉视译时左侧前额叶激活显著，而汉英视译却没有在目标脑区内引起显著的脑激活。

翻译认知过程极其复杂，涉及诸多要素。王寅（2017）基于认知过程的感觉、知觉、意象、意象图式、范畴、概念、意义、（理想化）认知模型、ECM、隐转喻等环节来描述翻译过程。这些认知要素又可单独作为翻译过程研究中的重要话题来分别加以探讨。

译者的注意机制也是翻译过程研究的关注热点。胡朋志（2017）考察了翻译过程中的注意机制，将其描述为〈 F, D 〉模型，意为"客观上恰当"的翻译过程必须基于函项 F 进行信息运算，并且最终生成的译文必须处于 D 这一域值范围之内。另外，鉴于译者的意向目标构成了译文的"主观恰当性"，对译文生成同样不可或缺，所以翻译认知模型应被扩展为〈 F, D, I 〉。该模型能够解释译者在翻译过程中的注意焦点选择与转换过程。

语境也是翻译过程认知研究中重点关注的内容。当前翻译过程研究存在脱离语境的现象，导致生态效度不高的短板。因此要强调翻译认知的语境，深化对认知活动多维属性的认识，才能更有效度地进行翻译过程研究（马星城，2017）。研究翻译过程中的语境，必须融合传统语境和认知语境才能兼顾全面性、相关性和归统性；要以认知语境为枢纽，关联传统语境才能更好阐释译者与语境因素相交互的翻译认知过程（郑剑委、彭石玉，2018）。

1.3.3　翻译策略认知研究

　　认知翻译学既关注宏观的过程描写，也强调包括翻译策略在内的微观具体变量。认知翻译学观照下的翻译策略是指译者在潜意识里解决源语到目标语转换过程中所遇到的问题时而进行的认知活动。近十年翻译策略认知研究主要包括两种研究路径，第一种是认知语用学视域的翻译策略研究，具体包括关联翻译理论指导下的翻译策略（许云鹏，2014；吴迪龙、武俊辉，2017；删佳、李嘉懿，2018）和默认意义理论指导下的翻译策略（李家春，2018）。第二种路径是认知心理学和认知语言学视域下的翻译策略研究（刘艳梅，2016；卢信朝，2016；苏冲、文旭，2018；苏冲，2018）和口译策略研究（雷静，2011；王湘玲等，2013；康志峰，2018）。

　　对于第一种研究路径来说，关联翻译理论被视为有效的理论工具和翻译原则。许云鹏（2014）在博士论文《语用关联在汉语和西班牙语互译中的应用研究》中主张采取直译、意译、音译、注解、替换等不同的翻译技巧，向译文读者提供信息的最佳关联性。将原文作者的意图和译文读者的期待尽可能最大程度上相吻合，从而实现源语和目标语之间的最佳关联应是译者追求的目标（删佳、李嘉懿，2018）。要想在译文中真正重建关联，译者必须采取信息意图与交际意图重新匹配、语境假设充实及语境含意呈现等相关认知策略（吴迪龙、武俊辉，2017）。

　　就第二种研究路径而言，既有博士论文的系统研究，也有期刊论文的精准聚焦。刘艳梅（2016）的博士论文《认知心理视域下汉英翻译过程中策略使用研究》基于认知心理学，对翻译策略进行了实证研究。该研究将策略划分为"表征策略、建构策略、回避策略、执行策略、监控策略和评价策略",发现译者翻译水平对其思维过程与策略使用的影响有规律可循,而且通过翻译培训可以习得。苏冲(2018)的博士论文《格式塔意象传译的认知翻译策略研究》在格式塔心理学和认知语言学视域下开展格式塔意象传译策略研究。作者提出译者在目标文本中构建格式塔意象时主要采取五种认知翻译策略:基于格式塔补偿的意蕴补缀策略、基于格式塔重组的移象解意策略、基于格式塔更新的整体内化策略、基于格式塔置换的变通创新策略以及基于格式塔归化的移位化境策略。对于这五种认知策略,作者剖析了其认知理据。作者认为意蕴补缀策略的认知理据是置换原文格式塔意象的等效原型范畴,移象解意策略的认知理据是内化原文格式塔意象的诗性文化认知模型,整体内化策略的认知理据是再现原文格式塔意象的语篇交互性,变通创新策略的认知理据是填充原文格式塔意象的语义默认值空位,移位化境策略的认知理据是继承原文格式塔意象的复合场景模式。

上述研究都是基于笔译的语料分析,多关注笔译过程中译者所采取的种种认知策略。口译策略的认知研究也很丰富,也取得了一定研究成果。雷静(2011)构建了四维度口译学习策略概念模型,提出内在维度包括认知策略、补偿策略、社会策略和情感策略。王湘玲、胡珍铭和邹玉屏(2013)通过实验研究发现口译过程中学生译员和职业译员通常采用 20 种口译策略,可归类为记忆和概念形成策略、表达策略和协调策略。她们发现认知心理因素中记忆和注意力的有效分配影响记忆和概念形成策略;逻辑、综合能力影响表达和协调策略;自信心、严谨度和毅力影响口译全过程,直接决定译员的口译策略。卢信朝(2016)基于原型范畴理论,研究了汉英同声传译简缩策略。作者提出在源语听辨、记忆及目标语产出中的信息选择与目标语产出中的信息加工两大简缩策略,并提出该策略下的汉英同声传译"目标语家族"和"目标语连续统"概念。为使学生译员克服由双语转换代价而引起的口译负效,康志峰(2018)通过实验研究,总结出心理词典、双语熟练、技能转换、灵动认知、情绪管理等口译增效策略。上述认知策略的研究多以学生译员为研究对象,以口译教学为研究指向,职业口译员的认知策略研究占比仍低,这应是今后开展进一步研究的关注点所在。

1.3.4 翻译能力认知研究

国外翻译研究中翻译能力属于一个新生的话题（Göpferich，2013），其出发点主要是为诸如西班牙 PACTE 小组和奥地利 Transcomp 小组的翻译培训项目提供理论参考和数据支撑（Jiménez-Crespo，2014）。因其对翻译教学和培训具有指导意义，重要性不言而喻。翻译能力构成要素研究是翻译能力研究关注的焦点（Massey，2017；Tiselius & Hild，2017），多通过实验实证的方式进行，但是对于构成要素内容为何，学界并未取得共识。当前翻译能力模型多属于形式上的描写模型，不能完全反映出译者的心理现实（Shreve et al.，2017）。因此，翻译能力涵盖内容有待进一步深入研究。

国内翻译能力研究也多采纳国外研究路径，选择不同理论视角，通过实验验证的方式进行。钱春花（2011）运用扎根理论研究方法构建了由内驱力、认知能力、语言能力和操作能力构成的翻译能力金字塔模型。作者认为内驱力正向影响其他三种能力；认知能力正向影响语言能力和操作能力；语言能力正向影响操作能力；操作能力受其他三种翻译能力的正向影响。张瑞娥（2012）从范畴化理论视角，在解构传统翻译能力结构的基础上对翻译能力进行再范畴化，建构了包括上位范畴、基本范畴和下位范畴的翻译能力构成体系。谭业升（2016）从识解理论出发探讨翻译能力的认知构成和系统，将 Shreve（1997）图式—例示能力观和 Risku（2010）的交互—涌现能力观相结合，提出了识选能力的核心地位假设。上述研究聚焦宏观层面的翻译能力，也有学者从微观层面出发，关注具体某种语言现象的翻译能力和翻译认知能力之间的关系。李克、卢卫中（2017）考察了英语专业学生转喻能力与翻译能力之间的关系。他们发现转喻能力对翻译能力具有一定影响，影响要素包括识别与创造转喻能力、转喻转换次数。

对翻译能力进行系统研究的博士论文既包含口译能力，也关涉笔译能力。刘猛（2014）研究了口译能力构成体系，他提出该体系包括"语言能力、心理耐力、认知能力、实践能力、百科知识、口译技能、生理耐力、职业意识、交际能力、合作能力、演讲能力、工具能力"等子能力参数，并采用概率抽样和非概率抽样相结合的方法，分析了各项子能力在重要性上的差异以及其在实践中提高的难易程度差别。胡珍铭（2018）提出翻译元能力概念，提出翻译元能力是翻译认知活动过程中元认知调控下翻译能力的本质体现。作者认为翻译元能力包括导向能力、分析能力和评估能力，并通过实验数据多元互证，解释说明了基于元认知调控的翻译元能力在翻译释意认知过程中具有重要地位和作用。

1.3.5　翻译教学认知研究

　　认知心理学和认知语言学的理论为翻译教学模式的建构以及教学策略的选择提供了理论来源，例如，认知语言学的意义理论及其语义分析的基本框架为翻译教学提供了新的启示（谭业升，2012a）。其中框架理论应用较多，主要是基于该理论来构拟相关教学模式，并加以实际验证。丁卫国（2013）提出了基于框架理论的翻译教学模式，主要强调两点：在翻译理论教学过程中应引入框架理论，开阔学生的研究视野，促进他们的翻译专业知识建构；将框架理论融入翻译实践教学，丰富翻译策略，培养学生的双语运用能力，提升其翻译能力。郭高攀和廖华英（2016）通过框架库"FrameNet"，以 2015 年 TEM8 中的英汉翻译为例，分析了具有一定操作性的翻译教学过程。蒋丽平（2018）的实验也证明了框架理论对于翻译教学具有有效性，尤其对于商务翻译教学而言，不仅具有可操作性，还能提高商务翻译质量以及促进学生的学习主观能动性。此外，谭业升（2019）另辟蹊径，从认知心理学和认知翻译学角度提出了域依赖的认知翻译教学模式的构想，该模式主张基于专业问题域、兴趣域、职场需求域、翻译工作知识域的划分重置教学主线，建设域依赖的课程体系，融入新型的翻转课堂模式和机器翻译／机辅翻译技术。

　　认知翻译学观照下的翻译教学研究既包括笔译，也涵盖口译。徐翰（2011）在博士论文《本科英语专业技能化口译教学的实证研究》中，以 Gile（1995）的"口译认知负荷模式"和 Anderson（1995）的"认知学习及能力发展模式"为理论基础，采取相关翻译教学策略，验证了强调"以技能训练为主、语言训练为辅"的"技能化口译教学"的可行性和有效性。作者建议要进行合理的教学设计，采取"译前主题准备""课堂技能强化""课后自主学习"的"三步骤"教学方案，充分利用网络资源，并应用口译的科学训练方法等来保证这种翻译教学模式的有效性。此外，高彬和柴明颎（2016）从认知加工的顺序性、认知资源的有限性和口译评估差异性等方面分析了影响同声传译决策过程和质量问题的关键因素，建议通过划分教学阶段，引导学生进行自我反省和分析错误根源，形成理论与实践互动。这些口译教学模式具有一定的参考和推广价值，其有效性和不足之处也会在教学实践中得到进一步验证。

1.3.6　隐喻和转喻翻译认知研究

自从 Lakoff 和 Johnson（1980）提出隐喻和转喻的本质都是人们概念化世界的方式之后，具有独特修辞功能的隐喻和转喻研究出现了认知转向，随之隐喻和转喻翻译的研究内容以及视角也丰富起来。当前国外隐喻和转喻翻译认知研究主要聚焦两大内容：其一，将不同文本中隐喻和转喻翻译作为研究对象，剖析策略（Schäffner，2004），探寻理据（Schäffner & Shuttleworth，2013）；其二，将隐喻和转喻看作反思和分析翻译思维过程不可或缺的工具，认为翻译过程本质上具有隐喻（Guldin，2016）或转喻（Denroche，2015）的思维属性，或是翻译可以借助转喻思维来完成（Brdar & Brdar-Szabó，2013）。国外相关研究要么采取标准模型研究路径，即隐喻转喻应该如何翻译；要么应用描写模型研究路径，即隐喻转喻是如何被译者处理的。总的来看，国外转隐喻和转喻翻译研究方法多元，多基于双语或是多语对语料库（Shuttleworth，2017），或是采取实验实证的研究方法（Zheng & Xiang，2013）。

国外隐喻和转喻翻译研究取向为国内相关研究提供了很好的参考和借鉴。国内转喻和隐喻翻译研究大多采取标准模型研究路径（卢卫中，2011；谭业升，2012b），一般是汉英两种语言间的翻译。语料多集中于包括中国古诗在内的文化典籍中的隐喻（权循莲、田德蓓，2012）和转喻（范祥涛，2017），属于本书第 5 章所论述的从概念隐喻理论视角进行的文学作品中的隐喻翻译研究范畴。近几年逐渐出现借助眼动实验进行隐喻翻译的研究（王一方，2018；武光军、王瑞阳，2019），但总体数量上仍显不足。近十年，国内隐喻翻译相关博士论文 3 篇，转喻翻译博士论文 1 篇，对隐喻翻译模式的认知理据（刘翼斌，2011；索绪香，2016）、隐喻和转喻翻译的原则以及策略（李成华，2016；金胜昔，2017）等进行了系统研究。综观国内隐喻和转喻翻译研究，虽取得一定成果，但是仍然留存很大的研究空间，如隐喻和转喻互动关系在翻译中的处理，译者隐喻和转喻翻译能力的构成及习得等。

1.4　认知翻译学未来发展趋势

翻译研究有两个主要目标，其一是描述各种翻译现象；其二是建立能够解释和预测这些翻译现象的普遍原则。当前为实现这些目标而进行的纯粹翻译研究可以划分为描写翻译研究和翻译理论研究。此外，翻译应用研究也是翻译研究不可或缺的组成部分（Holmes，1972/2000）。参考 Holmes 的分类，为推动国内认知翻译学的进一步发展，我们认为今后的认知翻译学研究也将在这三个区块间逐步推进。

1.4.1　深化翻译过程的认知研究

翻译过程研究力图揭示在解构、建构与修改译文过程中，译者大脑这个"黑盒子"里发生的秘密。前文 1.3.2 介绍了国内翻译过程认知研究的成果，但是还存在研究话题较窄，观察有余、解释不足，研究手段单一等局限。首先，今后翻译过程认知研究应该拓宽研究视野，可以：① 聚焦某种语言现象，如包括隐喻在内的语义修辞现象，重点描述考察译者处理它们的翻译过程；② 从翻译过程关涉的认知要素切入，观察、描写并分析诸如"压力""情感""认知努力""注意"等认知变量的作用及其对翻译过程的影响；③ 截取宏观翻译过程中的某一区间，如译者对原文的理解过程或译后编辑过程来进行描写、分析；④ 比较翻译的方向性，如汉译外和外译汉在翻译过程中所形成的共性和差异；⑤比较专家译者和学生译者翻译认知过程所存在的共项和殊项，甚至研究还可跳脱出单纯译者主体范畴，专门考察机器翻译过程或是机器助力下的（machine-aided）译者翻译过程。其次，要推动中国认知翻译学向更高层次发展，学者们在加强翻译认知过程描写的同时，还要注重借鉴认知语言学、认知心理学和认知科学的理论工具进行分析解释，最终构建具有解释性、指导性和自治性等特征的认知翻译学理论。最后，就研究方法单一的弊端而言，今后的认知翻译学研究要努力践行"数法并用"（王寅，2014）的理念，既要重视内省思辨，又要强调实验实证的研究路径。对于研究方法的问题，将在1.4.3小节中进行分析。

1.4.2　完善认知翻译学理论体系

在从事认知翻译学研究的学者面前存在一个巨大的挑战，就是如何将相关的理论观点和假设进行精简细化（Muñoz，2017b），从而构建一个关涉各要素并能充分解释和预测认知翻译学领域全部现象的理论模型。若延伸至整个翻译领域，构建具有相同特征的理论模型也是翻译理论家奋斗的终极目标（Holmes，1972/2000）。但这个艰巨的任务需要漫长的研究过程来完成。王寅（2014）也指出，认知翻译研究要立足于翻译学，向上发展进入"形而上"的理论层面，这说明了认知翻译理论体系构建的紧迫性和必要性。

本章的1.3.1小节介绍了国内学者在认知翻译学理论建构方面所取得的成果。今后，国内认知翻译学理论体系建设仍然是研究的重要任务，研究要从以下两方面着手。首先，继续在翻译研究和实践中验证、修正和完善现有的理论模式，如王寅（2005，2012）的体验认知翻译论、肖开容（2012）的框架操作论、颜林海（2014）的认知翻译操作论、文旭等（2019，2020）的范畴转换论、刘正光等（2020）的认知对等论等，要既向笔译活动，又向口译活动寻找证据，努力做到多点验证、多维验证、多语对验证、译入译出双向验证。其次，所建构的理论要力求其本身的自治性和解释上的内在一致性的高度统一。当前翻译模式多重在描写，弱在解释。今后研究要多借助认知语言学的理论工具，加大认知科学、认知心理学相关理论的参与度，提升所建构的原则或理论的解释力。最后，要加强认知翻译理论原则对翻译实践或是翻译教学的指导作用，杜绝理论和实践"两张皮"的现象，做到理论"从实践中来，到实践中去"。

1.4.3　发挥多元研究方法的优势

整体而言，翻译研究缺少实证实验研究的传统，只能从其他学科中借用研究方法和技术工具（Alves & Hurtado Albir，2017），这也是认知翻译学的学科特征之一。王寅（2014）归纳了国外认知翻译研究常用的实证方法和研究工具，主要包括有声思维法（TAPs）、翻译过程法（TPP）、键盘记录法（Keyboard Logging）、眼动系统法（Eye-Tracking Systems）、脑电研究法（EEG）、功能性磁共振成像（fMRI）、生理测量法、专家—学生对比法、反应时和提示法、问卷调查法以及数法并用。

当前，国内的认知翻译研究多借助认知语言学和心理学的相关理论，结合语料进行分析。本书第 4 章中主要论述认知翻译研究方法的演进，指出认知翻译实证研究有兴起之势。但是对照金胜昔和林正军（2016）的统计结果，实验实证数量虽略有上升，但所占比重仍然很低。总体上学者们更多采用有声思维法、眼动系统法和问卷调查法，而脑电研究法、功能性磁共振成像、生理测量法等方法鲜有采用。另外，研究材料多是英汉两种语对的语料，仅有几篇汉语和俄语、汉语和越南语或西班牙语翻译的认知研究论文。这种状况不利于验证相关认知翻译理论假设，也不利于为构建认知翻译理论提供所需的数据支持。所以，今后的认知翻译学研究应该多采取实验实证方法，努力丰富翻译目标语料类型，践行定性与定量相结合、基于语料库和实验实证多元互证的研究路径。

1.4.4 跨学科融合基础上的超越

当前，国家提出创建新文科的理念，吴岩在 2020 年 6 月的全国高教处长会暨高等学校教学指导委员会工作会议的报告中，再次强调科学研究要注重"多学科交叉融合，促进文科学科之间、文科与理工科之间的深度融合、协同创新、协作破局"。"认知翻译学"这一名称本身就彰显了该学科的跨学科属性，翻译研究既借鉴认知科学、认知语言学、认知心理学的理论，又利用各学科的研究方法，这是国内认知翻译学迅速发展壮大成为显学的关键，也是继续强大自身、助力国家新文科建设的法宝。

当前国内认知翻译学的学术共同体成员，多是从事翻译本体研究或是语言学出身从事翻译研究的人员，认知科学领域的理论和方法研究基础相对薄弱，这不利于跨学科研究的开展。今后国内认知翻译学的跨学科研究要求：① 国家和各级政府以及院校继续增加对认知翻译学研究的投入；② 继续以翻译为内核，以其他认知学科的理论和方法为工具，研究翻译活动的认知规律，构建并完善上文提到的认知翻译学理论体系；③ 从事翻译学研究的学者自身应加强对其他学科理论和方法知识的学习，了解并掌握其他学科的前沿和热点，力求"为我所用"；④ 加强认知翻译学和认知语言学、认知心理学等认知科学的对话，开展跨界合作研究，共同推动认知翻译学向更高层次发展。

1.4.5 中国认知翻译学的国际化

中国的认知翻译学研究一直保持着和国际同仁的学术对话，这种趋势随着认知翻译学会的成立和不断邀请国外学者参加以"认知翻译学"为主题的会议而得到加强。要实现中国认知翻译学研究成果"走出去"并"走进去"的目标，学者们要不断基于自己所构建并完善的认知翻译学理论体系，多以汉译外的翻译实践活动为研究对象，寻找并总结相关规律，形成高质量研究成果。另外，学术共同体要积极参与国际学术争鸣，向国际期刊投稿，参加国际会议，争取将自己的研究著作在国际上出版，或是利用各种形式开展国际合作研究。同时，认知翻译学会也要继续发挥引领、组织和协调功能，结合国际认知翻译学研究的前沿和热点，拟定会议主题，定期组织国际会议或是学术工作坊，邀请国际知名专家参会交流，实现内外联通、共同进步的目标。

1.5　小结

作为翻译研究新范式的认知翻译学，近十年在中国取得了快速发展。具体表现在越来越多的学者加入认知翻译学研究阵营，形成了稳定的学术共同体，并且日益发展壮大。各大核心期刊、各级科研基金以及成立的认知翻译学会为近十年国内认知翻译学的发展提供了良好的外部助力。国内认知翻译学的研究也引起了国际学术界的重视，国际学术对话不断加强。

学者们以翻译为内核，借鉴认知语言学、认知心理学的多学科理论工具和研究方法，形成的多项研究成果构成了认知翻译学核心研究领域，包括认知翻译理论体系构建研究，具体涵盖认知翻译模式、翻译转换、翻译对等、翻译单位、译者主体性五个研究子域。其他核心研究领域包括翻译过程认知研究、翻译策略认知研究、翻译能力认知研究、翻译教学认知研究、隐喻和转喻翻译认知研究。

国内认知翻译学未来要向更高层次发展，需要立足汉译外翻译实践，借鉴并融合认知科学家族中的理论，继续修正完善认知翻译学理论体系，不断深化翻译过程的认知研究。同时，要改变重内省思辨、轻实证实验的研究路径，充分发挥多元研究方法的优势。认知翻译学研究不是闭门造车，要秉持"请进来，走出去"的理念，虚心借鉴国外研究成果，把论文写在中国大地上的同时，也要大力传播中国学者的新发现，真正实现中国认知翻译学研究的国际化。

第 2 章
笔译认知研究

本章从跨学科角度论述语言学、认知心理学、心理语言学、认知神经科学、阅读研究、写作研究等学科对笔译认知研究的影响与作用，展示认知翻译学者探索笔译认知的跨学科研究成果，阐述笔译认知研究的主要议题，分析笔译认知研究存在的问题并展望未来发展趋势。

2.1　引言

"翻译"在很长的时间内主要是指"笔译"，即书面语文本的转换，若非特别说明，人们一般说到"翻译"时也大多是把"翻译"理解为或看作是"笔译"。认知翻译学对笔译认知的研究加深了人们对翻译本质的理解和对翻译规律的认识。笔译过程中的语言认知加工、思维特点、翻译策略、译者认知风格和元认知监控、智力水平和特征及翻译能力等，都是认知翻译学中笔译认知研究领域的主要议题。

实证主义哲学推动了翻译学的实证研究转向和翻译学与邻近学科之间的交叉融合，译学界以跨学科的视野引进认知心理学、心理语言学、认知神经科学等领域的研究方法和科技手段来探讨笔译过程中的认知加工机制，获得客观数据和科学解释的支撑，克服了以往笔译研究中的主观推断和定性阐释的局限。笔译认知研究业已成为翻译学的新的学科突破点和增长点，正在从多个层面力推认知翻译学研究深度、提升认知翻译学高度，预示和展示着翻译研究的崭新趋势和向好前景。

2.2　笔译认知的超学科和多学科研究

从其正名之初，翻译学就整合了多个不同学术领域的理念和概念从而形成了"跨学科"的学术整合体（Holmes，1972/2000；Snell-Hornby，2006）。Holmes（1972/2000）在早期便呼吁加强翻译学与心理学之间的互动，有效促进了笔译认知研究的勃兴和进展。

认知翻译学的笔译过程认知研究借用语言学、认知心理学、心理语言学、读写研究、神经科学等领域的相关理论和方法，具有很强的跨学科性和学科交叉性。语言学、心理学、神经科学、认知科学、阅读研究、写作研究等学科均对笔译认知的研究产生了积极影响，笔译过程的认知研究逐步呈现出多学科、跨学科、超学科的特点。认知翻译学中的笔译过程认知研究聚焦笔译者的心智活动和认知过程，其研究问题包括笔译时的认知加工模式、翻译策略、翻译单位、译者认知努力、译者能力及其培养所涉及的认知诸方面。

2.2.1　笔译认知的语言学研究视野

对笔译认知过程的探索，离不开对具体语言现象进行精湛而细微的语言学分析和描写，笔译认知研究者要选取实验材料和语料编入实验研究程序，就必须要有深厚扎实的语言学学科知识和理论基础。语言学和笔译认知研究之间存在着持续而强劲的互动互惠，语言学家套用翻译研究中的语言实例以确定、阐释语言之间的异同，而翻译研究学者则借鉴语言学理论来发展、推演其翻译理论。

通常，人们通过对语言结构极为敏感的方式来理解包含新奇信息的句子，例如，我们明白"The umpire helped the child to third base."和"The umpire helped the child on third base."这两个句子传达了不同的信息，我们也清楚地知道"He showed her baby the pictures."和"He showed her the baby pictures."所描述的是完全不同的两件事情。上述语例，包含了基本的语言学原理，翻译学者必须拥有必要的语言学分析技巧来进行翻译研究。

翻译在本质上是两种语言之间的转换，我们在讨论笔译认知过程时，不能偏废"语言转换研究"这一本源性问题。语言学导向的翻译研究对从语音到语篇各个层面的翻译进行了多层次、多角度严谨而系统的研究，提升了"翻译研究"的"科学性"。语言学是把语言作为研究对象的学科，翻译是两种语言之间的转换和对语码的操作，翻译与语言直接相关，是不同语言或语言变体之间的转换。因此，语言学自然而然地成为翻译学的理论源泉和学术基础，语言学也从翻译研究和实践中获取关于语言的启示和洞见。早期的语言学家，如萨丕尔和雅各布森，都是横跨语言学和翻译学两大学科的学术巨擘。实际上，语言学和翻译学两个学科之间的相互作用在翻译研究得名之前就已经存在，翻译学与语言学之间存在着互利互惠的关系，但翻译学界对两者之间关系的认识是逐步深化的，直到 20 世纪 80 年代，翻译学界才开始认识到年轻奋发的翻译学和历史悠久的语言学可以互动互惠、互为补充。

语言学是人文科学中最为精密的学科，其缜密的分析方法所获得的学术发现为翻译研究提供了丰富的学术滋养。索绪尔结构主义语言学中的符号理论，乔姆斯基形式语言学中的句法转换理论，韩礼德系统功能语言学中的语法隐喻理论，特别是兰盖克认知语言学中的认知语法理论等，都给翻译研究提供了重要启发或为翻译学的发展及建构做出了重大理论贡献（Nida，1964; Halverson，2010，2017，2018，2019）。比如，萨丕尔的语言比较方法，即通过翻译进行比较的方法，是进行语言学研究的合理而正确的方法。"任何语言样本，若没有把它的符号翻译成同一个系统中的其他符号或另一套系统中的对等符号，就不可能得到语言科学的解释"（Jakobson，1959/2000：234）。结构主义语言学和对比语言学的研究成果极大地丰富了翻译研究的内容，译学研究者大都需要具备结构语言学和对比语言学的知识，精微而细致地对语言进行结构主义的描写、娴熟地掌握至少两种语言的特点和特征，才能顺利而有效地开展笔译过程的认知研究。扎实的语言学理论功底和对源语与目标语两种语言的良好语感，是进行笔译过程认知研究的必要基础和先决条件。

理论上，笔译研究主要是对源语文本和目标语文本进行比较，通过阅读源语文本与目标语文本，搜寻两者间明显不同之处，列出源语和目标语的各种基本特征，阐明两种语言中独特的语言表现和语言行为，例示一种语言拥有而另一种语言却没有的语言特例。这种比较方法特别倾向于注意译文中的不足之处，重视作为信息和数据来源的译文文本的价值。计算机科学技术的发展实现了比较法的电子化手段，促进了语料库翻译研究的勃兴与普及，利用大规模数据库来存储原文文本和译文文本，通过电子方式收集和检索待检查的语言内容和现象，实现从原文文本到译文文本的对比分析，或从译文文本回溯到原文文本进行深度分析和精细对比。笔译认知研究所使用的语料和实验材料多从语料库中抽取和提取，来保证实验语料的真实性和可靠性。

语言学的语言本体研究对于笔译认知研究的持续发展起到了关键作用，而语言学研究从笔译研究中汲取见解也很重要。能够引起笔译认知研究人员共鸣的语言学理论和概念很多，如语言符号论、系统功能语法、语言相对论、认知语言学等；笔译认知研究者对语言"形式"的转换性阐述加深了语言学家对语言本体的理解和认识。

在语义学家看来，在一定意义上，翻译就是对意义的阐述，笔译认知研究者同样极为关注翻译与语义阐释的问题，"意义"是翻译学和语言学都感兴趣的中心概念。语言学中极为重要的语言分析哲学认为语言分析的核心概念是"解释"，而这一观点极大地启发了笔译认知研究学者的思路，有的翻译学家认为翻译在一定程度上就是"解释"，笔译是对意义的阐释和重述，语言学中的语义分析方法在笔译认知研究中具有重要的参考价值。同时，就翻译而言，在翻译过程中，译者需要考虑和协调源语的精准理解和目标语的准确表达之间的关系，这就在意义的阐释上对译者提出了很高的要求和挑战（Dancette，1997）。翻译，就是意义的重组和重构。

语用学的许多理论和观点有助于笔译认知研究者的工作，尤其是语用学对语言交际功能的分析直接推动了功能语用翻译理论的进步，笔译研究者可运用功能语用翻译理论详细解释原文文本、词汇—语法意义和语用含义如何在译文文本中得到重组，译者如何做到使译文文本与原文文本的功能对等，而笔译认知学者则可通过实验方法来探究译者在概念上把原文完全融入新的译文环境的认知加工机制。认知语用学的一个基本观点是，语言的理解是字面意义和语境意义的综合加工结果，字面意义由语言结构成分所承载而语境意义通过交际行为来实现。在生成译文语篇的过程中，意义是字面意义和语境意义的整合（Dancette，1997）。语用学与翻译的研究是翻译学研究的流行趋势之一（Hickey，1998；李占喜，2018）。

笔译是对书面文本的翻译，单句翻译很难称得上为笔译，这是翻译学的通识之一。文本是比单个句子更大的语言单位（有时候，"文本"可以和"语篇"互换交替使用，本章也采用这一做法，两个术语交替使用），由多个书面语句子按一定的顺序组成特定的组合。语篇分析通过解释文本或语篇的有关维度来分析语言的现象和本质，批判性话语分析强调语言的意识形态方面的因素。笔译研究人员采用语篇分析的语篇维度框架来分析译者的笔译实例，考察笔译作品是如何嵌入跨文化的社会和经济文化活动之中的。语言学家深入研究了文本的本质（van Dijk，1972，1977；Halliday & Hasan，1976；de Beaugrande & Dressler，1981），这些研究为笔译认知研究提供了丰富的知识贡献，注入了丰富的理念和思路。

体裁分析侧重于识别跨语言翻译文本中的语类结构、惯例和差异。体裁是在反复出现的情况下发展起来的，通过重复和先例成为惯例或规约。笔译员对体裁的理解在翻译过程中非常重要，体裁知识的内化有助于专业译者有效地进行翻译，而体裁分析的教学是培养译者在原文文本解释和译文语篇产出中的能力的重要组成部分。笔译认知研究要研究不同译者处理相同文本或同组译者处理不同体裁文本时的认知加工过程，体裁分析的知识实属必要（Biel，2018）。

双语研究领域的核心问题包括双语者语言水平、双语心理词典、双语词汇表征、概念表征及其中介、双语（三语）记忆、工作记忆和词汇检索等。笔译认知研究从这些主题的研究中获益极大，许多笔译认知过程的研究都需要借鉴双语理论模型来阐释和讨论译者的认知过程，建构笔译过程的认知模型。比如，翻译方向性问题，就是笔译认知过程研究领域受到双语研究领域的双语者语言水平和语言启动的不对称性研究的启发而产生的一个研究议题。

语料库语言学是当代语言学借助计算机技术和统计学而发展起来的最新最重要的语言学分支，翻译学中的主要争论之一是翻译的规范与共性问题，语料库翻译学恰恰是借鉴了语料库语言学的技术发展起来的（胡开宝、李晓倩，2016）。规范是描述性翻译研究中的重要概念，决定了实际翻译所体现的对等性（Malmkjær，2007），而共性指的是译文与原文之间的关系，这种关系在理论上具有公理性（Toury，1981）。笔译认知研究在译者风格的研究中吸收了这些思想并结合认知翻译学的研究成果来丰富和发展笔译认知研究。

认知语言学的诸多概念，如隐喻、转喻、原型论、框架语义学、认知语法及构式语法，等等，更是被认知翻译学直接借用（文旭、肖开容，2019）。笔译认知研究的一个重要取向就是以认知语言学理论为基础，对翻译所涉及的语义、语法、转换机制等问题展开分析，探索翻译转换中的语言认知机制，利用认知语言学的理论对一些翻译现象背后的认知机制做出分析和阐释，总结概括翻译转换的认知规律。

2.2.2 笔译认知的认知心理学和心理语言学研究

认知心理学是当代认知科学的基础学科，它对笔译过程认知研究的影响主要来自专业技能研究和心理测量等研究领域。

笔译是一项需要专门能力的专业性极强的实践，译员要策略性地使用专业笔译能力才能胜任笔译任务，获得理想的笔译效果（PACTE，2005；Göpferich，2009）。认知翻译学者对职业笔译能力及其发展很感兴趣并进行了大量的实证性研究和探索，其中最为普遍的做法就是进行笔译"专家"和"新手"的对比研究和分析，如学生译者和未经专门翻译训练的双语人群的对比研究（Jääskeläinen & Tirkkonen-Condit，1991；Jakobsen，2002，2003，2005）。

笔译认知研究中的笔译专业能力研究涉及较多的心理学专业知识，如对专业技能及其获得的研究，对笔译职业译员的选拔研究，在研究笔译职业能力时根据"专业"梯度选择研究对象等。Muñoz（2010a）可将韦氏成人智力量表（Wechsler Adult Intelligence Scale）和 TOEFL 用于笔译认知实验研究筛选被试的程序之中，筛除"异常"被试并将"正常"被试加以分级参加笔译过程的认知实验。Muñoz（2010b）深入讨论了认知心理学中的"专业技能"概念及其用于认知翻译学实证研究的基本原则和路径。Jääskeläinen（2010）讨论和阐释了认知翻译学的常见概念"专业译者"这一议题。

笔译认知研究人员普遍感兴趣的问题是，译者的性格或人格特征对翻译过程、翻译策略甚至翻译产品（比如翻译作品中的创意水平）有影响吗？关于这个话题，Hubscher-Davidson（2009）用心理测量的原理和方法进行了策略选择潜力与笔译质量相关性的研究，得到了肯定性的答案。

在认知心理学中，Baddeley & Hitch（1974）的工作记忆模型是一个具有广泛影响的理论假设，该模型中的核心议题，如长期记忆（LTM）、短期记忆（STM）、记忆容量以及这些认知因素对笔译产品质量的作用，都引起了笔译过程研究人员的浓厚兴趣和特别关注。

认知心理学对笔译认知研究最为显著的影响也许就是对眼—脑协同关系的研究，Just & Carpenter（1980）的眼—脑假设基本已经成为笔译过程眼动跟踪分析的标配研究范式。眼—脑假设认为，眼睛注视和大脑做出相应活动之间的时间差可忽略不计，所以这个假设对于分析翻译过程中译员的注意力（对原文文本、译文文本、术语或其他资源的注意力）很有用。眼动追踪结合键盘记录，为测量笔译任务中的认知参数开创了新的研究范式，采用停顿的次数和时长、修改的次数、注视的次数和时长、瞳孔直径的改变等数据，附以口头报告作为多元数据验证法的手段，极大地增加了笔译认知研究的可靠性。O'Brien（2006a，2006b，2008）测量了笔译中的认知努力，其研究特别用翻译记忆工具对比了不同的翻译记忆匹配度，研究者所设定的匹配度有"完全匹配（不需做修改）""一般匹配""自动翻译产生的匹配（需要一定的修改）"等。

目前，认知心理学的最新趋势是高度关注情境认知和具身认知的研究，这些议题的认知科学范式正在深刻影响认知翻译学的笔译认知研究，因为情境认知和具身认知关注人类认知的复杂性和整合性，可用于解释并反思我们身边发生的事物。认知心理学的情境认知和具身认知研究不仅关注人脑的活动，还关心整个人体和人的历史、环境的相互作用和互动效应（Risku，2010）。这一理念和观点给予认知翻译学学者的启发是，在考察翻译过程中译者的活动时，不仅要考虑译者自身的认知特点和职业能力，还应考虑外部环境和社会因素如何影响职业译员的认知过程和翻译决策。

2.2.3　阅读研究和写作研究对笔译认知研究的影响

阅读研究和写作研究是围绕第一语言和第二语言或外语的阅读和写作过程的认知加工机制而进行研究的领域，笔译认知研究从这些领域的研究范式和研究成果中获得灵感和汲取营养，来更好地理解和认识笔译过程中的原文阅读和译文产出时的认知机制。

眼—脑假设（Just & Carpenter，1980）是在研究阅读的心理认知机制的过程中而提出的，这一假设一经提出便促进了阅读心理研究的极大进步，在语言研究的相关领域产生了重大影响。在认知翻译学中，眼—脑假设被广泛用于研究笔译时的原文和译文阅读过程。涉及笔译认知的研究都把眼动追踪作为主要研究方法，对笔译过程中原文和译文的阅读问题进行精细研究和深度探讨。

在阅读研究领域，单语研究中的文本可读性研究启发笔译认知研究者测试源语文本的可读性，Jensen et al.（2009）和 O'Brien 均使用了阅读研究中文本可读性的测量技术和测量指标评测他们的实验材料。目前，对测试材料进行文本评估，已成为笔译认知研究的必备程序和标准环节。文本可读性的单语研究甚至用于测量和评估机器翻译的译文质量。在笔译认知研究领域，有一项著名的研究（Hvelplund，2011）测量了理解性阅读（reading for comprehension）和翻译性阅读（reading for translation）的眼动指标并比较了两者的差异，发现前者和后者的眼动指标大有不同，证明为了翻译而做的阅读需要调用更多的认知资源，具有更为复杂的认知机制。翻译性阅读不同于一般性阅读的明显之处是，这一阅读活动包含有多重类型的阅读，如回视较多、反思性阅读等，目的是要注意到源语文本中的细节和猜测或推测原文作者的意图，以便在后续的任务中准确地翻译出译文，产生高质量的笔译文本。

笔译的最重要成分之一是译文文本的生成，单语或二语写作研究对笔译认知研究中的译文产出研究也有一定影响。写作研究和笔译研究这两个领域有许多共同的关注热点，如文本生成中的计划、写作后的审校、元认知、写作策略、专业技能、停顿分析、写作者的个人概况等（van Waes & Schellens, 2003）。写作过程研究通常采用键盘记录、屏幕录制、眼动跟踪等手段来探究写作者在写作时的认知心理机制，而这些研究方法和研究手段也在笔译认知研究领域得到了广泛应用。写作过程研究者 Schrijver et al.（2011）在研究中引入了"编译"的概念，也就是在目标文本中操纵原文文本内容和结构，以适应目标文本风格要求。写作过程包含了构思、谋篇布局、遣词造句、起承转合、照应衔接等环节，其中的遣词造句和选词审校环节的认知分析，为笔译认知研究带来了很多可资借鉴的成果。

写作和笔译的共同点在于，两者都是对文本的生产，文本的某些特征分析在写作研究和笔译研究中都是必须要进行的工作。文本中的句子并非是随机写出来的，而是作者或译者意向和意图的反映。句子都是为了达到交际目的，由文本作者有意识地组合在一起表达可定义的交际功能。文本类型学的研究对文本语言学和翻译研究带来了巨大的影响，某种类型的文本具有有别于其他类型文本的属性，正是这些属性把不同类型的文本区分开来。文本的性质决定着句子的结构或连接形式，文本中单个句子所唤起的意义以及这些意义是如何相互联系，形成一个连贯的整体，这是写作研究和笔译研究都在研究的问题。总之，文本是一种互动结构，文本的形式和意义是为了在符合情境—社会互动情况下完成交际目的。

2.2.4　认知神经科学对笔译认知过程生理机制的探索

译者大脑这个"黑匣子"（black box）内部的活动是最为复杂和最值得探究的问题，大脑基础应该成为译学领域的领先性研究议题（Tymoczko, 2012）。认知神经科学的先进研究手段（脑电图 EEG、事件相关电位 ERP、功能性磁共振成像 fMRI、功能性近红外光谱 fNIRS 等）为获取翻译时译者行为的非直接信息提供了强大的技术支持。眼动追踪、键盘记录主要通过设计受控实验，利用仪器设备追踪翻译过程中的信息转换与加工进程，获得直接的外观行为数据，所观测到的行为不一定能真实地反映译者的认知活动，因为注视点、停顿、修正等行为可能并非正常翻译活动的神经表现，而仅是解决翻译难点的表现而已。

事件相关电位（event-related potential，ERP）是一种无创技术，具有很高的时间分辨率，已作为一种电生理工具，用来研究翻译认知活动的神经基础（这里需要说明的是，笔译研究运用 ERP 的相对较少，但为了论述的完整性，本章也对相关研究做简要阐述）。Elmer et al.（2010）进行的 ERP 研究提供了令人信服的证据，证明特定的翻译训练造成了译员双语大脑的神经元适应。11 名专业口译员在二语—母语翻译，即反向翻译方面受过专门培训，11 名对照组未受过专门训练，在四种情况下对双音节名词进行了测试。研究结论是，翻译时特定的训练导致母语和二语内部和跨语言对词汇—语义加工的敏感性发生变化。

功能性近红外光谱（functional near-infrared spectroscopy，fNIRS）用于翻译研究的一个例证是 Quaresima et al.（2002）用 fNIRS 技术监测预先确定的大脑区域激活水平的变化。实验者感兴趣的区域是布罗卡区及其邻近脑区，在两个翻译方向上观察到相似的活动模式，包括布罗卡区在内的额叶下皮质的激活更为明显；相对于控制条件，两个翻译任务都涉及更宽的额叶区域，与布洛卡区相邻的位点在反向翻译和正向翻译中并没有被均匀激活，表明存在翻译方向性效应。

功能性磁共振成像（functional magnetic resonance imaging，fMRI）技术用于测量译员执行翻译任务时不同脑区的血流量变化可以帮助分析不同脑区在笔译时的激活和活动情况。譬如，运用 fMRI 考察翻译方向性（即第一语言—第二语言翻译和第二语言—第一语言翻译）中的认知负荷（Chang，2009），用 fMRI 实验分析翻译时的四种脑活动模式（Moser-Mercer，2010）。fMRI 扫描显示翻译时所有活动区域都在左半球，仅在前额叶腹侧皮层即布罗卡区内的 BA47 和内侧苍白球出现翻译时的分化性激活，简单句和复杂句的激活模式与此类似（Lehtonen et al.，2005）。与句子翻译有关的神经活动仅出现在左半球的额叶基底结构中，翻译的方向性可导致不同的神经激活，顺译和逆译涉及不同的神经系统微观解剖及组织结构（Hervais-Adelman et al.，2011）。

Scherer et al.（2012）用 fNIRS 研究了高水平的葡萄牙语（L1）和法语（L2）双语者的句法加工，实验使用电脑呈现语句给被试阅读后做句法判断，这些句子不存在动—名一致性违反现象，结果表明，对两种语言的句法加工引发被试左半球前额叶脑区的明显激活，同时，在加工 L2 即法语时，某些特定区域的激活极为突出。该项研究为翻译认知带来极大的启示：fNIRS 可以为作为双语转换过程翻译研究的可靠方法并为探究目标语译者的翻译认知加工过程带来极为可靠的研究证据和新颖发现。Hervais-Adelman et al.（2011）的功能性磁共振成像研究要求 23 名同传学生（L1 为法语，L2 为英语）逆向同传 30 组简单句，同传任务引发左前额叶和额下皮层即布罗卡区（BA45，47）、附属运动皮层、尾状神经核、前运动皮层等脑区的激活；对口译实验数据的单独分析还显示出左前额叶皮层（BA10）的明显活动以及内果核和颞上回等脑区的双侧激活。这一研究的主要发现包括：① 参与翻译过程的具体神经基底取决于源语译入的单位类型是单词、句子还是文本，参与翻译过程的神经基底与翻译的方向有关；② 人脑的左半球优势性地或专门性地参与对单词、句子和文本三类翻译单位的翻译过程；③ 布罗卡区在所有翻译过程中都发挥作用；④ 与翻译过程有关的专门化脑区尚未确定。

认知翻译学者对翻译过程的神经证据更感兴趣（Ferreira & Schwieter，2015；García，2015；Göpferich et al.，2008；Jackobsen，2014 等），篇幅所限，不再赘述。

Paradis（2004）的双语神经语言学模型描述了双语者大脑中两种语言（第一语言、第二语言）不同水平的元语言知识、感官知觉、情节记忆、百科知识、共同概念系统和不同的语义、形态句法、音系学的某语言特有层级。在第一语言和第二语言间做翻译时，两种语言相互影响的程度取决于它们之间的类型相似性（如图 2.1 所示）。

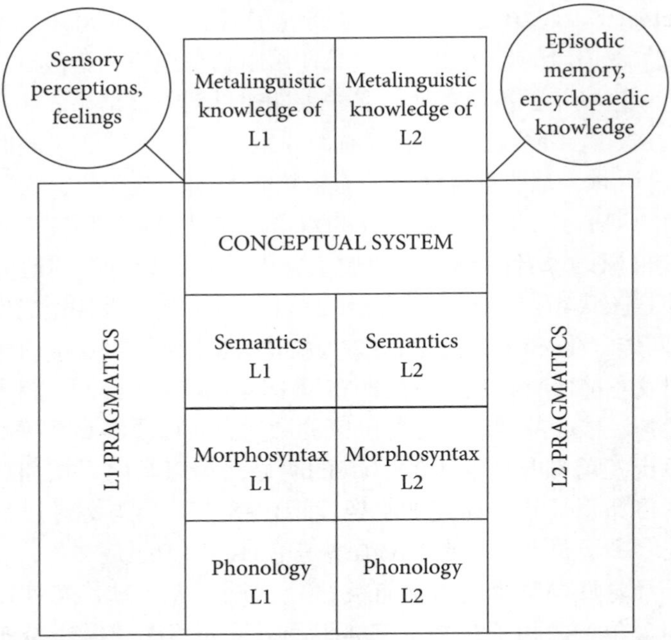

图 2.1 Paradis 的模型（Paradis，2004：227）

　　Paradis 提出，双语者，包括译者，有两组小神经联结，在翻译过程中，两组联结被独立地激发或抑制，但是有一组较大的联结能让这些小联结从中抽取任意一种语言的条目。激发的水平是无意识驱动的，翻译时涉及两种不同翻译策略的操作，一是通过概念系统的翻译策略，涉及原文文本材料解码（理解）和译文文本材料编码（产出）的过程；二是通过自动应用规则来直接转码，从源语的语言条目直接转成目标语的对应条目，源语形式立即激发目标语形式，所以绕过了概念—语义处理。Paradis 的理论解释了两种语言翻译过程（解码、理解、转化、重组、重语言化）中关键的表征方式。

　　总体上，认知神经科学所获得的与翻译有关的神经功能系统研究发现和初步结论包括：① 翻译路径有独立的神经功能，翻译路径不同于 L1 或 L2 加工的神经功能路径；② 逆向翻译（L2–L1）和顺向翻译（L1–L2）在神经功能上有各自独立的认知神经路径；③ 结构（基于形式）翻译和概念（基于意义）翻译有独立的神经功能系统。翻译的神经解剖或神经结构机制：① 翻译路径有强烈的左脑侧化特性；② 单词翻译主要由涉及陈述记忆功能的颞顶叶承担；③ 句子翻译主要由与程序记忆功能有关的额叶承担；大脑左半球主要与翻译过程有关，是文本翻译的中枢神经结构，右半球虽有激活，但主要是反映了翻译过程中对语用策略、注意策略和监控策略的调用；在左脑中，额叶尤其是布罗卡区主要参与口头语段和书面文本的翻译；翻译具有方向性效应，顺向翻译比逆向翻译会生成更为广泛的激活，翻译方向能够调制脑的活动模式，顺向翻译所激发的更为广泛的激活模式归因于它涉及更大的认知努力，顺向翻译比逆向翻译产生更大的左额叶活动可能说明其对形态句法加工、语义分析和工作记忆有额外的要求；与翻译有关的脑区不仅在皮层而且在皮层下神经基底结构，即可能在新皮层上存在翻译专用神经回路，这种新皮层存在于具有不同宏观解剖的脑区，或者就在同一脑区但与特殊微观解剖组织结构有关。

从认知神经科学的角度来构建翻译框架需要整合多种知识来源才能理解大脑中相关机制的运作过程、运作方式与不同的环境变量间的关系、运作机制与特定任务之间的关系。所有这些知识都需要与大脑主要结构联系起来，通过翻译过程为导向的研究加以探索，获得认知—神经数据来推动认知翻译学的发展。

2.3　笔译过程认知分析

翻译要求译者对两种语言进行解码 + 编码的认知操作，译者既要解析语言本身，还要理解言外之意，需要调用百科知识。译者翻译时，是将作者已经转化成文字的经验再次转化成另一种文字。翻译过程中，译者经常需要比作者更费力、费心。翻译所需心智活动的繁复程度不亚于创作。翻译需要译者具备对文字的掌控、文化的领悟和一定的专业造诣；专业文本的翻译，需要译者对概念与定义的理解、用词与表达的精准把握以及专业领域的素养。

2.3.1 笔译原文阅读—理解—语码切换—译文生成

译员的心理词典中储存了丰富的词性、句法、文本等方面的信息可用于笔译操作，在阅读待译文本时会调用这些信息对源语文本进行分解或曰解码。理论上，译员接触原文的频率决定着其提取已存例证的能力和分解源语文本的速度。联结主义（Rumelhart & McClelland，1986）认为，读者利用拼写单元和语音单元间的同一个联结系统来产生书写词如 tove 的发音并提取形似词 stove 的发音，或词类的例外形式，如 love 的发音。相似性和频率在语言理解中发挥着重要作用，而对新输入的词条的加工是根据它们与已知词的形似性而进行的。这一观点适用于对笔译过程的认知分析。

1. 单词辨识

书面语反映的是语言结构中语音—形态—意义三者的对应映射关系。笔译时，译者利用正词法中的形态结构线索来阅读并解析和理解源语文本中字符串的意义。例如，re 可以放在 print 和 do 之前，组成 reprint 和 redo，这种对正字—形态的分析和分解是译文解读的第一步。译者在阅读原文时提取词的音位结构和形态结构，从文本分析得出语言的整体结构的表征。从正词法表征到音位表征的转换中，译者在心理词典中查找单词的音位形式，产生对于不合常规读音规则的词如 love 的正确发音。人在阅读时，眼睛注视一下就能收入多个词的所有字母，这涉及阅读广度。联结主义模型认为一个词的所有音位被平行地同时激活，原文文本中的词所提供的视觉表征能够迅速和存储于译者心理词汇中的表征相匹配。心理语言学对单词对等词翻译的研究表明词的辨识在翻译中是一个不断积累的过程，语际之间的联想和联系是初始阶段，在这一阶段，跨语言的概念表征会参与其中；词的辨识与翻译具有方向性，受译者二语能力的制约和影响，源语中词的具象程度和词源也是影响词汇辨识的因素。随着认知翻译学的发展，学界日益关注译者的专门知识对单词辨识与翻译的影响（García，2015；Kroll & Ma，2018）。

2. 句子理解

　　笔译时，译员的句子理解系统能持续而有序地理解原文中语句的语法约束条件，根据原文文本中句子解析的贴切信息——主要是语法信息构建原文语句的单个或多个表征，并对这些表征进行解析和评估。译员的句子理解系统对包括语法、词汇、语境、原文作者知识以及对整个世界的一般知识或百科知识进行整合性加工。简而言之，译者在理解原文文本句子时会整合运用语法知识和情境知识。句子处理器先建构对句子的单一分析并试图理解这个句子，例如，"The second wife will claim the inheritance belongs to her."，当 the inheritance 初次出现时，它既可以被理解成是 claim 的直接宾语，也可以被理解成是 belongs 的主语。译者注视 belongs 这个单词上的时间比平时要长，而这个单词消解了这个句子的歧义；译者先把 the inheritance 理解为直接宾语，当他不得不把这个最初的理解修正为 the inheritance 是 belongs 的主语时，第一个理解就中断。句子处理器主要是由心理词汇中储存的关于特定词汇的信息引导。在 "The salesman glanced at a/the customer with suspicion/ripped jeans." 中，介词短语 with suspicion 或 with ripped jeans 可以修饰动词 glance 或名词 customer 中的任何一个，但这仅仅针对行为动词时是正确的，而对于感知动词 glance at 则是错的；对名词词组修饰语的倾向性理解只有当被修饰的名词前有不定冠词 a 时才会发生。翻译过程中的句法解析不同于单纯的阅读理解中的句法解析，原因在于翻译的复杂性，译者在阅读原文文本的同时就在心里默默地进行着一定的句法重构，为译文的输出做某种构思。有一项实验研究在译者进行常规阅读和翻译阅读时对目标语的词汇和句法进行了实验控制，实验结果表明，对源语句子的理解过程受目标语文本中的词频的影响，也受源语和目标语的句法构型契合度的影响，尤其是在翻译过程中，受目标语的句法特征和特点的影响更大（Ruiz et al., 2008）。一项研究翻译过程句法加工的实验（Chmiel & Lijewska, 2019）发现句法结构和句法条件会影响译者的读句时长和翻译速度，比如，被试会用较长的时间翻译在句法上更为复杂的宾语定语从句，但他们看源语句子的时间却比较短，主要是为了避免受到目标语句法重组和重构时的干扰，也就是说，译者受源语和目标语的句法特点的双重制约和影响，在对目标语句法的重构上耗费更多的认知资源。

3. 源语文本的理解

文本是命题的网络，笔译者的短时记忆时效会限制或制约文本理解过程，译者对原文的理解也为命题之间的互证方式和文本所表明的语言组织形式所指引。文本或语篇与译者的长时记忆中的知识以及在语篇的前面部分出现的材料相连通。从长时记忆中提取信息是一个贯穿于理解始终的无意识的顺应性过程。带有与长时记忆中的信息有明显语义关系的材料出现时，长时记忆中的信息便被自动地激活，诸如否定等能够彻底改变命题真值的语义细节并不影响共振的过程。积极而睿智的意义搜索是读者观察和找到语篇中的概念结构的基础，比如，在翻译叙事性文本时，译者通过分析事件的目的、行动、反应以试图建立对于文本中所表达的因果结构的表征。文本的结构细节决定译者处理文本并搜索构成文本的连贯结构的速度和准确度。译者以笔译形式翻译文本时的认知心理活动是极为复杂的，从笔译实践的角度看，我们强调译者对全文主旨大意的了解和文本类型、原作写作意图的认知，这是一个自上而下的认知加工过程，但对文本逐字逐句笔译时，又要准确把握字词原义和文本语境，这又是一个自下而上的心理表征过程。因此，从认知科学角度来解析笔译过程中的语篇理解，我们认为笔译中的语篇理解和分析是一个不断累加和递归的认知表征过程，译者的语篇笔译认知是一个连续的复杂的语篇解读互动过程。实证性的笔译过程认知研究通过实验进行的研究相对少见，主要是受笔译认知过程实验范式的制约，大多数在实验室中进行的笔译认知实验研究是以单句和极短的段落作为语料和实验选材进行的，这样的设计主要是考虑到被试的因素，篇幅过长极易引起被试的心理疲劳和认知失谐，以大篇幅的语篇进行笔译过程的认知实验的范式和方法尚需研发、构拟和推进。而对笔译过程中的语篇认知表征则以理论假设和理性推演为主（van den Broek & Helder, 2017）。从研究范式和方法论上探讨笔译过程中的语篇加工和认知表征，是认知翻译学亟须攻坚的学术任务和使命。

4. 语码切换和译文生成

由原文文本转写为译文文本的过程是译者的心理活动相互协调的过程，包括如下四个环节：对源语的理解、对源语的阐释、从源语到目标语的转换、将转换后的语言用目标语表达出来。在此过程中，译者的长期记忆所存储的语言和文化背景知识得以激活用来理解和解构源语文本，而译者的工作记忆会暂时储存当前关注的信息及正在处理的翻译单位。语言产生过程的方方面面都成为笔译认知过程的研究对象，如概念形成过程、语言的序列化或线性过程、语法编码、自我监控、自我纠错等。

产出词语的能力是生成更复杂话语的能力的核心组成部分。多词语的话语要求说话者重复进行单词的检索，在语言理解过程中，译者必须把书面的输入条目和心理词汇中的条目对照，而且必须生成句法的、语义的、概念的、结构的等不同层次的表征。语言产生过程必须把概念结构映射到词汇以及词汇的组成成分上去进行匹配。

以往的心理语言学研究，多以语言理解为主要研究议题，如词汇和词语的储存、心理词典、心理词汇的储存位置、词汇通达和提取、句法的加工等。翻译的复杂性在于既要理解源语，又要产出目标语，语码切换和译文生成的认知心理表征过程因此就极为复杂。目前，实证型认知翻译学的研究多采用多种研究方法相结合的研究程序来探讨笔译过程中的理解—转换—生成诸环节的心理表征问题，比如，把眼动实验中眼动记录仪和翻译记录软件兼容起来，用眼动仪记录笔译过程中的理解阶段的各种眼动数据，同时用 Translog 记录译文产出过程的数据。这样的实验程序比较好地把对笔译的原文理解阶段和译文产出阶段的探究结合了起来，采用两类数据互证的分析手段，能够全面地解释和探究笔译过程的语码切换和译文生成机制，这代表了认知翻译学笔译实验研究的新趋势和新方向。

5. 词汇提取

译者是如何生成单个单词的？词汇是经过几个处理步骤而计划成的，每个步骤产生特定类型的表征，而且信息在各个表征之间通过激活的扩散而相互传递。第一个处理步骤叫作概念化，它决定着要表达何种概念。翻译并非只是逐字逐词地把一种文字转换成另一种文字，扎扎实实地翻译远胜于拼拼凑凑地撰稿。下一个步骤是选择能够和已确定的表达概念相符合的词语，首先选择一个句法词汇单位，这个句法词汇单位规定其他单词的句法类别和其他附加的语法信息，例如动词是不及物的（如 sleep）还是及物的（如 eat），如果是及物的，它将携带什么样的谓项成分等。选择一个句法词汇单位是一个竞争性的处理过程，多个语法单位可能被同时激活，因为有多个概念都适合于要表达的信息，而且和那些语义相似的概念相对等的语法单位也会相互激活（这是由于它们拥有共同的上位概念或概念特征）。一旦某个单位的激活水平超过了其他所有竞争者的激活水平的总和，这个单位将会被选择。检验机制则会确保被选择的单位的确与要表达的意义相吻合。

6. 句子的生成

翻译过程中的词类转换、合成、整合等认知操作，都在句子的生成中得以体现和表征。句子生成的第一步也是概念准备，长话语的概念准备要比短话语的概念准备更为复杂。计划的每一部分都必须精心准备以使表征层面和词汇概念相一致，这种表征形成输入而进入造句阶段。译者的句子产生机制是呈递增状态的，译员只要做出了对最初的几个词汇概念的选择，他们就会启动句法结构的建构。句子不仅仅是简单的词汇集合，而且是有句法结构的，译者必须应用语法知识来生成句子。有两种不同的过程参与句法结构的生成。一是功能计划过程，负责指派语法功能，如主语、动词、直接宾语等。这个过程主要依赖于言语层面的信息和所检索到的词汇—语法单位的语法特征。二是定位编码过程，这个过程使用被检索到的词汇—语法单位以及它们所承担的功能生成句法结构，所生成的句法结构安排各个成分之间的依存关系和顺序关系。从功能层面到位置层面的对应往往是很直接的，主语常常在动词之前，接着是直接宾语和间接宾语。然而，有时倒装会颠倒这样的顺序，例如"I don't mind bikes; cars I hate."。

功能过程和位置过程之间存在区别，如不同短语和单词的互换，例如 put the tables on the plate，在这个例子中不同词组的词语相互被调换，这个错误可以被解释为是功能编码的错误，而有其他特点的错误最好是被解释为位置编码的错误，例如 the come homing of the queen，在这个例子中一个词组内的词素被错误调换了。

7. 译文文本的生成

书面语的生成步骤主要在于一旦句法词汇单位及其形态表征得到提取，则被检索和产出的形式必须要是正字法拼写形式。生成和理解之间的互相反馈是从拼写也是从阅读中出现的另一个过程，因为人们可以回头去阅读已经写出的拼写以检测它是否正确。

作者有更多的时间用于准备和计划，而且写作者更加有必要这样做，译文文本的读者在时空上是远离译者的。监控和修改在写作中比在说话中发挥的作用更大。因此，对书面语写作的生成研究常常关注的是计划过程和修改过程。

其实，译文文本的生产在某些环节类似于文本写作，但又不同于操作性写作的过程。写作认知过程模型（Flower & Hayes，1981）认为，写作由任务环境、写作者的长期记忆及写作过程构成。其中写作过程又包含三个子过程：计划、表达、审读。计划过程由内容生成、内容组织、目标设定三个子过程组成。写作过程中的各个子过程是动态的、呈等级的、互动循环的非线性过程。计划、表达和审读三个子过程是功能平行的三个认知过程，它们构成一个系统，这一系统与监控系统相互作用。这两个系统处于不同的层级。监控系统对三个子过程实施监督、管理、控制和调节。两个系统的协调合作保证了写作活动的顺利进行。Bereiter & Scardamalia（1987）的写作认知过程理论认为，生手写作者和熟练写作者有不同的写作认知过程，前者是知识陈述型，后者是知识转化型。总之，文本的产出是一个复杂的不断解决问题的认知心理过程，"监控"在文本生成过程中至关重要，对文本形成中的认知过程发挥检查和核查作用。译者利用短期记忆对译文从各个方面和各个层级进行理解，并与长期记忆中的语言知识进行匹配，通过短期记忆对从长期记忆中所检索的语言（母语或者目标语形式）进行评价、加工、修改从而最终形成句子或者句子成分。在这一过程中，译者利用认知和元认知的知识与能力，通过将短期记忆中的模型或者正在进行的译文产出与内化了的语言模型以及外部资源如词典、教科书、教学课件等进行比较，从而对译文生成过程进行监控和检查。表达过程即通过短期记忆从长期记忆中进行语言检索，形成文本。语言监控贯穿译文产出的整个过程。

Hvelplund（2011）通过 Translog 和录屏软件记录发现，在笔译过程中，译员的修改行为有很多，这标志着译员对译文的不确定，他们很难取舍和确定自己的译文是否确切地转述或表达了原文的意旨。在译文定稿之前，译员会进行多次的编辑，尤其是针对特定的短语和术语进行多次修改，对于拿不准的有疑问的用词会几易其稿。翻译中的这些译文产生过程中的行为常常是通过 Translog 加以记录的。译文产出过程中的停顿，也是一个非常重要的指标，在某个语言表达上的停顿越长，表明这个区域所需的认知努力就越多，停顿也是反映笔译员对译文切分的主要指标，一个词或短语应该如何切分，译员会停下来做思考和斟酌，推敲用词的准确度，保证做到用词达意。译文产出速度也是反映笔译认知过程的主要指标，当译者的译文产出速度有所下降时，表明其对译文的不确定判断有所增加，即我们通常所说的"拿不准"，处在对用词的困惑或纠结阶段。

2.3.2　笔译过程中的认知负荷研究

翻译过程研究多以认知负荷作为指标来推理译者的认知加工。认知负荷是指人进行信息加工时所耗费的认知资源总量，个体要完成某项任务就要动用工作记忆中有限的认知—心理资源，此时便会有认知负荷。Jääskeläinen（1999）运用有声思维法对译员翻译时的认知负荷做了最早的实验研究，结果证明隐喻翻译会产生更多认知负荷。此后，翻译中认知负荷的研究逐步展开。

1. 源语文本和目标语文本处理中的认知负荷

翻译是译者将源语文本向目标语文本做语码转换时的认知在两个文本之间的切换过程。Jakobsen & Jensen（2008）用眼动追踪实验考察了译者认知负荷在源语和目标语文本中的分布，分别用注视次数、注视时长、平均注视时长、视觉转移四个变量测度译者对源语和目标语文本的认知处理，结果发现，译者在目标语文本上的注视次数、注视时长和平均注视时长均高于在源语文本，表明译者在目标语文本上的认知负荷比在源语文本上的更多。译者在源语和目标语文本之间的视觉转移总次数为 225 次，平均每 3.8 秒做一次转换。频繁地在源语和目标语文本之间进行视觉转换会使译者缺失方向感，对翻译速度造成消极影响。

2. 认知负荷与翻译方向性

Pavlović & Jensen（2009）运用眼动追踪技术探查了译者认知负荷在正向和逆向翻译中的分布情况，8 名职业译者和 8 名学生译者将一篇丹麦语文本（L1）译成英语（L2），将另一篇英语文本译成丹麦语。研究假设是：① 逆向翻译的总认知负荷比顺向翻译更高；② 无论顺向或逆向翻译，译者处理目标语文本的认知负荷都高于处理源语文本的认知负荷；③ 顺向翻译时处理源语文本的认知负荷比逆向翻译时更高；④ 逆向翻译时处理目标语文本的认知负荷比顺向翻译时更高；⑤ 无论顺向还是逆向翻译，学生译者的认知负荷均高于职业译者。实验采用注视时长、平均注视时长、瞳孔直径三个指标来验证上述假设，分析数据后发现，部分指标验证了假设 ①，所有指标验证了假设 ②，未能验证假设 ③ 和假设 ④，基本上验证了假设 ⑤。冯佳（2017）用眼动实验要求 20 名学生译者将一篇汉语文本（L1）译成英语（L2），而另一篇英语文本译成汉语，重复验证了 Pavlović 和 Jensen 关于翻译方向性的假设，结果显示，假设 ③ 和 ④ 仍然只得到部分眼动指标的支持，而假设 ① 基本得到验证。

3. 文本难度和时间压力与认知负荷

翻译有时候是有时间压力的，源语文本的难易度也会影响译者的行为。Sharmin et al.（2008）等用眼动追踪实验考察了源语文本难度对译者认知负荷的影响，实验选取三篇主要在词频和句法上体现不同难易度的源语文本，用注视次数和平均注视时长两个指标测量认知负荷；结果显示，文本难度越大，平均每分钟注视次数就越多，而平均注视时长并未随着文本难度的增加而发生显著变化。Jensen（2001）通过击键记录法探查时间压力对译者认知负荷的影响，实验要求译者分别在 15min、20min 和 30min 内译完指定文本的翻译。结果发现，译者用于熟悉阶段和修订阶段的时间较短，而起草阶段的时间没有显著变化，时间压力会在一定程度上影响翻译过程及其认知负荷。

4. 译后编辑与人工翻译中的认知负荷

当前，计算机辅助翻译已得到广泛应用，翻译模式正逐渐从"人工翻译"转变为"机器翻译 + 翻译记忆 + 译后编辑"模式，研究者更多地考察新型模式下机翻系统生成的不同译文对译者认知负荷的影响。O'Brien（2006a）用眼动实验探查了翻译记忆里的匹配度对译者认知负荷的影响，以文本处理速度和瞳孔直径作为实验测量指标，结果表明：① 匹配度和文本处理速度大致成正比，匹配度越高，处理速度越快，精确匹配所需认知负荷最小，零匹配所需认知负荷最大；② 瞳孔直径大小与匹配度呈非线性关系，匹配度越低，瞳孔直径越大，匹配度降到 70% 以下时瞳孔直径逐渐缩小，实验验证了"匹配度与认知负荷并非呈直线关系"的研究假设。Koglin（2015）也发现隐喻的译后编辑比人工翻译产生的认知负荷更小。卢植和孙娟（2018）用眼动追踪和击键记录法考察了译后编辑和人工翻译的认知负荷，数据显示，译后编辑时的注视时长和瞳孔直径均显著小于人工翻译时的，译者的处理速度在译后编辑时明显快于人工翻译时，译后编辑可减少译者认知负荷，提升翻译效率。

2.3.3 笔译过程的元认知策略研究

元认知（metacognition）或曰关于认知的认知，在翻译策略和技能的研究中受到特别关注。Angelone（2010）使用认知科学方法了解翻译过程中译者如何应对不确定性、解决问题，并探讨他们这方面的能力如何影响翻译产品的质量。

Angelone（2010）将元认知即关于认知的认知列为研究翻译策略和翻译能力的重要主题，译者的元认知是译者对自身的语言认知和表征行为进行管理和控制的一种认知活动，作为翻译活动主体的译者在进行两种语言翻译的全过程中将自己正在进行的翻译—认知活动作为认知对象，持续地对翻译过程和认知进程进行积极而自觉的监视、控制和调节。

这种自我认知过程在工作记忆中进行操作。翻译过程中的元认知控制包括检查是否理解输入性源语、预测译出结果、评价某个目标语是否有效、计划下一步的翻译行为、测查所选用的翻译策略、确定认知努力、修改或变换策略以克服所遇到的翻译困难，等等。

元认知是"个体对自己认知过程、认知产品或与之相关的任何事物的认知"（Flavell，1976），是认知主体将自己的认知活动本身作为对象进行的更高一层的认知活动，即"认知的认知"。对于元认知的结构及其构成要素，学界见仁见智、各持己见（Flavell，1976，1979；Perfect & Schwartz，2002）。Reder & Schunn（1996）认为，对元认知的研究主要集中在对元认知监控的研究上，元认知监控是元认知的核心，它在一定程度上丰富和扩展元认知知识、激发元认知体验，是促使个体有效完成认知活动的关键因素。元认知监控包括在认知活动前制订计划、获取相关信息、对认知材料进行合理预测，在认知活动中实施监控、分析和反馈，在认知活动结束后对认知结果加以评估。也就是说，认知主体根据认知活动的需要选择恰当的策略以解决难题，同时监控认知活动，对获取信息和认知结果进行评估并做出相应调控。在这一过程中，认知主体可以意识到自身的感知、情绪、记忆和体验，也能意识到计划和执行的效果。元认知监控囊括了元认知知识和元认知体验相关因素。Sabina和 Stankov（2007）认为元认知包含计划、监控及评估三要素，计划是指个体在执行任务前对相关策略的筛选和使用，监控即个体在任务中有意识地对认知策略加以操控，评估是个体完成任务后对自我表现和绩效的反思与评估。

王湘玲等（2016）探索了翻译过程中元认知监控主要包含的因素，具体分析了学生译者和职业译者在元认知监控使用上的差异性及其原因。该项研究采用因子分析法，对比分析学生译者与职业译者翻译元认知监控的因子构成并进一步揭示元认知监控与翻译能力的相关性，分析发现：① 翻译元认知监控主要包括翻译监控、自我评价、事先计划、意图评估和自我调节五因素；② 由于职业译者和学生译者在审美、动机与目的、翻译记忆以及翻译过程处理上的差异性，造成了二者在自我调节上差距最大，其他依次为意图评估、事先计划、自我评价和翻译监控；③ 相关性研究表明，学生译者的翻译监控、自我评价、事先计划三因素与翻译能力呈正相关，而职业译者的元认知监控五因素与翻译能力均有一定相关性。许艺和穆雷（2017）探索了笔译中的元认知监控和交替传译中的元认知策略，着重论述口译量表中策略能力量表的构建，在厘清口译策略能力概念和构成的基础上，从元认知理论视角界定口译策略能力，阐述口译策略能力量表的描述语收集及量表化的方法与步骤。该文研究的是口译元认知，但在方法论上对笔译的元认知研究具有重要的借鉴和启发意义。

2.4　小结

翻译过程的认知研究集中于认知维度的科学探索，缺少社会维度的人文关怀，往往简单化处理复杂的人工翻译过程（Muñoz，2010a；Williams，2013），需要进一步细化研究设计，使理论模式指导下的研究假设更具有针对性，让实验更接近真实的翻译活动，以得到更有价值和更具普遍意义的研究发现。随着研究方法不断更新、研究问题日益拓展，认知翻译学研究呈现出规模化、跨学科趋势，目前，认知翻译学界"最大的挑战是对其研究主张和研究目标进行提炼归纳"（Muñoz，2017a）。

"多元互证法"（triangulation）是"用不同的方法观察同一现象"，"相互支持或是补充"所得数据"以验证实验结果和分析"，可以有效地弥补以往单一研究方法带来的不足。综合运用眼动追踪、屏幕录制、ERP、fMRI、访谈、问卷、内容分析、多元互证等多种方法，立足实验数据，定标模型建构，助推翻译过程研究方法论建设。在方法论层面，通过运用最新研究方法，如眼动追踪、ERP技术，进行翻译双语表征的研究，把理论阐述和实验分析结合起来，拓展翻译研究的新路径和新路向；在学科发展层面，推动认知翻译学成为翻译研究领域新的热点，促进翻译研究科学范式的转变。在认知翻译学之方法论构建层面，通过眼动追踪、屏幕录制、ERP、fMRI、访谈、问卷、内容分析、多元互证等具体实验方法在外宣翻译过程研究中的实际运用，阐释实验设计原理、数据收集程序，解释数据统计分析技术，重点研究认知翻译学的建型，呈现先进统计方法（如结构方程模型/SEM、R 语言中的多元线性混合效应模型/R-LMEM）在翻译实证研究中的应用，建立完整系统的认知翻译学方法论体系，体现新技术、新方法对人文社会科学发展的推动和驱动，体现与国际翻译界的研究热点和趋势同步并行。

我国翻译学界不同于国外认知翻译学界的明显之处，在于我国学界有着"知行合一，学以致用"的传统，在较短的时间内将认知翻译学和翻译实践的研究结合了起来，但已有研究方法相对单一，缺少设计严谨的实证研究，尚未形成有影响力和解释力的理论体系及成熟完整的方法论体系。

笔译过程研究致力于见微知著地探究翻译认知过程，需要注意如下问题：

1. 被试样本的容量及代表性

由于实验程序及成本的限制和制约，多数笔译认知研究的实验取样样本量偏小，被试数量多分布在 8—30 的区间内。这种实验样本量偏小的问题必然造成统计值误差，导致实验效果不佳、所得结论多有偏颇。很多实验选取尚未熟练掌握翻译策略和技巧的学生译者作为被试，采集到的数据必然出现较大误差，难以有效揭示笔译过程的认知特点和加工规律。

2. 笔译实验研究的生态效度

为了获得精确数据，多数使用眼动追踪和击键记录法进行的笔译实验对被试的行为有一定的限制和操控，如被试不得使用词典等，实际上，真实的笔译实践都会借助电子词典或网络资源作为辅助手段，因此，人为设置的笔译实验任务和过程研究并不能完全还原真实翻译过程的实际情况，这就大大降低了研究结论的生态效度，实验结论应用价值不高。笔译认知的实验室实验，应提升研究者的实验科学素养，综合运用定性研究和定量研究相结合的研究思路，用高清录像记录实验过程，在分析数据时应结合所观察到的行为来加深对客观数据的梳理分析和准确推断。

3. 笔译作品和笔译过程相结合

笔译认知研究关注的是"笔译过程"，更多地描述译者在翻译过程中"做了什么"，如阅读模式、注视次数、停顿模式等，而对"笔译产品"即译作的关注相对较少，对译作质量的评估有所忽略。实际上，笔译认知研究应向"过程"与"产品"相结合的模式转变，对翻译过程的认知分析应结合对翻译产品的评估分析以增加其完整度，将语料库与翻译过程研究结合起来发挥其各自的优势，提升研究的信效度。

4. 研究技术的多元化

笔译认知研究的主要工具是击键记录法与眼动追踪法，击键记录法的用户友好性稍差，无法直观反映译者的兴趣区，盲打技术稍差的被试数据会拉低实验的生态效度，眼动实验对外部环境如光线和噪声控制等的要求较高，会在一定程度上限制译者的活动，而且无法有效反映译者信息加工的认知—神经生理机制。为此，应采用多元互证法将击键记录法、有声思维法、问卷法等相结合，从多维角度探究翻译过程中的认知加工机理和决策机制，应将眼动追踪和击键记录与更为先进的认知—神经科技如电生理技术相结合，眼动技术与 ERP 结合有助于探查译者翻译过程中大脑电位的时间进程，与 fMRI 结合将更为清晰地观察译者翻译时的脑区激活模式和不同兴趣区相关联脑活动模式，传统技术和先进科技的有效结合可帮助研究者深层次地洞悉译者大脑的认知过程。多元互证法从不同角度考察研究问题并交叉验证实验数据及结论，可提高实验研究的信效度。

翻译过程研究飞速发展，但由于研究设计理念和研究工具的局限性，该学科对译者在翻译过程中信息处理机制的认识还处在初级阶段，还有必要深度探查译者在不同文本类型、翻译方向、时间压力等变量影响下的认知负荷。

展望这一领域继续拓展和深化的问题，笔译过程研究要随着科技发展，运用最新的研究理念、设计思路和研究方法，在笔译认知过程的神经生理机制的脑的时间进程和激活模式上做出更多有价值的探索。未来要进一步对学科定位、研究领域、研究话题、研究目标等进行界定；理论模式建构和实证研究并驾齐驱；重视批判性方法论研究；更应该吸收融合其他邻近学科的理论观点和研究方法，生成符合翻译认知特点的研究范式。

第 3 章
口译认知研究

3.1 引言

口译认知研究作为口译研究与认知语言学、认知心理学、认知神经科学等认知科学的跨学科融合，近年来受到学界和业界的广泛关注。学者们从各自的视角出发，对口译认知过程进行了不懈探索（Gile，2009；Joseph & Karol，2011；Fantinuoli，2013；Koshkin & Shtyrov，2018），为我们认识不同阶段口译认知过程、理解口译活动以及译员的心智奥秘提供了有益参考。然而，总体来看，目前国内外学界对口译认知的研究依然处于探索阶段，其理论、原则和方法还有待更多探讨和研究。

本章主要在近十年来国内外研究成果的基础上，以口译认知研究对象和内容为主题，系统地考察国内外口译认知研究现状、核心研究主题以及研究方法，阐释口译认知研究的最新成果和未来发展方向。主要包括以下内容：① 近十年国内外口译认知研究概览；② 口译认知研究的主要成就与不足；③ 口译认知研究发展趋势。

3.2 近十年口译认知研究概览

3.2.1 国外研究现状

综合国外学者对于口译认知的相关研究发现，近十年来，国外口译认知研究大致可归纳为三个方面：一是口译与工作记忆的关系研究；二是口译过程中的认知加工策略研究；三是语料库与口译认知研究，以下将分别对其进行梳理。

1. 口译与工作记忆的关系

由于同声传译中源语听辨和目标语产出同时进行的特殊性，同传任务对译员的工作记忆能力提出了较高的要求。因此，同传和工作记忆的关系一直是口译认知研究的热点。近十年来，国外学者围绕同声传译和工作记忆的关系展开了一系列横向和纵向研究。横向研究主要探究同传译员和其他人员（同传学员、未受训双语者等）相比，是否具有工作记忆能力的优势；而纵向研究主要深入探讨同声传译和工作记忆的关系，即同传训练能否促进工作记忆能力的发展，抑或工作记忆能力从哪些方面可以影响同传表现。另外，手语是听障人士用来交流的一种视觉语言，国外对手语翻译的研究已有几十年的历史，近年来学者也开始关注工作记忆对手语—英语同传的影响。

在横向比较研究中，一些研究支持职业口译员有较高工作记忆能力的假设。Christoffels et al.（2006）通过两个实验分别比较了荷兰语（L1）—英语（L2）的同传译员和双语学生、同传译员和双语教师在工作记忆上的差别，发现无论在阅读广度、言语广度还是单词广度任务中，同传译员的表现均优于双语学生和双语教师，这表明较未受训双语者而言，同传译员具有工作记忆上的优势。Chmiel（2018）的研究也证实职业同传译员在各项工作记忆测试任务（阅读广度任务和听力广度任务）中表现最好，优于双语者和学生译员。

除了考量工作记忆容量的差异，还有学者从多个维度对译员的工作记忆能力展开调查，细致分析译员和非译员在工作记忆具体方面的差异。Signorelli et al.（2012）通过阅读广度任务、非词汇重复、复述等多个实验比较译员和非译员在工作记忆上的差异，并将工作记忆的不同要素和年龄影响考虑了进来，研究发现口译员在工作记忆中操纵信息以及处理或存储亚词汇音位表征方面有更好的能力，但是在词汇及意义的短期记忆方面没有表现出差异，且年轻的译员在非词汇重复和有提示回忆任务中表现更好。鉴于工作记忆中的中央执行能力也在同传和交传任务中发挥着较大的作用，Hiltunen et al.（2014）通过自由回忆任务和双耳分听任务比较同传译员、交传译员、双语教师以及非语言专家在记忆能力和中央执行能力上的差异。研究结果发现同传译员在自由回忆任务中的表现更加优异，而交传译员在鸡尾酒会测试中很少能够发现自己的名字。这一结果也解释了交传和同传这两类口译任务对译员的记忆能力和中央执行能力的要求不同，比如交传译员需要在工作时摒除外界干扰，而同传译员则要在工作时将注意力分散给听说等多个环节。Morales et al.（2015）在前人研究的基础上，进一步探究同传译员和非同传译员在其他认知过程中的差异，他通过 n-back 任务发现同传译员在修正技能方面的表现优于非同传译员。

此外，另一些研究却没有发现职业同传译员和其他人员在工作记忆能力上的差异。Liu et al.（2004）通过听力广度实验比较了专业同传译员、高级同传学员和初级同传学员在工作记忆容量方面的差别，但实验数据显示三组被试间不存在显著差异。Köpke & Nespoulous（2006）比较三组法语（L1）—英语（L2）双语者：专家译员、新手译员和未受训双语者，以及一组非双语者：未受训学生（母语为法语），发现新手译员在发音抑制下的复述任务和听觉广度任务中表现最好，均优于专家译员，基于此可以推测工作记忆容量可能会在新手译员面对新任务时提高，而对于专家译员而言，其他加工过程可能会提升或者替代工作记忆的作用。

综上可见，在职业同传译员是否具有工作记忆能力优势这一问题上，学者们得出了矛盾的实验结果。Köpke & Signorelli（2012）试图从方法论视角来解释这些矛盾结果产生的原因，比如在不同实验中被试的规模及其自身的口译经验有所差异，而不同形式的实验范式（听力广度任务或阅读广度任务）以及刺激呈现的时间也会对实验数据产生一定的影响，另外被试的年龄也是一个不可忽视的影响因素。

纵向比较研究对同声传译和工作记忆的关系进行了深入探索。Baddeley et al.（1998）认为工作记忆包括三个系统，即中央执行系统、语音环和视空间模板，其中中央执行系统主要用于控制加工过程，分配注意资源等过程，而语音环和视空间模板则分别负责加工语音信息和视觉及空间信息，而工作记忆的不同功能可能会对同传的效果及各个子过程产生不同的影响。Padilla et al.（2005）通过三个实验分别考察工作记忆不同功能（工作记忆存储能力、协调能力、词汇知识）对同传效果的影响，结果发现同传译员同时听译的能力和工作记忆中的词汇知识能力密切相关，而不是和工作记忆存储容量或协调能力有关。Lin & Liang（2018）则以非流利现象作为衡量口译质量的切入点，并通过实验观察发现工作记忆对译员口译的非流利性有着明显影响。

此外，已有研究发现不仅工作记忆能力可以影响口译效果，口译训练也对译员的工作记忆能力产生一定的影响。Tzou et al.（2012）对比了 11 名中英同传低年级译员、9 名中英同传高年级译员和 16 名未受训中英双语者在口译表现和工作记忆能力上的差异，发现语言熟练度越高，被试的口译表现越好，工作记忆容量也越高，但是口译训练可以增加译员语言处理能力而不是工作记忆容量。Timarová et al.（2014）通过实验进一步发现同传中某些特征与工作记忆中的中央执行系统有关，并且口译经验可以提高工作记忆中的抑制干扰能力。Dong et al.（2018）通过前后测实验探究交替传译训练对工作记忆能力的影响，研究结果发现为期一学期的交传训练提升了译员的修正效率，而并未明显提高口语广度表现，这可能是因为修正功能和交传任务的联系更密切。Ünlü & Şimşek（2018）利用数字广度任务和阅读广度任务测试学生译员在口译训练前后的工作记忆能力，研究结果发现口译训练有助于提升学生译员的工作记忆能力。Nour et al.（2020）的研究也证实了这一结论，并发现口译训练只改善了译员的工作记忆能力，对短时记忆能力却没有显著影响。

工作记忆对手语—英语同传的影响近年来也受到了国外学者的关注。Wang & Napier（2013）通过澳大利亚手语工作记忆广度实验来探究听力水平和手语习得时间对手语工作记忆能力的影响，发现正常手语者比失聪手语者在工作记忆广度任务上表现更好，但是先天手语者和后天手语者在工作记忆能力上并不存在显著差异。该研究表明，听力水平可以影响手语工作记忆能力，而手语习得时间对手语工作记忆能力的影响不大。此外，Wang（2013）还发现先天手语者和后天手语者在手语工作记忆广度和英语听力广度测试上没有显著差别，且这两者还存在正相关关系，这表明他们在执行手语和英语的工作记忆任务时都利用了相似的认知资源。

此外，有一些学者通过实验来验证手语—英语同传译员中工作记忆能力对其同传表现的影响，得出了不同的结论。Wang（2013）以澳大利亚手语—英语同传译员为研究对象，实验结果发现双语工作记忆能力和整体同传表现之间没有显著相关性。但是 van Dijk et al.（2012）发现单词和手势记忆广度与译员的翻译质量密切相关。并且，Macnamara & Conway（2016）对美国手语—英语同传译员进行了为期两年的跟踪调查，发现初始同传表现和工作记忆容量对最终同传表现影响最大。

2. 口译认知加工策略研究

认知心理学强调认知的阶段性，把认知过程视为信息加工过程，信息加工包括感知、注意、记忆、编码、存储、解码和提取以及思维过程和语言表达等认知加工过程。从认知心理学视角出发，口译活动是一项复杂的认知操作行为，包括信息感知、注意力分配、记忆加工、信息提取、存储转换以及信息表达等一系列认知处理过程。面对这种复杂的认知操作任务，译员必须掌握和采取相应的口译认知加工策略，以顺利完成口译任务并维系口译产品质量。所谓口译策略，即译员在口译过程中，为完成口译任务或解决口译过程中的问题而有目的、有意识运用的方法（Bartłomiejczyk，2006）。

传统的口译认知加工策略研究主要集中在过程导向策略和产品导向策略这两个方面（Pöchhacker，2004）。前者主要应对口译过程中出现的认知操作失衡或认知处理压力，例如推理、预测、切分、拖延等；后者则是译员为了实现有效交际或是取得更好的交际效果而采用的策略，包括压缩、省略、增补、近似表达、解释说明等。近年来，国外学者对于口译加工策略的研究兴趣不断增长，研究主题日趋多元化，包括口译策略的具体分类、不同口译形式中口译策略使用的差异、认知策略在口译过程中的运用以及口译学习者使用口译策略的情况。从研究方法来看，近十年来的口译认知策略研究更为关注对口译信息处理策略的描述、解读和解释，大量的实证研究开始出现，注重运用实证的方法对口译认知理论或假设进行验证。

Gile（2009）根据长期以来的口译研究和口译培训经验，以口译认知过程为基础，建立了同声传译和交替传译的信息认知加工模式，从信息感知、理解、记忆、存储等环节分析译员在口译过程中所运用的认知策略。Russo（2011）从译员能力发展的视角，将口译策略类别进行了拓展，把译前准备、术语管理、交际互动、译后加工、质量控制等纳入口译认知策略的讨论范畴。Dong et al.（2019）在前人研究的基础上，梳理了交替口译中常用的 22 个认知加工策略的命名，并依照口译教师对这些认知策略的推荐程度，将其分为推荐使用策略、谨慎使用策略、不推荐使用策略三种类型。之后通过组内对比设计的历时性研究，对学生译员在口译训练不同阶段中口译认知加工策略的运用特征进行跟踪调查，研究发现，学生译员运用推荐使用策略的频率与口译成绩呈正相关，而运用不推荐使用策略的频率对口译成绩具有负向影响，证明了口译认知策略习得的可能性以及口译培训的有效性。

Lim（2011）探讨了期望策略在同声传译认知过程中的具体运用，通过教学实验的设计以及对比研究，确定了不同水平的学生译员在口译活动中预期策略使用的差异，进而提出了运用期望这一认知策略进行口译教学的建议。Seeber & Kerzel（2012）基于认知负荷模型，通过实验设计，探究了同声传译中译员的认知资源分配策略，结果发现与单语语境相比，译员在语篇语境中能够运用更多的认知策略，其认知负荷度也更低。Zagar Galvão（2009）结合现场观察、实验和质性访谈等多种研究方法，探究了同声传译中译员手势与认知、语用、交际互动等方面的关联，发现译员手势对同传认知加工策略具有重要作用。Ribas（2012）

研究了交替传译中学生译员在不同任务阶段所遇到的问题及使用的口译认知策略。Ribas 将学生译员在交替传译过程中运用的认知策略做了详细分类，并对其口译策略能力进行了评估。Wu & Liao（2018）从口译教学的角度对口译认知策略进行了重新界定，将口译认知策略分为解决问题、预防问题、增强意义三类，并建立了帮助学生译员激活认知、元认知和社会情感的口译策略模型。

3. 语料库与口译认知研究

　　得益于科学技术的更新迭代，语料库与信息技术的结合越来越紧密，语料库语言学的发展也愈渐繁荣，迄今已发展成为语言学研究的重要方法之一（梁茂成，2010）。近年来，在互联网、大数据、人工智能等新一代信息技术的浪潮之下，翻译界开始将语料库的研究方法引入翻译研究，推动语料库翻译学迅速发展。作为翻译研究的一个分支，口译研究也积极借助语料库这一方法并从中汲取养分，近年来，基于语料库的口译认知研究日渐繁荣。事实上，口译作为一门高度技能化的学科，其能力的提升必须以专业化的训练和实战为基础，必须依靠大量语料的支撑。为了满足译员对优质口译语料的需求，推进信息化、数字化的口译语料库的创建与完善，国外学者对语料库与口译认知相结合的研究进行了不懈探索，产出了数量不菲的研究成果。具体来说，主要包括三类：一是口译语料库的建设及应用研究；二是基于语料库的口译语篇特征研究；三是语料库与口译教学的相关研究。

　　在语料库口译认知研究发展过程中，口译语料库作为口译研究和口译训练的重要载体，其创建过程和应用方式一直是国外研究者颇为关注的话题。Murata et al.（2010）将口译语料库建设思路和具体的口译语料库研制相结合，以"名古屋大学同传语料库"（CIAIR）的建设为案例，探讨了同传语料库的建库流程、语块对齐等问题。Russo et al.（2012）对"欧盟议会口译语料库"（EUIC）的创建与应用进行了研究，重点围绕语料库检索界面完善、语料选取和语料升级这几个方面进行分析，提出了具体的改进方案和建议。同时 Russo 等学者基于 EUIC 语料库，对口译中截断词和错拼词进行了分析，结果发现与错拼词相比，截断词的出现更为频繁，由此说明了口译产出过程中译员的自我监控机制。House

（2013）详细介绍了小型环保会议口译语料库的建设流程，包括数据采集、语料转录、语料标注、检索工具开发等多个步骤。随着口译语料库研究的深入，口译语料库涉及的类型不断丰富。Hunt-Gómez & Gómez Moreno（2015）分析了法庭口译的视听材料，探讨了建立法庭口译语料库对译员开展相关培训的方法。Quadros & Stumpf（2015）在手语翻译训练和研究的基础上，介绍了巴西首个在线手语口译学习项目，并展开了手语口译教学培训的技术探索。Wehrmeyer（2019）同样以手语口译为研究对象，提出了手语口译语料库的设计方案和建设思路，推动手语口译职业化发展。

在语料库翻译学中，研究者借助语料库的研究方法，对简化、显化、范化以及停顿等语篇特征进行了大量研究。受此启发，一些研究者也开始关注口译中的语篇特征，并尝试运用口译语料库对其进行探究。不过，作为一种复杂的双语认知活动，口译活动中产出的话语相较翻译话语而言，具有一定的特殊性。对此，Shlesinger（2008）赋予了口译话语一个专门的指称，即 interpretese。Baumgarten et al.（2008）基于职业译员英语—德语的口译文本语料库，对口译中的显化现象进行了研究，发现显化在口译活动中并不具备普遍性，而是译员在口译方式、译员风格、现场情境以及文化差异等多种因素影响下的一种选择模式。Sergio & Falbo（2012）探讨了口译中的范化，研究表明译员在口译过程中面对发言人的错误或重复，倾向于删减发言人的不流畅部分和非必要的重复，并且会对不完整的话语给予相应补充，以促进听众理解。Sidiropoulou & Tsapaki（2014）以英语和希腊语新闻为语料，研究了隐喻的概念化问题，并探索了提高学习者跨文化交际能力和批判性思维能力的具体路径。Wang & Li（2015）通过建立双语平行语料库，对职业译员和学生译员在汉英同传过程中的停顿现象进行分析，发现高水平与中等水平组、高水平与低水平组在停顿上均存在显著差异，口译水平越高的译员，停顿发生频率越低。

信息技术的发展为口译职业发展提供了在线百科全书、术语数据库、个性化电子语料库、语音识别软件等专业化工具，也推动了口译教学的深刻变革（邓军涛，2014）。国外近年来开展了一系列口译教学语料库建设的尝试，如西班牙格拉纳达大学的" Marius 资源库"、欧盟的

"欧盟口译资源库（EUSR）"、瑞士日内瓦大学的 "在线共享口译教学资源库（SIMON）"、英国萨里大学的 "虚拟现实口译资源库（IVY）" 等。这些语料库利用信息技术将各类口译语料资源系统化地组织起来，具有管理系统化、更新动态化、检索个性化、使用共享化等特征，为口译教师和学生提供了内容丰富、选择多元且持续更新的口译资源。同时，国外关于口译教学语料库的建设实践也为我国创建和完善数字化口译语料库提供了相应借鉴，如语料库的需求分析、设计方案、语料选取、应用方式以及评价反馈等。

3.2.2　国内研究现状

随着国际学界认知视角口译研究的不断深入，国内近期关于 "口译认知" 的研究也蓬勃发展。通过梳理近十年相关文献可以发现，国内学者对口译认知的研究主要围绕以下几个方面：一是口译与记忆相关研究；二是口译笔记相关研究；三是口译认知加工策略研究；四是口译信息加工过程研究。

1. 口译与记忆相关研究

口译（尤其是同声传译）的即时性和即席性特点对译员的短时记忆能力提出了较高的要求，而短时记忆中的工作记忆执行着暂时存储信息、对信息进行加工和协调的多重功能。这一点与同声传译中源语信息听辨与目标语产出同时进行的活动性质有着密切的联系（张威、王克非，2007），所以工作记忆和同传的关系成为很多学者研究的重点。国内有学者就口译人员对口译与记忆的态度进行了调查性研究，发现口译人员普遍认为相比于单纯的记忆容量，记忆资源协调能力会在更大程度上影响口译效果，并且同传的方向性也会影响译员的信息记忆压力（张威，2006）。除了调查性研究之外，研究人员还开展了一系列的实验性研究，进一步用实证数据阐释口译与记忆之间的关系。张威（2008）对口译人员进行了为期半年的跟踪调查，发现无论对口译学员还是专业口译人员来说，同传训练对工作记忆容量和工作记忆协调性都有促进作用，且对后者的促进作用明显强于前者。随后，他又利用阅读广度实验测量不同层次口译人员的工作记忆容量，通过"语言难度控制句"的传达效果来衡量工作记忆协调性，从而考察工作记忆能力在容量和协调性两个方面对同传效果的影响，研究结果发现工作记忆能力与同传效果有着显著的正相关性，即工作记忆能力越强，同传效果越好，但是随着译员水平的不断提升，记忆容量对同传效果的影响越来越小，而记忆协调性的作用却愈加显著（张威，2009）。

上述关于同传和工作记忆的纵向研究都表明，工作记忆会影响同传效果，且同传训练可促进工作记忆的发展。那么，同传译员和非同传译员在工作记忆能力上是否有显著差异呢？国内一些学者针对这个问题展开了横向比较研究，试图探析同传译员和非同传译员在工作记忆方面的差异。沈明霞和梁君英（2015）以同传过程中高风险省略现象为切入点，通过对译员的现场同传观察和译后访谈，发现两类译员的差别主要表现在工作记忆分配效率不同上。刘颖呈和梅德明（2019）从情境模型视角出发，对比了译员和非译员在工作记忆上的差异，发现译员的认知优势主要体现为长、短时记忆的高效交互能力。

心理语言学证实，人在认知加工母语信息和外语信息上会表现出较大的差别，且不同语言间结构差异越大，语言转换过程中语言信息理解与应用的认知加工过程就存在越大的差异（桂诗春，2000）。鉴于汉语和英语这两种语言结构差异较大，一些学者把目光转向了同传方向性与工作记忆之间的关系。张威（2009）通过实证研究发现，英汉同传中工作记忆压力大于汉英同传，并且同传水平越高，工作记忆对不同方向同传的影响的差异性也就越小。王非和梅德明（2017）通过隐喻词效应实验和不同方向口译在线加工实验，探讨不同翻译方向信息加工的差异性以及工作记忆水平对加工方式的作用，并根据实验结果构建了"非对称有限并行"模型，这一模型体现了汉英和英汉两种方向口译信息加工的特点以及工作记忆因素在口译过程中的重要性。

尽管当前口译与记忆的研究主要集中于同声传译，但是也不乏一些视译和交替传译方面的研究。有学者探讨视译英语源语文本时不同记忆提取模式的有效性，进而通过实验确定了"题目＋首句＋关键词"这一组合为最佳摘要式视译记忆模式（王建华，2009）。王非和梅德明（2013）借鉴认知心理学"错误记忆"的研究范式，将交替传译过程中的错误记忆现象分为四类，并通过前后测实验发现，学生译员在接受为期一年的交传训练后，错误记忆比例显著降低，这也说明了交替传译训练有利于工作记忆能力的提高。臧庆、郑雨轩和徐海铭（2020）通过听力广度实验和无笔记交替传译实验，发现受试的工作记忆存在词类效应，即副词、名词和动词在不同测试任务中表现出了稳定的记忆属性。

现有口译理论和一系列实证研究都表明记忆因素在口译中的作用不可小觑，记忆训练有助于改善口译学习效果，且记忆协调性的训练对口译学习效果的影响要强于记忆容量训练（张威，2014）。国内有学者基于此对现有口译教学模式进行革新设计，建立了记忆型交互口译教学模式，并通过实验证明该模式的有效性（王建华，2010）。吴文梅（2017）运用认知心理学和记忆训练方法等相关理论，构建了口译记忆训练模型 APEC Model，对口译教学有很大的借鉴作用。此外，还有一些学者结合实证研究数据和相关学科理论，尝试构建同声传译环境下工作记忆资源的运作模型，以进一步阐释工作记忆在同传过程中的运作机制（张威，2012）。

2. 口译笔记相关研究

交替传译有别于其他会议口译的一点是笔记的使用。在交替传译过程中，由于源语发布时间较长，且目标语产出在源语发布之后，所以译员往往借用笔记来辅助短时记忆和梳理源语逻辑。笔记不仅仅是交传口译实践中重要的一环，也是口译教学的必要组成部分。目前，国内外学者就笔记技巧从多个维度进行了一系列的研究，他们不单单采用传统的经验总结的方法，还结合认知科学相关理论展开跨学科研究和实证研究。

跨学科研究主要从认知科学的角度出发，借鉴图式理论、关联理论等理论来探究口译笔记的认知基础。王建华和郭薇（2015）对 60 名非英语专业学生进行了为期 5 周的口译笔记认知训练，发现学生口译笔记符号使用能力及口译流畅度显著提高，并对口译笔记教学带来一定启示。傅顺、罗永胜和陈文杰（2019）阐述了关联视角下的口译记忆认知机制，并基于此提出训练学生用最快的速度记录短时记忆中的最佳关联信息是口译笔记教学的关键所在。

实证研究主要通过观察译员笔记原稿，并借助现场口译录像、刺激回忆法、问卷调查法和访谈法等研究工具收集数据，围绕笔记数量、笔记与口译质量之间的关系、译员在笔记过程中遇到的困难和原因、口译笔记的语言选择等课题展开研究。徐海铭和柴明颎（2008）利用刺激回忆法并辅以访谈，观察 6 名职业译员和非职业译员的笔记原稿，对译员在记录笔记时遇到的困难进行分类，并分析了产生困难的种种原因。王文宇、周丹丹和王凌（2010）以 12 名英语专业大四学生为研究对象，分析其在双向口译任务中所记录笔记的特征，尝试阐述口译笔记特征和口译产出质量之间的关系，但研究发现口译笔记的数量、笔记形式或笔记语言和口译成绩之间并不存在显著相关性。

口译过程涉及两种语言的转换，译员在记录笔记时的语言选择问题历来受到诸多学者关注，但目前尚未形成定论。在口译笔记应该"使用源语记录"还是"使用目标语记录"这个问题上，一些学者认为使用目标语记录可以提高译文产出的效率。但也有部分学者提倡使用源语记录，因为在记笔记的同时进行语言转换会大大增加译员在听辨理解阶段的认知负荷。戴炜栋和徐海铭（2007）对比了职业译员和非职业译员在记录笔记时在数量和语言选择等方面的不同特征，发现职业译员使用目标语的数量较多，使用源语数量较少。高彬（2019）横向对比分析初级、中级和高级口译学习者在笔记语言选择策略上的发展规律，发现对于口译学习者而言，源语都是口译双向笔记的主导语言，但是口译学习者专业水平越高，目标语在口译笔记中占的比重越大。

此外，也有一些学者提出了不同的观点，即口译笔记的语言选择与译员本身的语言能力（A 语和 B 语）构成有很大关系，而和这种语言是源语或目标语的关系不大，但是和不同学者通过实证研究得出的主导笔记的语言有所出入。Dam（2004）通过实证研究发现主导笔记语言的是译员的 A 语，但是 Szabó（2006）却通过实验发现主导笔记语言的是译员的 B 语。徐琦璐（2011）通过实证研究分析汉英双向交替传译中笔记记录语言的选择情况，发现主导译员笔记语言的是 B 语言。

3. 口译认知加工策略研究

　　口译是一项极为复杂的认知活动，译员如果想要出色地完成口译任务，自然会使用到一些口译策略，因此口译策略一直是口译过程研究中一项重要的研究课题。国内学者结合对译员口译活动的观察及自己的口译经验和设想，对口译策略从不同角度进行了分类。王巍巍和李德超（2015）借鉴 Bartłomiejczyk（2006）的有声思维回溯口述法，对比了学生译员和职业译员在交替传译中的决策思维过程，并总结了学生译员和职业译员常用的 7 种口译策略。王湘玲、胡珍铭和邹玉屏（2013）通过刺激回忆、问卷、笔记和访谈四种方法，对学生译员和职业译员在交替传译过程中所选择的口译策略进行分析，将 20 种口译策略归类为记忆和概念行程策略、表达策略和协调策略三类，并探讨了认知心理因素对口译策略选择的影响。许艺和穆雷（2017）从元认知理论视角出发，基于实证数据构建了口译策略能力量表框架和相关描述语，将元认知策略能力分为"规划策略能力""监控策略能力"和"补救策略能力"三大类。由上述研究可见，国内外学者不再局限于通过个体经验和感悟对口译策略进行推理总结，越来越多的研究通过实证数据来支持对口译策略的分类，但是当前对于口译策略的分类还未形成统一的标准。

　　除了口译策略的分类问题，某些特定策略在口译过程中的使用也引起了一些学者的关注。李朝渊（2011）对 31 名学生译员在英汉交替传译过程中修复策略的使用情况进行了分析，并尝试阐释了交替传译中修复策略的使用机制。杨承淑和邓敏君（2011）对新手译员和老手译员英汉／汉英视译及带稿同传的语料进行分析，通过译员在翻译后的回顾内省，发现老手译员和新手译员最大的差异在于监控策略的使用，即老手译员会在目标语产出的同时进行监控，并及时修改和补充目标语表达，而新手译员的自我监控意识较弱。曾记和洪媚（2012）通过分析全国性口译赛事中学生译员在汉英交传的自我修正策略的使用，发现学生译员在内容方面的修正率要高于形式方面。唐芳和李德超（2013）则通过交替传译实验开展了横向对比研究，探究职业译员和学生译员在汉英交替传译过程中显化特征的差异。

4. 口译信息加工过程研究

口译是一个复杂的双语转换过程，包括源语理解、语码重构、目标语产出多个子过程。其中源语理解是指译员解码源语、从中提取意义、最终在大脑中构建意义表征的过程，而语码重构是指源语转换成目标语的认知过程。译员需要在短时间内，利用有限的认知资源协调控制各个子过程，以顺利完成口译任务。当前学界对口译的认知心理过程的研究方法有所转变，从以基于经验的理论探讨和离线数据分析为主，到采用严格的实验方法在线探测口译的实时加工过程（林洁绚等，2015），用实证数据来支持对口译加工过程的论证。

一些学者通过实证研究考察源语理解过程中的影响因素，并进一步分析源语理解和语码重构过程之间的关系。赵晨（2013）通过比较 54 名英专大四学生在读后口译和读后复述中加工均衡歧义词的特点，发现只有读后口译的源语理解过程受到了词汇歧义和工作记忆负荷的影响，这表明读后口译的源语理解过程消耗了更多的认知资源。陈雪梅和柴明颎（2018）借鉴心理语言学的修正层级模型和并行加工分布模型，有效解释了非平衡双语者的翻译不对称现象及在语义加工时"脱壳"和代码转译的并存现象。

关于源语理解和语码重构的关系，当前有"并行加工"和"串行加工"两种推测。并行加工是指在源语理解尚未结束时，译员就会在大脑中激活目标语，从而使源语理解和语码重构同时进行，而串行加工是指在源语理解完全结束后才开始进行语码重构，但目前大多数实验研究支持源语理解和语码重构可以并行加工这一推论（Macizo & Bajo，2006；林洁绚、董燕萍，2011；赵晨，2013）。在源语理解和语码重构的资源分配问题上，Dong 和 Lin（2013）发现译员可用于并行加工的资源越多，源语理解和语码重构发生并行加工的可能性就越大。在此基础上，国内学者又进一步通过实验探析源语理解和语码重构在资源分配上的层级关系，发现译员会优先将有限的工作记忆资源分配给源语理解，若有多余资源，才会用于语码重构（林洁绚等，2015）。

在目标语产出过程的相关研究中，一些研究者以口译中的非流利现象为切入点，并将其作为行为测量手段来评估口译任务的认知负荷。非流利现象是"中断语流但不对话语增加任何实质内容"的现象（Gósy，2007），比如目标语产出过程中发生的停顿、误译、省略等都可归为非流利现象。非流利现象虽然是无意识产生的，但是其和语言背后的认知加工密切相关，研究人员可以通过停顿、犹豫、重复、修正、省略等非流利现象，对口译认知过程进行深入分析。齐涛云（2019）通过对职业译员在英汉同传中停顿频次特征的研究，总结出 5 种导致译文停顿频次高于原文停顿频次的操作模式，并进一步借助关联理论分析了这些操作模式的认知过程。蒋跃和蒋新蕾（2019）的一项英汉视译实验对原文中最大依存距离对译员非流利度的影响进行考察，并证实了最大依存距离会影响口译认知负荷，但这种影响也会受到句法结构的影响。此外，有学者尝试借鉴心理语言学的研究成果，在 Levelt（1989）的母语语言产出模式和 Kormos（2006）的双语产出模式的基础上，构建同声传译中目标语产出的认知心理模式，充分描述了目标语从概念形成器、形式构成器再到发音器的认知加工过程（胡元江、马广惠，2013）。

3.3　口译认知研究现状评述与发展趋势

3.3.1　研究成就与不足

众所周知，口译活动可以视为一种特殊的语言理解和认知过程，特别是同声传译，往往涉及源语信息听辨、信息意义的表征与理解、信息暂时贮存、目标语组织与计划、目标语信息表达与监控等一系列彼此影响、相互制约，甚至往往重叠进行的认知加工任务（张威，2010）。从研究内容来看，当前口译过程研究主要包括口译策略、口译记忆、口译理解、笔记、口译产出等研究课题（王茜、刘和平，2015）。从研究方法上来讲，国内越来越多的学者开始采用实证研究的方法对口译活动进行细致的量化描述和分析，不再局限于观察性研究或理论分析，并借鉴认知心理学的研究范式，关注口译活动中深层的认知和心理加工机制。从技术层面而言，新兴技术与口译认知研究的结合日益紧密，其中最具代表性的便是语料库技术与口译认知研究的结合。近十年来，口译语料库研究热度持续高涨，国内外学者们围绕口译语料库的建设和应用进行了大量探索，为揭示口译认知过程和口译文本特征开拓了全新的研究视角和路径。同时，眼动追踪、ERP、fMRI等技术也开始被运用于口译认知研究，深化了对口译信息加工机制和认知过程的认识，推动了口译认知这一研究领域的成熟和发展。

然而，不可否认，目前的口译认知研究也存在一些不足之处。首先，口译认知研究体系尚不健全，缺乏系统的、具有较强指导力的理论支撑和研究模块之间的内在关联。从当前的研究态势来看，学者们对口译认知研究的一方面集中在口译信息感知、理解、记忆以及认知加工策略等微观层面的研究；另一方面，在信息技术的发展浪潮之下，以语料库技术为基础的口译语料库研究也受到了学者们的广泛关注。在后续的研究中，有必要整合口译认知加工过程、策略和技术的研究，对口译认知过程及产出机制进行多层次、跨学科的理论探索和研究，建构系统化的口译认知理论。其次，就研究方法而言，近期针对口译认知的研究虽不乏实证类研究，且既包括实证主义范式下的量化研究，也有阐释主义观照下的质性研究，但混合研究或多元互证的研究方法却依然少见。另外，虽然基于语料库的口译认知研究近期取得较大发展，然而诸多口译语料库均为研究者自建自用，尤其在国内，并不对外界开放分享，容易导致研究成果受限、口译资源重复建设等问题。而且，目前国内外关于语料库与口译认知的研究在主题、场景、涉及语种等方面，都不同程度地表现出不平衡性。以口译语料库建库场景为例，国内外均比较关注课堂教学、口译训练等情境，而对于手语口译语料库、医疗口译语料库的研究相对零散，缺乏系统、深入的研究，难以满足这些领域对口译语料及口译职业化的需求。

3.3.2 **未来研究趋势**

综上所述，近十年来口译认知研究获得了较快发展，也产生了一系列研究成果。不过，现有研究仍存在诸多不足和局限，未来的研究可着力从以下几方面进行更多的探索。

1. 加强口译认知理论建构的研究

自 20 世纪 90 年代起，国际口译研究进入新的发展时期，主要表现为口译认知研究的兴起和口译研究方法的实证转向（Pöchhacker，2009）。尤其近十年来，国内外口译研究界逐渐把口译认知过程研究和实证研究作为其主流和重心（穆雷等，2016）。同时，通过对近期口译认知相关研究的梳理和分析也不难发现，已有的研究多是聚焦口译认知的信息理解、记忆、存储、转换和产出等过程认知研究，研究主题较为分散，未能将整体口译认知与阶段性过程认知统一起来，且与实证研究相比，口译认知理论研究的占比偏低，将口译认知实践抽象提升至理论层面的探讨还有待加强。口译认知过程的研究并非口译认知研究的全部，因此，要实现对口译认知进行全面的研究和阐释，不仅需要考察口译活动中各个环节的认知加工过程，还要将整体口译活动与各阶段认知过程进行系统性整合，从理论层面探索口译认知理论构建，推动形成系统的口译认知理论体系。

2. 重视多模态口译认知研究

毋庸置疑的是，科技的发展为口译行业和口译研究注入了新的活力。随着数字录音技术、声音频谱分析技术以及视频和转写文本同步技术的发展，近年已有学者对口译过程中的非言语信息处理进行实证研究，呈现出多模态转向（王斌华，2019a）。正如 Pasquandrea（2012）所言，若想全面了解口译中的动态交际过程，就需要同时关注口译的言语信息和非言语信息，将其视为一个整体来进行研究。但从当前的研究成果来看，在口译认知研究中，各类口译话语，尤其是副言语信息和非言语信息并未得到系统化的描写和研究。事实上，口译话语是由言语信息、副言语信息和非言语信息共同构成的复合型语篇。也就是说，口译话语既包括源语和目标语的声音信息，也涵盖口译现场的由源语发言人和译员呈现的视觉化信息，具有多模态的特征。由此，对口译话语的认知研究不但要考察口译话语的言语信息层面，也要对口译活动中副言语信息和非言语信息特征予以充分关注。当然，与言语信息相比，如何对口译话语的副言语和非言语资源进行转写和标注是一大难题，一定程度上也是造成当前口译研究界对此研究数量偏低的原因。为此，有必要在口译认知研究中引入多模态分析的方法，把言语信息和非言语信息视为一个整体进行研究，对口译认知过程进行多层次、多模态的探索。

3. 完善口译认知研究方法论体系，深化跨学科研究

尽管新技术推动口译实践和口译认知研究不断发展是不争的事实，但研究方法的丰富与创新才是口译认知研究日益兴盛的内因。通过近十年国内外相关的文献分析可知，越来越多学者运用实验、问卷调查、质性访谈等实证研究方法，对口译过程中各类认知活动进行深入探索，为揭示口译认知活动这一"黑箱"提供了宝贵经验。但是，无论是国内还是国外，依然鲜有学者运用定性与定量结合的混合性研究或多元互证方法进行口译认知研究。多元互证方法的特点是在研究同一经验性单位时，运用两种或者两种以上的研究方法，以提升资料获取的真实性和研究的效度。未来的研究可在定性研究和定量研究的基础上，积极探索混合性研究和多元互证的研究路径，以丰富口译认知研究的方法论体系。另一方面，口译认知研究从来不是孤立的，其本身便具备很强的跨学科属性。虽然目前口译认知的跨学科研究不断增多，但主要借鉴的还是语言学、心理学、认知科学等学科领域，鲜见传播学、符号学、社会学、文化研究等视角的跨学科口译认知研究。因此，口译认知研究应进一步突破学科桎梏，在语言学、认知科学等基础上充分融合传播学、符号学、社会学等领域的理论和方法，在更广阔的跨学科领域进行研究，不断拓展研究范畴和研究问题领域，提升研究深度。

3.4　小结

本章通过梳理近十年来口译认知研究的相关文献，对当前口译认知研究的重点领域、研究热点、主题演变与发展态势等进行总结和分析，旨在较为全面地描绘近期口译认知研究图景，为学者们今后的研究和探索提供一定参考与借鉴。通过文献整理和研究发现：① 当前大多数研

究以口译认知过程为主，重视对口译信息理解、工作记忆、存储转换等认知过程的探究，缺乏系统的口译认知理论建构研究；② 在研究方法层面，近十年来虽然关于口译认知的实证研究大幅增加，但采用混合性研究或多元互证方法的研究尚未形成气候；③ 跨学科的口译认知研究有待深化，目前口译认知的跨学科研究大多基于语言学、心理学、认知科学等学科视域，与传播学、社会学、文化研究等领域的跨学科融合并不多见。基于此，未来的研究有必要继续拓展口译认知的跨学科研究，丰富口译认知研究方法体系，促进口译认知理论建构，力求产出更具价值的研究成果，不断深化、完善口译认知研究体系。

第 4 章
认知翻译学研究方法演进

4.1　引言

  将翻译作为一种认知活动的研究始于 20 世纪 60 年代末期（Albir et al., 2015）。经过几十年的发展，国际上的认知翻译研究取得了长足的进步。随着跨学科研究的逐渐加深和技术的不断进步，其研究方法也越来越多样，加之借鉴相邻的语言学、心理学，认知翻译学的研究日臻成熟，既有思辨性、理论性的研究，又有实证性、实验性的研究，其理论模型不断优化，数据收集手段和数据类型日益丰富，分析检验也愈加精细。

  我国的认知翻译学研究起步较西方晚，初期以理论梳理和思辨研究为主（刘绍龙、夏忠燕，2008），主要集中于对国外研究的介绍和借鉴。但近十年来，随着认知翻译学研究人数的不断增加、研究质量的日益提高，我国的认知翻译学研究取得了长足的进步。本章将梳理和总结我国认知翻译学研究所采用的方法，重点关注近十年来（2009—2019）的相关研究，用具体研究案例对各类方法进行介绍，并对各方法的优势和局限性进行评述，以此探究认知翻译学研究方法的发展趋势，并在此基础上展望未来的研究。

4.2 近十年中国认知翻译学研究方法演进概览

近十年来，我国的认知翻译学研究在数量上呈现上升态势，发展势头良好。在中国知网上以"认知"和"翻译"为主题词对 2009—2019 年核心期刊和 CSSCI 来源期刊进行检索，将所得结果根据相关性进行进一步筛选，通过对相关文献所采用的研究方法进行统计可以发现：① 从数量上看，采用思辨性方法的研究数量较为稳定，波动不大，而采用实证性方法的研究数量呈现明显的上升趋势；② 从占比上看，虽然思辨性研究的累计占比远高于实证性研究，但近两年这一比重的失衡有了明显的改善（见图 4.1）。

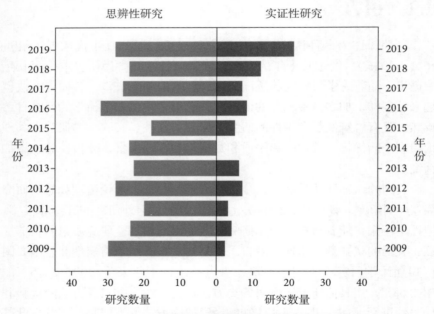

图 4.1 近十年我国认知翻译的思辨和实证研究数量

在认知翻译学的思辨研究中，学者们重点关注的研究主题是翻译的原则、方法和策略，除此之外，学者们研究较多的还有翻译教学、认知翻译理论和模型、翻译过程以及认知翻译研究方法等。

在认知翻译实证研究中，最受学者们青睐的方法是实验法，其中以眼动追踪、键盘记录和绩效测量的使用频率最高。其次，研究人员还常常使用调查法、语料库方法、有声思维法对认知翻译相关主题进行研究。除此之外，多元互证法也得到了较多的应用。

总体而言，我国认知翻译学研究方法近十年来已经逐渐由初期的单一性、思辨性转向多样化、精细化。但不可否认的是，从总体上来看，思辨性研究的比例仍然远远高于实证性、实验性研究，学者们也因此呼吁提高对实证方法的重视，尤其考虑到目前我国尚处于认知翻译学范式的累积期，实证研究应该成为主要的研究取向（金胜昔、林正军，2016）。鉴于此，本章接下来将在简要介绍认知翻译学的思辨研究之后，着重探讨我国近十年来认知翻译学研究中所采用的实证方法。

4.3　认知翻译学的思辨研究

在我国认知翻译学研究领域，概念性、思辨性研究占据了绝大部分比例，而在思辨研究中，占比最高的是针对翻译原则、方法或策略的研究，此类研究常通过借鉴相邻学科（如认知心理学、心理语言学、认知语言学）的理论视角，通过例证分析对某些翻译现象进行解读，并提出相应的方法和策略。在此类研究中，从所跨的学科和所借鉴的理论框架来看，最常见的是隐喻相关的研究（刘冰泉、张磊，2009；王明树，2017；胡壮麟，2019；谭业升，2019），其次是运用关联理论的研究（廖红英，2017；李先进，2013），其他运用较多的理论和框架还包括转喻、概念整合、范畴、图式等。

除了针对翻译原则和策略的研究，思辨研究中还有数量可观的针对翻译教学的研究（徐莉娜，2012；李占喜，2018；苗菊、朱琳，2010；薄振杰，2015），探讨认知翻译的理论和模型的研究（王斌华，2019b；王柳琪、刘绍龙，2009；金胜昔、林正军，2015；颜林海，2014；高彬、柴明颎，2013），对翻译过程的理论探讨（庞莉、卢植，2019；杨帆、李德凤，2018；王寅，2017；韩淑芹、孙三军，2010；马星城，2017），以及对认知翻译研究方法的评析（李德凤，2017；王寅，2014；范祥涛、陆碧霄，2019）。

在思辨研究中也不乏系统性较强的一些综述类文章（卢卫中、王福祥，2013；肖开容、文旭，2012；邓志辉，2012；项霞、耿明华，2019等），这些研究对国内外认知翻译研究进行了梳理，厘清了认知翻译研究的各个发展阶段及其特点，总结了研究成果，反思了存在的不足。

在专著方面，我国的认知翻译研究学者近十年来产出了一批优秀的著作，重点探讨了认知视域下的翻译原则、策略和方法（谭业升，2012b），认知翻译观指导下的翻译教学（叶子南，2013），翻译的认知过程（颜方明，2016），以及认知翻译相关的理论框架（文旭、肖开容，2019）。这些专著多以思辨为主，但也不乏实证类研究（冯佳，2018），研究对象以笔译为主，但也不乏针对口译研究的著作（王建华，2019）。

从所研究的翻译类型来看，我国认知翻译学的思辨研究除了涉及传统的笔译与口译，还拓展到了视译、视听翻译、手语翻译等其他翻译形式，并且涉及了多种类型的文体，如政治外交、诗歌、影视、法律、宗教、医学、科技、商务、网络语言、广告，等等。

我国认知翻译学的思辨类研究或通过实例分析对新的理论框架在翻译领域的应用做出阐述，或透过相邻学科的理论模型对某些翻译现象进行解释，以提出相应的翻译方法策略。这些研究虽具有理论和实践的参考意义，但较为缺乏数据支持，而实证研究有望进一步提供有益的思路和参考。

4.4　认知翻译学实证研究的兴起

从国际上来看，认知翻译学的实证研究大致可以分为三个阶段（Albir et al.，2015）：第一阶段始于 20 世纪 80 年代初期，主要运用有声思维法收集数据，重点关注翻译过程；第二阶段始于 20 世纪 90 年代中期，以键盘记录软件 Translog 的问世为标志，研究者开始综合运用多种研究方法对翻译进行描述和解释，通过键盘和屏幕录制，同时结合访谈、事后有声思维、问卷和心理生理测量等不同方法对翻译过程进行多角度的研究；第三阶段始于 21 世纪的第一个十年，以眼动追踪方法的引入为标志，多元互证的方法得到越来越广泛的应用。

我国认知翻译学实证研究相对滞后，占比远低于思辨性研究，比例失衡（金胜昔、林正军，2016）。然而，不可否认的是，近十年来我国的认知翻译实证研究正在逐步兴起，研究数量不断上升，研究方法也越来越丰富，学者们综合运用定性类的语篇分析、有声思维和访谈等方法，以及定量类的调查、实验、语料库方法和文献计量等方法，对认知翻译的主要议题进行了探讨，收集的实证数据类型日益丰富，分析也愈加精细化。接下来，本章将通过具体的研究案例对我国认知翻译学研究中的一些实证类方法进行综述和评析。

4.4.1　实验法

在我国的认知翻译学研究中较为常用的实验方法为键盘记录（结合屏幕录像）、眼动追踪、绩效测量和有声思维，在一些较新的研究中，脑功能成像等方法也开始得到应用。

1. 键盘记录和眼动追踪

键盘记录软件 Translog（Jakobsen & Schou，1999）的出现对认知翻译研究有里程碑式的意义。键盘记录可以对整个翻译过程中的击键活动及其发生的时间进行记录，结合键盘记录和屏幕录制，研究者对翻译过程有了更加全面的了解，获得了更大规模、更加精细的过程数据。王福祥和徐庆利（2018）运用键盘记录对翻译递归性与翻译经验的关系进行了研究，发现准职业译员的翻译递归性特征比翻译初学者更加明显，其删除、移动光标和鼠标的次数显著更高，其中以远距离操作尤为突显。

进入 21 世纪以来，眼动追踪方法开始被引入认知翻译研究，眼动法的一个重要理论基础是 Just & Carpenter（1980）提出的"眼脑假说"（the eye-mind assumption），该假说认为眼睛的注视和大脑处理之间存在即时、直接的联系，眼睛所看的内容就是大脑正在加工的信息。在认知翻译研究中，学者们往往通过注视位置、注视时长、瞳孔直径变化等眼动指标揭示翻译的认知过程。

卢植和孙娟（2018）通过眼动追踪对比了人工翻译和译后编辑中的认知加工过程，发现译后编辑的加工速度更快，瞳孔直径、注视点数和注视时长更小，认知努力更低，且译者更多关注译文区，而人工翻译过程中译者更多关注原文区，研究还发现，相比译者经验水平，文本类型对认知努力的影响更大。王家义、李德凤、李丽青和何妍（2018）考察了职业译员和学生译员在不同阅读任务中的眼动数据，发现与翻译有关的阅读任务在加工难度和深度上大于常规阅读任务，相比学生译员，职业译员的阅读认知负荷更低、速度更快、效率更高。苏炎奎和李荣宝（2018）运用眼动追踪法研究了认知压力和单词熟悉度对中国英语学习者的词汇语义通达模式的影响，研究显示，在认知压力高和单词熟悉度高的情况下，语义均由形直接通达，而在认知压力低和单词熟悉度低的情况下，语义均由形—义和形—音—义双通道竞争通达。赵雪琴和徐晗宇（2018）采用眼动追踪方法考察了汉英视译过程中处理有／无显性连词文本时的认知负荷差异。研究发现，有显性连词的文本在阅读过程中的平均注视时长、注视次数和回视次数较低，显示出较低的认知负荷，而阅读与产出过程中的认知负荷呈正相关。连小英和康志峰（2019）研究了眼动速率与同声传译成绩之间的关系，发现非常态眼动速率与学生译员同声传译成绩偏低之间存在关联，眼动速率过快或过慢，同声传译成绩均较差，而速率均匀时成绩较好。

在以上研究中，学者们主要使用键盘记录和眼动追踪中的一种作为主要研究方法，但在很多情况下，研究人员还会将两者结合起来对翻译这一认知活动进行考察。

王一方结合键盘记录和眼动追踪对笔译过程进行了研究，收集并分析了学生译员在英汉互译过程中的眼动和击键数据，包括注意总时长、注意单位次数、注意单位时长和瞳扩，研究结果形成了一系列论文。王一方（2018）重点讨论了语言隐喻对源语理解认知负荷在汉译英和英译汉两个方向上的影响，发现学生译员在理解非母语的原文时，语言隐喻的出现会在一些方面促进理解，而在另一些方面加重认知负荷，然而在理解母语的简单文本时，语言隐喻则可以减轻认知负荷。王一方（2019a）通过眼动和击键数据证实了汉译英过程中存在平行处理，且不同加工类型的认知负荷不一样，由高到低分别为目标语处理、源语处理、平行处理。王一方（2019b）讨论了汉译英过程中语言隐喻对平行处理的影响，发现不同类型的隐喻对平行处理的影响存在差异，而且当语言隐喻出现时，注意单位时长更短、瞳扩更小，显示出较低的认知负荷。

冯佳结合眼动追踪和键盘记录收集了一组学生译员在无时间压力情况下英汉双向翻译过程中的数据。冯佳（2017）通过眼动数据对比了两个方向的认知负荷差异，发现从母语译出这一方向的任务时间、平均注视时间和总注视时间显著大于译入母语这一方向，显示出更高的认知负荷。冯佳（2019）通过包含眼动和击键数据的翻译进程图考察了无时间压力情况下的译者注意资源分配，发现绝大部分学生表现出系统规划型风格，产出前对原文文本进行了至少一遍的细读，在熟悉阶段分配了较多的注意资源，还可能显示出混合型的在线规划风格，出现从窄语境规划变换宽语境规划以及原文文本回读的现象，而这些通常是译者遇到翻译困难的标志。

武光军和王瑞阳（2019）通过眼动追踪和键盘记录研究了一组学生译员对经济文本进行英译汉的过程数据，发现隐喻翻译比非隐喻翻译认知努力更高，而不同范畴的隐喻其处理过程中的认知努力也存在差异，源语和目标语的文化差异越大、认知难度越高，此外，不同的隐喻翻译策略造成的认知努力也不一样，由高到低分别为源语意象替换、保留源语意象、释义。

键盘记录和眼动追踪的方法能够对翻译过程进行较为详细的记录，但这两种方法的设备和技术要求较为严格，产生的数据量也非常庞大，对研究者的数据分析能力和时间要求较高。更为详细地评述这两种方法在翻译研究中的应用可见 Hvelplund（2017a, 2017b）、Jakobsen（2017）和王一方（2017）。

2. 绩效测量

认知翻译学研究中的绩效测量方法主要有两类：主任务测量和次任务测量，前者运用翻译这一主任务的绩效（如产出质量）来反映认知过程，而后者则常通过测量与翻译主任务同步进行的次任务的绩效来反映可用的认知资源（Chen，2017）。

在心理语言学视域下，我国学者通过绩效测量的方法对翻译词汇提取和语块提取进行了研究（刘绍龙、胡爱梅，2012；王柳琪等，2018；王柳琪等，2016；王柳琪、苏海丽，2015），通过分析反应时和正确率等相关绩效数据，探索了二语水平、词汇语义类型、意向性、词频等要素对翻译中词汇和语块提取的速度和正确率的影响，研究了英汉翻译中词汇和语块加工的认知过程。

在认知翻译学研究中，运用次任务测量的方法，林洁绚等（2015）通过反应时分析了口译中源语理解与语码重构两个子过程之间的资源分配模式，发现在英译汉的过程中，学生译员在源语理解时开始语码重构。王非、梅德明（2017）通过观测口译过程中的反应时研究了不同口译方向中信息加工与工作记忆之间的关系，发现英译汉方向比汉译英方向更易出现词汇层面的并行加工现象，而工作记忆能力较低的译员会出现更多的目标语词汇激活。赵雪琴等（2019）通过对视译产出质量的评估研究了视译过程中认知负荷与译文质量的相关性，发现原文阅读的认知负荷与译文质量之间无直接关联，而译文产出的认知负荷与译文质量呈正相关。

绩效测量的方法还常常结合问卷法或访谈法进行使用。在笔译研究中，张新玲和刘君玲（2013）通过绩效测量和问卷法研究了我国的英语学习者英译汉成绩的预测因素，发现英语阅读能力和汉语写作能力对笔译成绩具有预测作用，而认知能力、翻译知识和语际能力则不能对成绩进行有效预测。王福祥和徐庆利（2010）结合绩效测量和访谈法研究了英语专业学生在英译汉中的"翻译腔"现象，发现"翻译腔"的出现频率与翻译任务复杂度呈正相关、与复述和工作记忆能力呈负相关，研究还指出，"翻译腔"产生的一个重要原因是翻译任务的认知需求大于译者的心理能力，尤其是工作记忆能力。

在口译研究中，康志峰（2011，2012a，2012b）收集了反应时、错误率等绩效数据与问卷法测得的口译焦虑数据并对二者进行了分析，发现大多数学生具有听力焦虑中的高焦虑或低焦虑，而这两种焦虑水平与口译任务的完成呈负相关，而中焦虑则对口译具有促进作用。董燕萍、蔡任栋、赵南和林洁绚（2013）运用绩效测量和问卷法研究了学生口译能力构成因素及其与口译绩效之间的关系，发现只有心理能力中的口译焦虑因素与两个口译方向的绩效都相关，是影响学生译员口译绩效最重要的因素，而语言能力主要通过心理能力对口译绩效产生影响。

绩效测量的方法具有低侵入性、低成本的优点，能够为认知负荷提供实时的监测指标，但它仅在认知负荷超过译员的认知资源限制的时候才具有灵敏性，当某一任务的认知需求超过认知资源容量时，绩效的下降能显示出认知负荷水平的升高，此时，绩效水平能够反映出某一特定任务的总体认知负荷水平。然而在认知负荷较低时，绩效测量便不具备相应的灵敏度，因为此时认知负荷的升高可能有助于任务的顺利完成，从而提高绩效。

3. 有声思维法

有声思维法是一种用于探索复杂任务中的思维活动的方法，通过受试在执行一项任务的同时（或事后）对思维活动进行口头报告，这一方法可以为认知过程提供丰富的数据，经 Ericsson & Simon（1984）引入翻译过程研究，成为最早用于翻译认知领域的研究方法之一。

在我国，有声思维法中的共时口述常用于笔译研究（主要是翻译策略的研究），而事后口述则往往被用于口译研究。在笔译研究中，文军和殷玲（2010）运用有声思维法观察了学生在翻译过程各个阶段所使用的策略及其使用频率，发现翻译策略的使用与受试的语言掌握水平及翻译培训经验有关。翟秋兰、王冉和王华（2013）结合有声思维法和问卷法考察了焦虑与笔译策略之间的关系，发现焦虑水平和笔译策略的种类和频次之间存在相关性，而且只有中等焦虑水平的受试者能较为全面地运用各项翻译策略，较好地完成笔译任务。耿华等（2015）使用翻译作为输出任务，运用有声思维方法研究了"翻译 + 阅读范文 + 再翻译"活动对于引发外语学习认知过程的作用，发现翻译输出能够促使学习者意识到自身不足、触发关注，而后续范文输入则可以提供所需的目标语形式，得到学习者的注意和深层加工，最终带来语言习得。秦明星（2018）运用有声思维法探索了学生的翻译过程，发现英语专业低年级学生的翻译单位比较小、思维负迁移情况比较严重，而宏观分析能力较弱，研究还探讨了有声思维在课堂教学中的潜在应用。

在口译研究中，卢信朝和王立弟（2019）运用有提示回溯性访谈研究了英汉同声传译中的信息损耗，发现信息损耗的主要原因是认知精力和认知能力不足，而前者的问题更加突出，研究还指出，有提示回溯性访谈可以呈现出同声传译过程中的困难、制约因素及应对策略，从而为口译过程研究提供丰富数据。

有声思维法的主要优势在于其低成本性、高易用性及高诊断性的特征，而针对这种方法的质疑主要集中在其效度上。一方面，自动化的过程无法通过有声思维获知；另一方面，口头报告可能对翻译过程造成打断或干扰。针对在翻译研究中运用有声思维方法的更加详尽具体的分析可见我国学者的相关综述（李德超，2005）。

4. 脑功能成像法

脑功能成像技术通过获得新陈代谢、血流量、氧消耗、神经元活动等脑组织的生理状态信息对大脑这个"黑匣子"进行探索。脑功能成像类的研究方法主要包括脑电图（electroencephalogram, EEG）、事件相关电位（event-related potentials, ERP）、脑磁图（magne-toencephalography, MEG）、正电子发射断层摄影术（positron emission tomography, PET）、功能性磁共振成像（functional MRI, fMRI）、功能性近红外线成像（functional near-infrared imaging, fNIRI）和功能性近红外光谱技术（functional near-infrared spectroscopy, fNIRS）等（冯涛、张进辅，2006）。

在认知翻译学领域，运用神经科学的这些方法开展研究的兴趣正在加强，相应的技术能力和分析能力也正在提升。Rinne et al.（2000）用PET测量了职业译员在芬兰语—英语双向同声传译过程中的脑区活动，Chang（2009）结合眼动追踪和fMRI研究了笔译和口译中的方向性问题，Lachaud（2011）综合运用EEG、眼动追踪和键盘记录的方法探索了翻译的认知机制，Koshkin et al.（2018）运用ERP对Gile的同声传译认知负荷模型进行了检验。

在我国，运用脑功能成像方法的认知翻译研究还非常少见。康志峰（2017）通过收集学生译员在单句口译过程中的ERP、反应时以及错误率等数据研究了口译中的认知控制与冲突适应，发现在有意识和无意识两种条件下，受试均显示出源语信息冲突适应，学生译员对源语常用词的信息处理无须或几乎无须意识的参与，而对生僻词句的信息处理不仅需要意识的参与，而且处于高度紧张的意识态势，体现了源语认知加工的灵活性。

脑功能成像的方法在认知翻译学研究中尚未得到大规模应用，除了其对设备和技术要求很高之外，成本高也是一个制约因素。有学者对脑功能成像法在翻译研究中的应用进行了初步的评述，例如，García et al.（2016）讨论了一系列可用于翻译研究的神经科学研究方法，Hansen-Schirra（2017）则讨论了 EEG 用于翻译研究的多种用途。

4.4.2　调查法

调查法是一种对人和社会现象进行实证的、科学的研究并收集相关信息的方法，调查法严格遵循既定的、系统性的程序（Ballou，2008），调查法的具体手段除了应用最为广泛的问卷，还包含结构化的深入访谈，结构化、半结构化或者系统的观察以及文件内容分析等（Baker，2008）。

我国学者最经常使用的调查类方法是问卷法。问卷法指的是遵循固定的方案、运用一系列标准化的问题对个体进行数据收集的方法（Trobia，2008）。在实际操作中，问卷常常结合访谈法进行使用，而在很多运用多元互证的研究中，也可以发现问卷法的身影（见 4.4.7）。

在以问卷法为主的我国认知翻译研究中，卢信朝等（2019）以职业译员为调查对象研究了同声传译译员的口译能力，发现语言能力是口译中最为重要的能力，知识、口译技能和职业素养能力居其次，而特质及元认知能力重要性最低。王华树和李智（2019）以语言服务提供方、需求方和职业译员为调查对象，考察了我国笔译员的翻译技术应用现状，研究发现，笔译员虽然技术认知水平较高，但技术使用不足，虽然译员有较高的技术学习期望，但却缺乏教学培训等智力支持。陈香美（2019）以高等院校教职工为调查对象，运用问卷法研究了汉语母语者对新事物的认知和命名模式，发现不同的人对新事物的认知和命名方式存在差异，指出译者在新词翻译过程中不可"照词译文"，而应适当转移认知视点来重新认知事物，并以新的认知视点进行文字转换，以优化译文。冯全功和胡本真（2019）以高校外语专业和非外语专业的学生为调查对象，针对修辞认知转换模式对译文文学性影响的三条假设进行了验证，得到了支持性的结果，并指出译者在翻译过程中对修辞认知的积极调用有助于增强译文的文学性。

问卷法还常常与访谈法结合。访谈法通常指发生在一个提问者（采访者）和一个回答者（调查对象）之间正式的、标准化的谈话（O'Rourke，2008）。

钱春花结合问卷法和访谈法对翻译能力和翻译生态系统进行了一系列的研究，以接受过翻译学习或者培训的学生为调查对象。钱春花（2011）构建了由内驱力、认知能力、语言能力和操作能力组成的翻译能力模型，并验证了四种能力之间的关系。钱春花（2012）构建了由宏观环境因素、支持环境因素、作者因素、译者因素和读者因素五大类要素组成的翻译生态系统，并考察了各要素之间的相关关系，为生态翻译学的理论构建提供了依据。王华树等（2018）以职业口译员为调查对象，结合问卷法和访谈法对我国口译员的技术能力及技术应用现状进行了调查，研究发现，在口译员的技术能力方面，主要存在技术认知概念模糊、技术使用水平不高、技术使用落后于技术认知等问题，而在技术应用现状方面，主要存在译员需求与技术发展之间有差距、译员的强烈学习意愿与客观技术教学培训现状存在矛盾等问题。

4.4.3 语料库方法

语料库是一种可以通过语料检索分析工具进行搜索的电子形式的文本集合（Bernardini & Kenny，2019），Baker（1993）最先看到了语料库语言学的方法应用到翻译研究中的潜力，开展了相关研究，带动了语料库翻译学的兴起，而在认知翻译研究中，语料库方法的融入拉开了基于语料库的翻译认知研究的序幕（胡开宝、李晓倩，2016）。

我国近十年来的认知翻译实证研究中，运用语料库方法的研究占比较高。其中，大部分的研究通过自建语料库开展，如王红莉（2009）从翻译的角度对介词 over 的意象图式进行了研究，周晶和何元建（2010）研究了归化策略的运用及其认知基础，卜玉坤和杨忠（2011）对科技英语喻义的各种认知照意汉译策略进行了研究，郎玥等（2018）研究了同声传译中的记忆配对以及多模态输入对同传认知加工路径的影响，袁艳玲和戈玲玲（2019）从概念意旨的角度对本源概念翻译模式进行了认知阐释，齐涛云（2019）则通过考察停顿频次特征对职业译员英汉同声传译的认知过程进行了探索。

还有一部分研究通过运用现有的语料库进行，如冯学芳（2015）调用了北京大学汉语语言学研究中心的现代汉语语料库，对"一把……"结构进行了统计分析，探讨其语义特征及英译方法。郭高攀和廖华英（2016）通过认知语料库 FrameNet 开展了翻译教学研究，对特定结构的翻译进行了探讨。

另有研究通过语料检索工具对认知翻译的主题进行探讨，如谭业升（2013b）利用语料库分析工具 Concordance 对《红楼梦》原文和两个译文中的"社会脸"的表达进行了检索和分析，研究了特定的意象图式。

语料库方法在认知翻译研究中的应用尚有待进一步开发，并可以与应用较广的键盘记录、眼动追踪等方法进行融合，以取得更加好的成效（Carl & Schaeffer，2017）。值得注意的是，有些研究的语料数据并非自然语料，而是通过实验收集的语料，这一做法与强调使用自然语料的语料库语言学方法有些背道而驰（Bernardini & Kenny，2019）。更为详细的针对语料库方法在翻译研究中应用的综述可见胡开宝、李晓倩（2016）、侯林平等（2019）以及 Bernardini & Kenny（2019）。

4.4.4　文献计量法

文献计量法是指运用数学和统计的方法对图书、期刊和其他传播媒介进行分析的方法（Pritchard，1969）。近年来，文献计量法越来越受到各个研究领域的重视和欢迎，翻译学也不例外，研究者通过文献计量分析综合考察翻译研究的现状，总结存在的问题和不足，并提出针对性的意见和建议，例如期刊 Perspectives 在 2015 年就出版了有关翻译文献计量研究的特刊（Rovira-Esteva et al., 2015）。

我国学者高彬、柴明颎（2009）通过文献计量法考察了西方同声传译研究的主题及研究方法，发现认知是新世纪同声传译研究的核心主题，而实证分析则是其研究的主要方法。金胜昔、林正军（2016）通过文献计量法分析了我国认知翻译研究领域 1994 年至 2014 年间发表的核心期刊论文、博士论文及会议论文，发现从总体上看，研究数量呈波浪形上升的趋势。该文还总结了相关研究热点，并指出了当前我国认知翻译研究内省思辨为主流研究范式、实验实证研究明显不足的特征，为我国认知翻译的未来研究方向提供了有力的借鉴。刘泽权和朱利利（2018）对国内外语料库翻译认知的相关研究进行了考察和对比，发现语料库、翻译、认知两两结合的研究数量较多、发展稳定，而三者结合的研究尚待兴起，国内研究呈现跟风的趋势，其独创性、协同性和国际能见度较为匮乏。

4.4.5　语篇分析法

语篇分析（discourse analysis）指的是用于分析句子以上层面的书面和口头语言的方法，语篇分析着重关注语言在一定社会环境中的使用（Miles, 2010）。以 Hatim & Mason（1990）的研究为先导，许多翻译研究者纷纷把语篇分析法应用到翻译研究中（如 House, 1997; Munday, 2001），而相邻学科的发展则进一步带来了一些新的语篇分析手段，如多模态语篇分析和批评性语篇分析等。

在我国的认知翻译学研究中，虽然有些思辨性研究会为了对所介绍的理论或模型进行解释说明而对一些翻译个案进行分析，但系统性地运用语篇分析对翻译认知进行研究的文章却不多见。其中，李晶晶（2019）用多模态语篇分析研究了"两会"记者招待会的现场口译过程，发现译者的认知处理活动围绕译者从属于讲者这一社会属性展开，口译产出受制于说话人的节奏及源语信息，译者的认知负荷及其应对能够在语调及节奏等伴语言声音模态中得到体现。该研究还指出，运用多模态语篇分析可以较好地对口译过程进行定性考察。

4.4.6　多元互证法

认知翻译学具有内在的跨学科属性，而每种研究方法又有其自身独特的优势和局限性。因此，在认知翻译学研究中常常通过运用多元互证的方法，从不同的角度对翻译这一认知活动加以考察。翻译过程的数据可以分为内省数据和外部数据两种类型（王少爽、高乾，2014），前者体现的是译者对翻译过程的自我反思，而后者则通过各种外部手段收集相关的过程数据。通过采用多种数据收集方法从不同的（通常是互补的）收集方法视角来对认知翻译中的议题进行研究，可以让我们更全面、更深刻地厘清翻译过程的本质，认识翻译中的认知活动。

国内研究中，最常见的多元互证组合是"有声思维 + 绩效测量 + 问卷 / 访谈"的方法。邓志辉（2011）通过这一方法组合研究了英译汉中的选词决策及其影响因素，发现选词决策与文体、语义、语境等因素紧密相关，这些因素与其他更具个性化的因素（如性格、个体经验等）共同作用，影响译者的最终决策。王湘玲、胡珍铭和邹玉屏（2013）对交替传译中译员的认知心理因素和口译策略选择之间的关系进行了研究，发现在认知心理因素中，注意力和记忆力的分配影响记忆和概念形成策略，逻辑能力、综合能力影响表达和协调策略，而自信心、严谨度和毅力则影响口译全过程，直接决定译员的口译策略。王湘玲、胡珍铭和申丽文（2016）对比分析了学生和职业译员的翻译元认知监控及其与翻译能力的关系，指出翻译元认知监控主要包括翻译监控、自我评价、事先计划、意图评估和自我调节五个因素，其中在自我调节因素上学生和职业译员的差异最大，职业译员的翻译能力与五个因素均相关，而学生的翻译能力仅与翻译监控、自我评价和事先计划呈正相关。王律、王湘玲和邢聪聪（2019）收集了英汉翻译过程的认知加工数据，对比分析了学生和职业译员控制加工过程中在问题识别、策略选择及译文质量上的差异，发现学生译员翻译错误率高，且错误集中在语篇、语法、语体及语义层面，学生译员倾向于选择微观策略解决问题，而职业译员则倾向于选择推理、监控等宏观策略。

另一类在认知翻译学研究中使用频次较高的多元互证组合是"绩效测量 + 问卷 + 访谈"的方法。李家坤等（2017）对一组职业译员进行了翻译思辨能力培训，然后对受试进行了翻译测试，通过分析思辨技能问卷、访谈及翻译测试的结果，发现培训能够有效培养译员的翻译思辨技能，对译员的元思辨翻译能力有一定提高作用，使译员变得更加开放、坚毅和负责，同时有效地提高了翻译质量。李克和卢卫中（2017）对学生的转喻能力和翻译能力之间的关系进行了考察，对比了实验组（要求翻译的同时圈出并着重翻译源语文本中的转喻表达）和对照组（无前述要求）两组受试的问卷和访谈结果以及翻译绩效，发现转喻能力对翻译能力具有一定影响，培养学生的转喻思维和能力有望在一定程度上提高学生的翻译能力。

4.5　认知翻译学研究方法发展趋势展望

通过对近十年来我国认知翻译的研究和方法的梳理可见，虽然运用思辨性方法的研究数量仍占比较高，但实证性研究已经呈现出良好的增长趋势。随着认知翻译学跨学科属性的不断增强、对各研究主题探索的不断深入，实证性研究有望迎来更进一步的增长。展望未来，有以下几个趋势值得重点关注。

1）研究方法日益丰富、数据规模激增，带来机遇与挑战。随着研究方法的不断丰富以及多元互证的广泛应用，认知翻译研究对翻译过程的记录更加精细，带来了新的研究机遇。然而，数据收集的难度可能会加大，对设备和技术的要求会更加苛刻，而操作难度较高的一些研究方法（如脑功能成像）可能需要不同领域的研究者进行合作。此外，数据的规模会随之激增，庞大的数据量也为数据的整理和分析带来了难度，给认知翻译研究带来新的挑战。王福祥和郑冰寒（2019）在对 60 年来翻译单位的相关研究进行综述时就指出，已有研究中的眼动追踪数据未得到充分的挖掘和利用，其重要原因之一就是这类数据规模庞大，导致数据分析的工作量巨大，由此，他们呼吁在今后的研究中加强团队合作，以便对数据进行深入挖掘，从而充分发挥眼动追踪法的作用。

国际上，研究人员和机构之间的合作日益增强，出现了不少专门的认知翻译研究机构和团队，如西班牙的 PACTE（翻译能力发展与评估过程研究组）、丹麦的 CRITT（翻译与翻译技术研究与创新中心）、巴西的 LETRA（翻译研究实验室）、奥地利的 TransComp（翻译能力研究小组）等。预计今后认知翻译领域的研究人员和机构将全面开展国际合作，研究规模有望不断扩大，研究成果可能会较以往更多地以期刊特刊、合作专著的形式发表。

2）技术的飞速发展及其与翻译日益密切的交互带来新的研究主题和研究需求。早在 21 世纪伊始，研究者们便开始关注翻译技术给译者及翻译认知过程带来的影响（如 Dragsted，2004），随之开展了许多针对译后编辑、译员与翻译记忆软件交互等议题的研究。然而我国的相关研究较为滞后，考虑到"机器翻译 + 译后编辑"的翻译模式已经成为我国笔译市场的主流（王华树、李智，2019），技术与翻译交互这一主题亟须认知翻译的学者加强关注。

3）翻译认知主体进一步多元化，相关研究缺乏。技术的发展还带来了翻译认知主体的进一步多元化，这就决定了翻译认知研究不应局限于传统的主体（如译者）。现代翻译活动中，尤其是大型翻译项目中，其主体不仅包括译者，还包括源语端的编辑审校人员、项目经理，译语端的客户，甚至包括非人主体，如各类翻译技术。今后的认知翻译研究应当考虑将这些主体纳入考察范围，以便更加全面深入地探索翻译活动中各主体间的相互作用和影响。

4.6　小结

认知翻译学如今正日臻成熟，跨学科程度不断加深，研究方法也渐趋丰富。从近十年的研究来看，我国的认知翻译学发展势头良好，思辨性研究产出稳定，实证研究不断增长。然而就目前的研究现状而言，要进一步推动我国认知翻译学的发展，还有很多方面需要付出努力。从研究人员来看，研究团队的规模和跨学科特性还有待加强。从研究设计来看，实验设计仍有打磨和优化的空间，样本的规模和代表性还有待提升，数据收集工具和手段尚有待进一步丰富，研究者还应该更加注重研究结果的可重复性和可推广性。从研究结果来看，认知翻译学仍处于向其他学科借鉴的阶段，而可供相邻学科借鉴的研究成果却较为缺乏。这些不仅仅是我国认知翻译学今后努力的目标，也是整个国际认知翻译学进一步发展的方向。

第二部分
理论创新

第 5 章
概念隐喻理论视角的翻译研究

5.1　引言

　　隐喻研究历史悠久，最早可追溯到亚里士多德。亚里士多德是隐喻研究的开创者，也是隐喻"替代论"的代表人物，在其著作《诗学》中对隐喻的定义、构成和修辞功能做了阐述。此后，隐喻研究又出现了"类比论""互动论"，逐步从词汇层面过渡到句子层面，从修辞层面演变到语义层面。随着隐喻研究的不断深入，20 世纪 80 年代，认知语言学家 Lakoff 和哲学家 Johnson 带来了焕然一新的"隐喻"理解，提出了"概念隐喻"理论。1980 年，Lakoff 和 Johnson 合著的《我们赖以生存的隐喻》（*Metaphors We Live By*）标志着隐喻研究进入了一个新时代。隐喻不单单是一种语言现象，也是人类认知和思维的工具。概念隐喻理论一经提出，就受到了学者们的广泛关注。概念隐喻研究不断深入并且与各学科交叉互融，体现了强大的生命力和解释力。

　　近十年来，概念隐喻理论不断应用到多个领域，其中一个应用便是与翻译学的结合。概念隐喻与翻译的结合有其必然性，由概念隐喻和翻译的内在属性所决定。Evans（1998）指出，译文有时可视为原文的隐喻，翻译就是一种适配形式，使用新的隐喻适配原文的隐喻。邢嘉峰（2018：34）也认为："翻译本身是一种隐喻。"文旭和肖开容（2019）在其著作《认知翻译学》中详细地阐述了概念隐喻和翻译的关系，他们认为：翻译是一种受文化制约的、创造性的、解释性的隐喻化过程；翻译与概念隐喻具有高度相似性。概念隐喻理论与翻译的结合为翻译研究提供了新的视角。概念隐喻理论视角下的翻译研究已经涉及多个领域，并且成果不断。本章将对概念隐喻翻译研究的发展脉络和成果进行梳理和归纳，首先介绍"隐喻翻译"到"概念隐喻翻译"的发展过程，回顾基于概念隐喻的翻译理论构建，厘清十年来多领域的概念隐喻翻译研究成果，最后评价已有概念隐喻翻译研究并展望未来发展趋势。

5.2　从隐喻翻译到概念隐喻翻译研究

　　隐喻的研究由来已久，隐喻翻译研究则是在 20 世纪 70 年代后，才逐步被学者们所重视。Newmark（1988）认为，隐喻翻译是所有翻译的缩影，虽然翻译方法的选择是翻译文本最核心的问题，但其中最重要和困难的是隐喻的翻译。Dagut（1976）、Broeck（1981）、Mason（1982）等学者都对隐喻翻译的可译性进行了讨论。Broeck（1981）以源语为导向，提出了以下三种翻译方法：① 转换翻译法，将源语的本体和喻体都转换翻译到目标语中去；② 替换法，用目标语中不同的喻体来代替源语喻体；③ 解释释译法，用目标语中的一个非隐喻性表达来解释源语中的隐喻。Newmark（1981）同样以源语为导向，提出了七种翻译方法，分别是：① 直译法，在目标语中保留相同的源语喻体；② 替换法，用目标语中合适的喻体代替源语中的喻体；③ 隐喻由明喻代替；④ 本体结合明喻来翻译隐喻；⑤ 明喻和喻底结合将隐喻转化为喻底；⑥ 省略隐喻的翻译；⑦ 同一隐喻与本体结合进行翻译（胡壮麟，2019）。Toury（1995）以目标语为导向，提出了两种策略：① 为使目标语行文流畅，可以把源语中的非隐喻性表达译成目标语中的隐喻；② 如果源语中没有任何语言动机，在翻译时在目标语中加上一个隐喻。

　　早期的隐喻翻译研究大体上集中于隐喻的可译性研究和隐喻翻译策略讨论，是在传统修辞学的隐喻观视角下进行的。"传统修辞学把隐喻看成一种修辞现象，是把一个未知的或不熟悉的词语清晰地比喻成另一个更为人知的词语，从而使后者更能清楚地阐释前者。"（文旭、罗洛，2004）传统修辞学关注的是隐喻的修辞功能。相对而言，认知隐喻观认为，隐喻包括语言隐喻和概念隐喻。概念隐喻是"人类的基本认知方式，是人们谈论和思维抽象概念的认知工具"（文旭、叶狂，2003：1）。语言隐喻是概念隐喻在语言形式上的体现。传统修辞学研究的对象是语言隐喻的一部分。在认知隐喻观下，隐喻无处不在，无时不有。"隐喻渗透于日常生活，不但渗透在语言里，也渗透在思维和活动中"（Lakoff & Johnson，1980：3）。"隐喻是人类理解周围世界的一种感知和形成概念的工具，是我们探索、描写、理解和解释新情景的有力工具"（束定芳，2000：30）。认知隐喻观下的翻译研究，即概念隐喻翻译研究，是利用概念隐喻理论来探究翻译的过程和内在机制，其研究对象包括以概念隐喻为认知机制的所有语言形式的翻译，当然也包括传统修辞学的隐喻翻译。

　　概念隐喻翻译研究受到研究者广泛关注。在中国知网上，以 2010年 1 月至 2019 年 12 月为时间范围，以"概念隐喻"和"翻译"为主题，共检索出 619 条文献，年度趋势如图 5.1 所示。

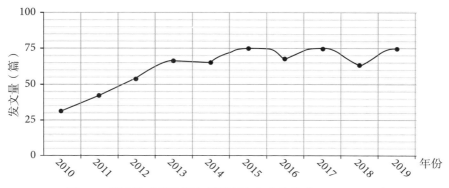

图 5.1　概念隐喻理论视角翻译研究发文趋势（2010—2019）

　　从图 5.1 可以看出，2010 年以来，概念隐喻视角下翻译研究展示出较为强劲的发展趋势。过去十年间发文量最高的是 2015 年、2017 年、2019 年，均为 75 篇。

　　在 619 条文献中，在核心期刊发表的有 37 篇论文，硕士博士论文有 393 篇，其主题分布分别如图 5.2 和图 5.3 所示。

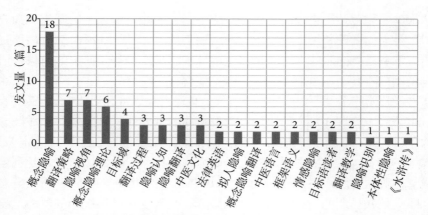

图 5.2　核心期刊概念隐喻视角翻译研究论文主题分布（2010—2019）

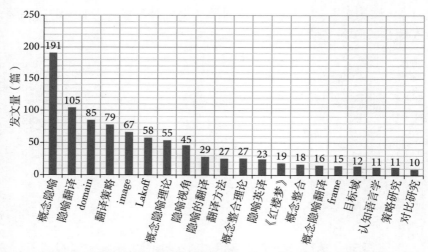

图 5.3　概念隐喻视角翻译研究硕士博士论文主题分布（2010—2019）

通过综合分析图 5.2 和图 5.3，可以发现，除了"概念隐喻""隐喻翻译""隐喻视角""概念隐喻理论""目标域""domain"等作为该理论标记性的关键词之外，其他作为研究焦点出现频率较高的关键词主要有"翻译过程""翻译策略""概念整合理论""拟人隐喻""中医文化""框架语义"等。主题分布图反映出近十年概念隐喻视角下翻译研究呈现两个特点：第一，概念隐喻理论成为翻译理论建构的重要理论来源；第二，概念隐喻理论被应用于较为广泛的研究话题，包括翻译策略、翻译过程、文学翻译、医学翻译、翻译教学等。

从隐喻翻译研究到概念隐喻翻译研究，研究的对象和维度发生了变化。概念隐喻翻译研究的对象不仅包括作为修辞格的语言隐喻翻译，还包括在概念隐喻认知机制下产生的所有语言形式的翻译。概念隐喻翻译研究力求探究翻译的内在机制和过程，挖掘影响翻译的因素，评析有效的翻译策略。概念隐喻翻译研究经过近十年的发展，在翻译理论构建和应用上都有了实质性的进展，以下将分别对其进行介绍。

5.3　基于概念隐喻的翻译理论构建

以概念隐喻为基础的翻译理论研究主要讨论两个方面：一是概念隐喻与翻译的关系；二是基于概念隐喻的翻译理论模型。

5.3.1　概念隐喻与翻译的关系

邢嘉峰（2018）和文旭、肖开容（2019）都对概念隐喻和翻译的关系进行了讨论，尤其是文旭、肖开容（2019）详细地阐释了概念隐喻和翻译的辩证关系，从本质特征、基本功能、实现过程三个方面对比了概念隐喻和翻译，从而得出概念隐喻与翻译具有高度相似性的结论。

1. 本质特征方面

翻译是一种隐喻化的活动，概念隐喻和翻译本质上都是一种跨域映射活动，在翻译过程中，译者将始源域（源语）文本，通过自己的努力映射到目标域（目标语）文本（文旭、肖开容，2019）。概念隐喻的始源域向目标域映射是基于身体体验的。"概念是通过身体、大脑和对世界的体验得以实现的。通过这种体验，人类认知从基本概念提升到复杂概念，身体的体验构成概念隐喻的体验基础"（文旭、肖开容，2019：29）。同样，翻译的源语向目标语映射必然基于译者的身体体验。

2. 基本功能方面

概念隐喻和翻译的基本功能都基于相似性原则。"隐喻的基本功能是通过某一经历来理解另一经历，它可以通过原有的孤立的相似性，也可以通过创新的相似性来实现理解。"（Lakoff & Johnson，1980，转引自文旭、肖开容，2019：30）。同样地，"翻译是人类用某一语言社团的经验来说明或理解另一种语言社团的经验的一种认知活动"（文旭、肖开容，2019：30）。

3. 实现过程方面

概念隐喻和翻译的实现过程都遵循着对应性、解释性、创造性、文化性等规律（文旭、肖开容，2019）。概念隐喻的始源域和目标域存在对应性，翻译的源语和目标语也力求保证对应性。Nida 提出的等效原则，即形式对等和动态对等，就是为了实现翻译的对应性。概念隐喻和翻译的实现过程同样也具有解释性和创造性。概念隐喻的映射就是用始源域中的概念来帮助人类理解目标域中的概念，这就是一次解释和创造的过程。在翻译过程中，译者凭借自己的经历来理解源语所表达的概念，再用目标语把自己的理解解释说明出来，这也是解释和创造的过程。隐喻概念作为文化的载体，自然离不开文化。"翻译过程就是文化移植过程，是用目标语重构源语文化模式，将一种语言文化所表现的认知方式用目标语传递到另一文化中去的过程"（文旭、肖开容，2019：32）。

概念隐喻和翻译的辩证关系为基于概念隐喻理论构建翻译理论提供了启发和思路，使我们得以从原文与译文的映射关系出发构建翻译的认知模型。

5.3.2　基于概念隐喻的翻译理论模型

以下将从概念隐喻的体验性、派生性、系统性和概念隐喻的翻译策略方面回顾基于概念隐喻的翻译模型。

1. 基于概念隐喻体验性的翻译模型

概念隐喻的体验观可用于翻译研究。肖家燕和李恒威（2010）、陈雪和赵岩（2016）、曹灵美和柳超健（2018）等学者都对其做了积极的尝试。

肖家燕和李恒威（2010）认为，"译文的产生内在地关涉译者的认知能力、文化价值取向、审美取向等"。翻译过程是译者的文化认知体验过程。这是一个"由阅读、体会、沟通到表现的审美创造过程。在这一过程中，译者通过视觉器官认识原作的语言符号，这些语言符号反映到译者的大脑转化为概念，由概念组合成完整的思想，然后发展成为更复杂的思维活动，如联想、评价、想象，等等"（肖家燕、李恒威，2010）。在此观点下，肖家燕、李恒威构建了"以体验为基础的隐喻翻译模型"，如图 5.4 所示。

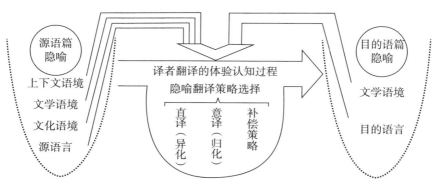

图 5.4　以体验为基础的隐喻翻译模型（肖家燕、李恒威，2010）

此翻译模型强调了译者的体验认知过程，也指出了影响翻译的因素，包括源语的上下文语境、文学语境、文化语境以及目标语的文学语境。译者正是在以上语境因素的影响下，根据自身的体验认知过程，选择适当的翻译策略，翻译出译文。

肖家燕、李恒威提出了"译者翻译的体验认知过程"这一概念，但是并未对其进行详细的解释。陈雪、赵岩（2016）更加深入地探究了译者的身份。他们指出，译者要身兼二职，受两种语言文化双重制约。译者不仅要完全理解和察觉目标语读者的思维模式和文化经验，还要使译文被目标语读者对等接受，保证翻译的信息内容能够传递源语意象或为读者诠释另一个可替代源语的相似意象。译者的体验认知过程是一个极其复杂的过程。陈雪、赵岩尝试采用"Wilson 隐喻翻译认知过程基本模型"来展示这一过程，如图 5.5 所示。

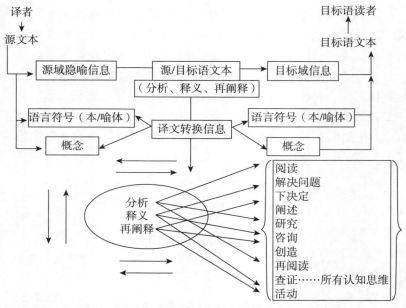

图 5.5　Wilson 隐喻翻译认知过程基本模型（陈雪、赵岩，2016）

该模型显示，在隐喻翻译认知过程中，译者依靠自身的认知体验和隐喻认知能力首先对原文文本中的隐喻信息进行处理，分析出原文文本包含的概念隐喻系统（语言符号中的本 / 喻体及其映射的隐喻概念）；然后通过分析—释义—再阐释的过程获取译文转换信息，这一过程是整个翻译过程的重要一环，包含了译者的认知思维活动；最后，译者输出目标语文本供读者阅读。

　　同样将概念隐喻的体验观引入翻译研究的还有曹灵美和柳超健（2018）。他们提出了基于象似性原则、概念隐喻和体验哲学的隐喻"三位一体"认知分析法，其定义如下："认知主体基于具身体验和关联想象，将本来以字面意义表示一种物体或思想的某个词语，通过语义类比方式，用其引申义来表示另一种物体或思想，使语义发生转移，实现始源域到目标域在'象似'基础上的映射。"在该分析法下，译者应以概念隐喻的具身体验和关联想象为基础，来选择适当的翻译策略，尽力减少目标语中的隐喻喻体亏损，努力使译文读者产生与原文读者一致的喻体意象。以《水浒传》中"草"的英译为例：

　　原文：梁山泊那伙贼男女打甚么紧，**我观他如同草芥**，兀自要去特地捉他。

　　译文：

A: ... I consider him a mere bagatelle...（Dent-Young & Dent-Young，2010：416）

B: ... I scatter them like grass...（Shapiro，2004：1856）

C: ... They are hardly worth a straw...（Jackson，2010：697）

D: ... I do but hold them as grass...（Buck，2004：592）

　　四个译文中，Jackson 保留了原文的隐喻框架、喻体特点和寓意意象，接通了汉英隐喻的关联文化内涵。在汉语的概念隐喻系统中，"草芥"可映射为"渺小卑微、无足轻重的东西"。这种映射基于人们把小草踩在脚底的身体体验，"草芥"常含有蔑视、轻视的含义。英语表达worth a straw 中的 straw 也可以映射为"无价值之物"（曹灵美、柳超健，2018）。类似的身体体验形成相似的隐喻映射，使得译文更能贴切表达原文意义，也使得译文读者更真实地接受原文的意义表达。

2. 基于概念隐喻派生性和系统性的翻译模型

　　概念隐喻的派生性和系统性也被引入翻译理论中。概念隐喻具有派生属性。根隐喻，作为中心概念的隐喻，如"人生是一种旅途"，会产出派生隐喻，如"人生的起点或终点""生命的车站"等（束定芳，2000：

54-55）。概念隐喻的派生性催生出概念隐喻的系统性。由根隐喻向外映射产生派生隐喻，这些派生隐喻会形成隐喻网络，例如情感隐喻，在最底层，情感映射为物体映射，而物体呈现出固、液、气三种物理状态，并延伸出三个情感隐喻映射；而"固体"又衍生出"易碎性""温度""位置""时间""距离""静态""动态""力"等属性，同样这些属性也都映射到情感的属性上。这样，一层层地继承，一层层地延伸下去，最终搭建出一个主导规约性情感隐喻的概念映射网络系统（谭业升、葛锦荣，2005）。因此，在翻译的过程中，译者应尽可能地维持概念隐喻的派生性和系统性，以便完整地表达原文的内涵。当然，不同语言形成的隐喻网络有共性也有个性。例如，汉语"上—下"空间隐喻网络与英语 UP—DOWN 空间隐喻网络，在"地位""状态""数量"等方面是对应的，但在"范围"等方面又不对应。汉语"红色"隐喻网络与英语 RED 隐喻网络对应程度很低。原文与译文隐喻网络的共性为我们在翻译中寻找对应的表达提供了线索，并且为文化间的隐喻理解提供了推理的基础。冯全功（2017）从概念隐喻的系统性出发，分析了中国当代小说及其英译本中四个典型的概念隐喻，即"枪是女人""情欲是火""冷漠是冰"和"减肥是战争"，发现翻译家葛浩文的译文基本上再现了原文中概念隐喻的系统性，在无法再现的情况下，也采取了适当的补偿措施，即通过添加相关隐喻表达，强化原文的认知修辞场，弥补了译文的审美损失，从而在整体上营造出一种与原文相当的审美效果。可见，引入概念隐喻的派生性和系统性的翻译理论能够很好地指导翻译实践。

3. 基于概念隐喻的翻译策略研究

概念隐喻翻译研究的最终目的，是探求更加有效的翻译策略。众多学者（肖家燕、李恒威，2010；张斌、杜福荣，2011；唐树华等，2011；王明树，2017；卫明高等，2018；曹灵美、柳超健，2018；文旭、肖开容，2019）从概念隐喻理论入手对翻译策略系统进行了讨论。例如，文旭、肖开容（2019）从概念隐喻和翻译的关系出发，论述了四种概念隐喻翻译策略：① 隐喻概念域形成对等映射时，采用直译；② 隐喻概念域形成不同映射时，优先考虑的是喻义的传递，译者把源语的隐喻通过借用喻体或调整结构转译成目标语的隐喻；③ 源语的概念隐喻在目标语中不存在时，把源语的概念隐喻直译出来，并结合喻体，适当加以注解补偿；④ 源语和目标语的认知相矛盾时，可以舍弃原本的喻体，只翻译出喻义。

在概念隐喻理论指导下，翻译策略研究上升到概念层面，这使得翻译策略的分类和选取更加准确，更有利于指导多领域中的翻译研究。

5.4　近十年多个领域中的概念隐喻翻译研究

概念隐喻翻译研究涉及各种口笔语体裁和题材文本的隐喻翻译、具体概念隐喻和语言隐喻实例的翻译、隐喻翻译教学研究等。这给翻译研究者提供了广阔的研究空间。以下将介绍近十年这一研究的主要领域。

5.4.1　文学作品中的概念隐喻翻译研究

文学作品中概念隐喻翻译研究主要集中在小说翻译研究和诗歌翻译研究。基于概念隐喻的小说翻译研究是一个重要的聚焦点，包括中国古代小说翻译、中国现代小说翻译和西方小说翻译等研究。

在古代小说方面，中国四大名著中的《水浒传》和《红楼梦》受到较多关注。曹灵美、柳超健（2018）基于概念隐喻理论，对比了《水浒传》四个英译本的"草"的隐喻翻译，进而归纳出直译喻体、转换喻体、直译喻体 + 释义、转换喻体 + 释义的翻译策略。李家言（2018）以概念隐喻理论为出发点，选取了《水浒传》原本及 S. Shapiro 和 P. S. Buck 的两个英译本为研究材料，深入研究人物绰号中所含隐喻的工作机制，总结出隐喻的翻译策略。周盼盼（2019）以《红楼梦》1958 年和 1995 年两个俄语全译本为语料，全面、系统地考察了《红楼梦》中常见的空间隐喻，并从翻译适应选择论的视角对比分析了两个俄译本中空间隐喻的翻译。黄秋菊（2016）结合概念隐喻的观点分析了《红楼梦》中的 12 首菊花诗，揭示其内在暗示，并通过对比杨宪益和霍克斯的译本，比较哪个译本更好地表达了原文的暗示内容。

在现代小说方面，概念隐喻翻译研究多集中在莫言的作品上。梁晓晖（2013）运用概念隐喻理论，系统考察了葛浩文对《丰乳肥臀》的翻译策略；吴志焕（2017）尝试从概念隐喻理论的视角，对《生死疲劳》中的隐喻及相应的葛浩文译文进行研究，以考察文学作品中隐喻的翻译策略；刚小宝（2018）以《蛙》葛浩文译本为例，从本体隐喻、方位隐喻和结构隐喻三个方面入手，结合具体的实例，分析探讨隐喻翻译策略的选择，总结出背后的翻译原则和规律。此外，冯全功（2017）分析了中国当代小说（以莫言、毕飞宇的小说为例）中四个典型的概念隐喻，探讨了概念隐喻的系统性表征及其对应英译的利弊得失。刘小蓉（2016）对作家苏童的长篇小说《米》以及英译本展开分析研究，阐述了相关概念隐喻翻译功能对《米》英译本的影响。

相较于中国古代小说和中国现代小说翻译，国内学者对西方小说翻译的研究较少。周赫（2016）选取《包法利夫人》之李健吾版中译本为研究文本，尝试从概念隐喻的角度，探讨影响译者翻译策略的认知要素以及译者在不同情况下应采取的翻译策略。王玉凯（2018）以邓嘉宛和朱学恒的译本为案本，通过概念隐喻理论分析了《魔戒》英文版本中的隐喻。

在诗歌翻译研究中，对《诗经》的翻译研究较多。李惠然（2015）、孙怡（2019）、罗丹妮（2019）分别从植物隐喻、水的隐喻、意象隐喻出发，对《诗经》中的概念隐喻进行了研究。谢斌（2018）以《长恨歌》以及分别来自许渊冲英译本和杨宪益夫妇英译本中的隐喻为语料，通过概念隐喻理论，对比两个译本中的隐喻翻译，总结出古诗隐喻翻译的标准及相关策略。

回顾文学作品的翻译研究，可以看出，小说和诗歌中的隐喻丰富，系统性较强，因此受到广大研究者的关注。

5.4.2 非文学作品中的概念隐喻翻译研究

概念隐喻不仅存在于文学作品翻译中，而且存在于各类非文学作品翻译中。近十年里，基于概念隐喻理论的翻译研究在政治文本和中医文本中较为集中，也涉及其他主题的文本，如科技文本、金融文本、外宣文本等。

1. 政治文本的概念隐喻翻译研究

朱晓敏和曾国秀（2013）总结出五类现代汉语政治文本中的概念隐喻：旅行隐喻、建筑隐喻、战争隐喻、家庭隐喻和圆圈隐喻。他们采用 Wordsmith 的批检索功能、Pragglejaz 小组提出的隐喻识别步骤（Metaphor Identification Procedure，MIP）、Charteris-Black 提出的"源域共鸣值"概念等，找出 1991—2011 年汉语政治文本（中国中央人民政府工作报告、中国共产党的工作报告、中国财政预算报告和政府白皮书）中的隐喻对象，判定各类概念隐喻在汉语政治文本中的分布和比重，并把分布最广的"旅行隐喻"划分为四类次级隐喻：旅行隐喻之道路、旅行隐喻之步伐、旅行隐喻之阻碍和旅行隐喻之目的地。他们再把以上每类次级隐喻中出现频率最高的隐喻词汇（分别为"道路""进一步""担负"和"向"）作为考察对象，使用平行语料库检索软件 Paraconc 总结出现代汉语政治文本中隐喻的三个翻译策略：在目标语中保留原文文本的始源域；使用目标语中的始源域代替原文文本中的始源域；丢弃原文文本中的始源域，辅之以对原文目标域的解释。

杨璘璘（2018）对记者招待会政治文本中的隐喻口译作了实证研究，归纳出 6 种隐喻翻译策略，并统计每种策略的使用频率，揭示出隐喻口译的特点以及译者口译策略选择的原因。研究发现，策略使用频率最高的是直译隐喻法，其次分别为解释隐喻法、省略隐喻法、转换隐喻法、直译隐喻 + 解释法和转喻译隐喻法。译者通常根据隐喻的语篇功能、中英文政治文本隐喻类别的相似程度、隐喻的语境和搭配原则等进行隐喻口译策略的选择。

研究者对政府工作报告中概念隐喻翻译策略的研究颇为关注。王瑞昀（2016）从概念隐喻理论入手，以德国功能派翻译理论"目的论"为指导，分析了《2014 年政府工作报告》的文本特点，论述了概念隐喻跨文化英译的实质，概括出跨文化翻译的方法：直译法、增补法（补偿式翻译)、意译法;田苗(2016)基于概念隐喻理论,研究《2015 年政府工作报告》中英文版本,考察政府工作报告的文化语境、政治语境和上下文语境,归纳出汉语政治语篇的英译策略:直译方法、意译方法和混译(混合直译和意译)方法;卫明高等(2018)以《2016 年政府工作报告》为例,总结出 5 种翻译政治文本中隐喻的方法:直译法(保留隐喻)、替译法(保留隐喻)、隐喻译成明喻(保留隐喻)、意译法(不保留隐喻)、删除法(不保留隐喻);余音(2019)以《2019 年政府工作报告》为例,在以上研究基础上增加了两个政治文本隐喻翻译策略:补充隐喻、改变隐喻的语法结构。

近十年间,有多篇学位论文聚焦政治语篇中的概念隐喻翻译。肖茜(2011)以概念隐喻理论和概念整合理论为依托,根据政治性话语自身特点,分析了以往中国官方讲话的翻译案例,尝试总结出一系列隐喻翻译策略;窦智(2018)以《习近平谈治国理政》第二卷英文版为语料,采用定量与定性相结合的方法对书中出现的概念隐喻进行分类研究,并以概念隐喻理论中隐喻的工作机制——即隐喻的实现方法为切入点,总结和评价所采用的翻译策略和影响翻译策略选择的因素;刘勇先(2018)根据概念隐喻理论,选取了 2017 年 3 月的一场外交部记者招待会汉英交替传译目标语料,从结构隐喻、本体隐喻和方位隐喻三个角度对职业译员和口译学习者的译文进行对比分析,总结了汉英交替口译中隐喻的不同翻译策略。

2. 中医文本的概念隐喻翻译研究

张斌和杜福荣(2011)从概念隐喻理论入手分析中医隐喻翻译,提出了相应的翻译策略:对等映射翻译、转化明喻法、转换等效翻译、直陈等效翻译、补偿等效翻译,以使源语在语言形式、语境、文化等方面最佳映射至目标语,凸显中医独特的意象思维模式,为中医翻译提供了一定借鉴。

梁杏和兰凤利(2014)基于隐喻认知和自建中医脉学汉英双语语料库,通过探寻常见脉象术语命名源流,对比分析同一脉象的不同英译,正本清源，为常见脉象术语确定佳译。

黄光惠和岳峰（2014）基于概念隐喻，从根源上、学习效率视角和文化传承视角，论述增加经穴名含义翻译的必要性及其英译策略。他们反对经穴的代码翻译，主张经穴名的英译应增加具有概念隐喻特性的经穴名含义的译文。概念隐喻就是通过简单的概念来理解更为复杂的概念，把经穴名命名的隐喻翻译成英文，便于学习者记忆和掌握，也有助于其深入学习中医针灸知识和传承中医文化。该文从中英文化的重叠情况剖析采用不同翻译方法的依据，为经穴英译提出可操作性的翻译策略：两种文化完全重叠时采用直译；相交时采用直译加注；不相交时，视情况而采取音译、音译加注或意译。

王明树和刘伊娜（2015）在概念隐喻理论的框架下，探讨中医术语英译策略。对于以结构隐喻命名的术语，而且当概念域之间存在全部对等映射时，译者可以采用语义翻译，使得译文既忠实于原文的意义，又能把中国传统医学中的意象传递给目标语读者；对于以结构隐喻命名的术语，而且当概念域之间存在部分对等映射时，译者可以采用交际翻译；对于以方位隐喻命名的术语，译者也可以采用交际翻译；对于以结构隐喻和本体隐喻命名的术语，当概念域之间存在零对等映射时，译者可采用语义—交际翻译，以保留中医术语中的文化意象，同时使目标语读者更好地理解中医的奥秘。

孙凤兰（2016）通过《黄帝内经》原著和两个英译本中体现的结构隐喻、方位隐喻以及本体隐喻，分析不同翻译版本的成因，探讨概念隐喻的翻译策略，希望有助于中华文明的对外传播。

谷峰（2018）把概念隐喻引入《伤寒论》的翻译研究，总结出多种翻译策略：回译（在翻译过程中确保译文在结构和内容上与原文相近）、释译、音译＋注释、文本外增译，以期提高中医典籍的翻译质量，促进我国传统医学的域外传播。该文构建出"中医隐喻术语翻译过程的认知心理模型"，如图 5.6 所示。

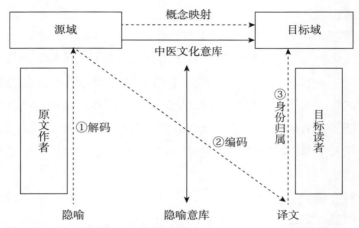

图 5.6 中医隐喻术语翻译过程的认知心理模型（谷峰，2018：361）

该模型以概念隐喻为导向，重点阐析中医隐喻术语翻译的三步转化观：解码—编码—身份归属。译者首先在源域中通过与原文作者的视域融合，经过去个体化解码过程，将隐喻还原到源域中医文化意库，重点解剖中医语言所指涉的文化内涵；其次在源域与目标域之间建立起概念映射，沿中医文化意库和隐喻意库，对隐喻进行再隐喻化或非隐喻化的编码，产出译文；最后译者在目标域通过与目标语读者的视域融合，将译文融入目标域，最终实现译文的身份归属。

李孝英（2018）认为"体验"是中医典籍和认知语言学共有的哲学基础。该文从中医典籍的解读之困出发，即如何更准确地理解中医典籍语言，探讨中医语言的隐喻性特点，为翻译中医典籍文化的二语译者提供了准确理解典籍的认知思维方法。

近十年里，5篇硕士学位论文涉及中医文本中的概念隐喻翻译。例如，南京中医药大学的王雨艳（2013）以《黄帝内经》和《伤寒论》中的隐喻现象为研究对象，分析译本中的隐喻思维模式和语言，认为隐喻的思维方式就是中医药取象比类的思维方式，并把译本中的隐喻内容归纳为自然型隐喻、社会型隐喻、哲学型隐喻和宗教型隐喻；同校的张洁（2015）以概念隐喻理论为指导，对比研究了《黄帝内经》三个译本的篇章，认为在翻译的过程（理解、表达和校对三个阶段）中，应重点考察译者在理解阶段如何更好地结合文化理解原文；安徽中医药大学的秦国丽（2016）也以概念隐喻理论为基点研究中医文本英译，提出概念隐喻翻译三原则：保持隐喻特征、接通汉英隐喻的关联文化内涵、根据语境弥补文化始源域的缺失，并分析《针刺手法图解》（汉英对照）中使用的 5 种隐喻翻译方法，探讨其优选理由。

3. 科技文本的概念隐喻翻译研究

戴光荣（2015）在概念隐喻理论指导下，提出在处理科学隐喻翻译的过程中，要把握科学隐喻的概念映射及读者的认知需求，认为科学隐喻的翻译需要充分考虑语言隐喻所涉及的认知意图，对隐喻的各个层面进行分析，从而找到科学隐喻的翻译策略。

高巍和孙凤兰（2020）使用《时间简史》英汉平行文本，基于结构隐喻、方位隐喻、本体隐喻概念范畴，用 Wordsmith 软件制作语料库，用 Antconc 和 Concordance 软件提取出 4 类科技隐喻功能语篇数据，发现了 110 处隐喻性描写语篇、15 处隐喻性定义语篇、10 处隐喻性指示语篇、5 处隐喻性分类语篇。该文认为，在科普文本中，科技语篇生成者主要是描写物体的物理属性和运动过程，也定义科技原理的概念，或把所描写的科技世界分类和范畴化，或指示读者去实施；译者应基于这 4 类科技隐喻功能语篇的特征，遵循目标语读者的认知思维模式，调整隐喻始源域和目标域的先后顺序、因果关系等，呈现原文的本质信息。

4. 金融文本的概念隐喻翻译研究

陈家旭（2016）从金融报道中隐喻的类型入手，依托概念隐喻理论和概念整合理论，探讨金融报道中隐喻的认知机制及其认知翻译策略，旨在更好地理解金融报道语篇的话语特征，尝试为金融报道中隐喻的翻译提供新的理论指导。该文选取中国金融新闻网中的隐喻为研究对象，搜集了大量金融报道语料，按照金融隐喻中不同的始源域特征对隐喻概念重新进行整合分类，包括人类隐喻、运动隐喻、天气隐喻、战争隐喻、健康隐喻，提出"金融报道中隐喻的映射（认知机制）"和"金融隐喻翻译的认知模式及策略"，分别如图 5.7 和图 5.8 所示。

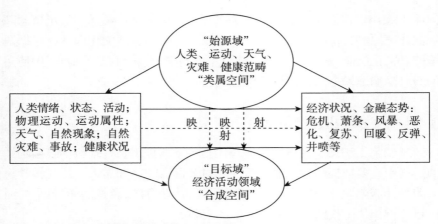

图 5.7　金融报道中隐喻的映射（认知机制）(陈家旭, 2016: 23)

　　图 5.7 显示，金融报道中的隐喻主要通过始源域（人类活动、运动范畴、天气状况、灾难领域以及健康状态）向目标域（经济活动领域）映射，可以是从始源域到目标域的具体对应关系，也可以是从始源域空间到目标域空间基于相似性的跨空间映射。

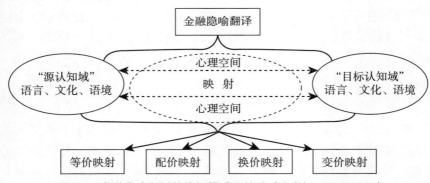

图 5.8　金融隐喻翻译的认知模式及策略 (陈家旭, 2016: 24)

　　图 5.8 显示，金融隐喻翻译涉及源语（始源域）隐喻所传达的认知方式是否能在目标语（目标域）中再现的问题。在翻译中应从认知的角度分析隐喻产生的心理基础及所含的文化、语言、语境等信息，根据目标语（目标域）中的隐喻与源语（始源域）中的隐喻之间形成的相似或相异的"映射关系"，灵活采取直译、意译或异化、归化策略，使目标

语既能完整准确地传达源语信息，又能为目标语读者所接受，从而促进文化交流。金融隐喻翻译的策略包括：等价映射、配价映射、换价映射、变价映射。对于两种语言中存在相同或相似的隐喻形象及认知体验的隐喻概念，翻译时可采用忠实于源语的直译法实现等价映射，以有效保留隐喻的形象及喻义色彩；当两种语言文化的差异导致同一隐喻在两种语言中可能产生不同的联想和认知体验，译者就需要调整源认知域的映射价元来配价完整的目的认知域的映射关系，采用意译法实现配价映射，以适应目标语读者的需要，从而达到目标语和源语认知体验的统一，在目标语中获得相同的目的认知概念；在始源域语言与目标域语言转换过程中，可采用舍弃源语喻体形象的归化译法，对源认知域中的某些价元作一些必要的置换，采取换价映射，用目标域语言中已经被广为接受的认知概念取代源域认知概念形象，或采用解释的方法使源语文化被目标语读者接受；在翻译的映射过程中，依然使用源认知域进行表达，采用异化译法，保留源语中已有的认知概念表达，通过改变目的认知域的价元来匹配源认知域隐喻的认知结构，即变价映射。

胡春雨和谭金琳（2017）通过分析 2006—2015 年中国工商银行年报致股东信的汉英版本，探讨致股东信中的隐喻特色及相关翻译策略。该文发现致股东信中概念隐喻始源域涵盖传说、经济学术语、中国棋文化、中医、诗歌等，翻译策略可归为直译法、改译法与零翻译：对于目标读者熟知的隐喻表达采取直译法，保留原有隐喻；对于目标读者可能理解有异的隐喻表达采用改译法，译出概念隐喻所蕴含的意义，或用目标语中意义相近的隐喻进行替换；对于目标读者存在理解困难或冗余重复的隐喻表达使用零翻译法，隐去原文文本中的隐喻。

5. 外宣文本的概念隐喻翻译研究

孙毅等（2020）探讨博物馆介绍文本翻译中的核心隐喻意象，以《陕博日历·2018·大唐长安》（汉英对照）为案例，诉诸 MIP 程序对所涉隐喻概念予以相对穷尽的搜索和提取，从认知视角阐释了概念隐喻翻译的本质及运行机制，提出了一些翻译原则及方法以克服翻译中遭遇的困难。概念隐喻翻译的三大原则：在对应的译文中保留原文的隐喻特征；连接双语文本中相关的文化内涵；填补文化空白。根据以上翻译原则，该文结合案例得出四类翻译方法：意象对等——保留，即保持原始意象；意象偏离——重构，即重新构造意象并传递类似的意象；意象切换——注释，即填补文化背景的空缺，使得目标语读者能够更好地理解文本；意象缺失——省略，即略去目标语文化背景难以理解的信息。

5.4.3　具体语言实例的概念隐喻翻译研究

肖坤学（2013）从概念隐喻理论和框架理论角度出发，研究了习近平总书记使用的熟语"打铁还需自身硬"的众多英译版本。该文认为，对于该语言实例，采用直译方法，即保留源语的隐喻表达形式，从语言效果来看是必要的，从读者／听者的可接受性来看是可行的；将"打铁还需自身硬"译为"To strike iron, the hammer must be strong enough itself."应是较为合适的翻译。

戴凌靓（2016）借助概念隐喻理论和概念转喻理论，研究了汉语方位词"东""西""南""北"对举结构固定搭配的语义分类和英译。该文认为，翻译过程中应该灵活自如地选用恰当表达，体现汉语的文化色彩，实现中西文化有效交流。

李洪乾（2016）在其博士学位论文《军语泛化现象的认知研究》中，通过中英文语篇对比分析，发现英汉双语在"军事话语"的使用上存在较大差异，提出既要将鲜活的日常军事隐喻贴切地嵌入到译文中去，又要注意避免生硬的军事术语在目标语中可能带来的文化误解，使人误认为中国是一个"好战"民族，并具体讨论了军事隐喻的翻译策略：喻体移植法（保留原文的"军事特色"）和喻体归化法（更换原文喻体意象；去除原文喻体意象）。

5.4.4　概念隐喻理论视角的翻译教学研究

罗婕（2012）以概念隐喻理论结合翻译教学现状，提出隐喻翻译教学模式的现实意义：隐喻翻译教学可以有效培养学生的隐喻思维，增强学生认识隐喻的能力，从而提高学生的翻译能力；隐喻翻译教学能够促进学生对字、词、句等较小语言单位的掌握；隐喻翻译教学可以促进学生对文章语篇、文化现象等宏观方面的掌握，使学生在跨文化交际中更有效地传递信息。

张冬瑜等（2015）强调隐喻能力在外语教学中的重要地位，构建出"英汉双语情感隐喻语料库"。该语料库提供了大量真实、直观的参考实例以及方便快捷的检索功能，方便教师指导学生基于情感隐喻语料库对比英汉概念隐喻和语言隐喻的异同，深刻理解不同文化风俗及语言习惯，提升英语隐喻写作能力和隐喻翻译水平。

王骞（2018）在法律英语翻译教学中引入概念隐喻理论，调用隐喻的普遍性、认知性、系统性、连贯性和民族文化性，指导翻译教学实践，研究在法律专业词汇、法律语篇和法律文化翻译教学中概念隐喻理论的具体应用，指出隐喻是普通词汇向专业词汇转化的理据，隐喻具有建构语篇的功能，隐喻负载丰富的民族文化内涵，并通过英汉翻译实例，探讨了法律语言隐喻翻译的策略。

刘林玉（2014）将概念隐喻理论及其指导下的翻译策略应用于翻译教学，认为教师必须在翻译教学中关注源语及目标语中的各种因素，如文化因素、社会习俗、国家历史等。

5.5　研究现状评价及未来研究展望

现有基于概念隐喻理论的翻译研究成果颇丰，已澄清了概念隐喻和翻译的内在联系，构建了适应性较强的翻译模型，并已广泛应用于多领域翻译研究中。以下将评析现有研究尚待完善之处，引出未来研究的趋势。

5.5.1 翻译的拓展概念隐喻理论研究

虽然概念隐喻具有派生性和系统性，但是以往研究尚未系统论及概念隐喻的跨语言普遍性和特异性程度，尚未据此呈现概念隐喻的图示化层级和处于不同层级的概念隐喻的映射方式。这削弱了概念隐喻翻译理论的解释力，构成了概念隐喻翻译策略研究的瓶颈，导致概念隐喻翻译策略研究缺乏系统性。

概念隐喻理论在不断更新和拓展，基于概念隐喻理论的翻译研究有待随之改进和完善。下面介绍 Kövecses（2020）提出的"拓展概念隐喻理论"，旨在借此提升概念隐喻翻译策略研究的系统性和适应性，展望基于概念隐喻理论的翻译研究发展趋势。

"拓展概念隐喻理论"主张"背景多层级概念隐喻观"（contextual and multilevel view of conceptual metaphor），认为隐喻概念化源自一个或多个背景：场景背景（物理环境、文化场景、社会场景）、概念认知背景（隐喻概念系统、意识形态、关注与兴趣、历史语境）、语篇背景（上下文语境、共享知识与话题、语篇支配形式）、具身背景（体验关联性、身体条件、身体特质），这些背景因素在语篇中引发动态图式化层级，由意象图式、域、框架、心理空间分别形成图式性逐级下降、背景性逐级上升的隐喻概念化层级。

"拓展概念隐喻理论"区分关联性概念隐喻和相似性概念隐喻。关联性概念隐喻拥有完整图式化层级（意象图式隐喻层、域隐喻层、框架隐喻层和心理空间隐喻层），各层级上均蕴含始源至目标的关联映射；相似性概念隐喻包含特征相似性概念隐喻（某一特征相似的两个实体之间的单一映射）和意象图式相似性概念隐喻（意象图式共享的始源和目标之间的单套映射）。与关联性概念隐喻不同，相似性概念隐喻的单一映射不出现在意象图式层、域层或框架层，其单套映射只出现在域层或框架层上，与之相同的是，两种相似性概念隐喻的背景义均出现在心理空间层。

Kövecses（2020：162）认为"关联性和相似性隐喻的划分……有助于避免针对概念隐喻普遍性与文化特异性程度的争论"，便于厘清各类概念隐喻的跨语言普遍性和文化特异性程度。关联性概念隐喻基于人类的体验性意象图式，故而或多或少具有跨语言普遍性，而相似性概念隐喻更多具有文化特异性。关联性概念隐喻所包含的意象图式隐喻、域隐喻、框架隐喻和心理空间隐喻在跨语言普遍性上程度逐级降低，在背景依赖性和文化特异性上程度逐级增强；在关联性概念隐喻的意义建构中，"自然义"基于意象图式层级，更具体验性和跨语言普遍性，"去背景化义"基于域层级或框架层级，具有规约性、指示义和部分文化特异性，"背景化义"基于心理空间层级，更具背景性、内涵义和文化特异性。

　　鉴于"拓展概念隐喻理论"提出的关联性概念隐喻和相似性概念隐喻及其子类概念隐喻（意象图式隐喻、域隐喻、框架隐喻、心理空间隐喻、特征相似性概念隐喻、意象图式相似性概念隐喻）蕴含不同层级的社会、文化、认知、意识形态、语篇、体验等背景要素和隐喻映射方式，处于跨语言普遍性或文化特异性的不同层次上，我们有望据此建立更具概括性和普适性的概念隐喻翻译理论体系，并期待在该框架下分级、增减、归并、更替和统一以往研究提出的众多隐喻翻译原则或策略，形成术语一致的、更具解释力和可操作性的概念隐喻翻译策略系统。

5.5.2　概念隐喻与多理论结合的翻译研究

　　目前的概念隐喻翻译研究多以单一理论为指导，虽然单一理论的概括性和普适性是理论追求的目标，但是多理论结合若能更有效指导翻译实践，仍然是可取的。事实上，近十年的翻译研究中，已有部分研究探讨了概念隐喻理论与认知语言学其他理论以及翻译理论的结合，例如，概念隐喻理论与概念转喻理论、概念整合理论、框架语义学、认知识解理论、翻译适应选择论、目的论翻译理论、绝对暗喻翻译理论等结合指导翻译研究，这成为未来概念隐喻理论指导下的翻译研究的又一趋势。

5.5.3 中国文化背景下的概念隐喻翻译理论创新与推广研究

Lakoff & Johnson（1980）的经典"概念隐喻理论"和Kövecses（2020）的"拓展概念隐喻理论"的创建主要源自英语文本和语料，在将其应用于汉译英或英译汉研究时，需要考虑其在汉语文化中的适应性和创新性。国内学者（如文旭、肖开容，2019）倡导的"认知翻译学"之概念隐喻翻译理论尚需在汉语文化背景下不断创新，在跨文化背景下逐步推广和验证。

5.5.4 基于大规模语料库和计算机软件的概念隐喻翻译理论研究

近十年来，国内学者基于概念隐喻理论的翻译研究罕有采用已有语料库或自建大型语料库，较少关注机器翻译领域，多数研究仅选取单一文本，人工收集概念隐喻和语言隐喻、阐释其中的隐喻现象、归纳隐喻翻译策略。未来研究需结合机器翻译技术，调用或自建大规模语料库，充分利用计算机检索和识别软件，深入开展翻译研究的概念隐喻理论模型构建。

5.5.5 其他相关研究展望

基于概念隐喻理论的翻译研究还可从以下四个方面不断完善：第一，基于概念隐喻理论的翻译模型研究需进一步向多领域语篇延伸，尤其是一些涉足未深的领域（如法律、商标、广告、教学、科技、金融、外宣、电影字幕等）和尚未触及的领域，以验证、完善和创新既有模型；第二，基于概念隐喻理论的翻译模型有待运用于非隐喻翻译研究中，将其运用于其他语言修辞范畴和概念范畴（如转喻、拟人、反讽）的可行性，需得到证实与强化或者证伪；第三，基于概念隐喻理论的翻译模型的多语种比较研究；第四，概念隐喻翻译理论的创建与创新，需得到眼动追踪等心理学实验的支撑。

5.6　小结

隐喻与翻译同源。隐喻不只是一种修辞手段，也是一种认知方式，一种跨概念域具身映射。翻译不只是一种跨语言转换，也是一种跨概念域具身映射，始源域对应源语，目标域对应目标语。概念隐喻映射和翻译过程都基于相似性原则，也都遵循对应性、解释性、创造性和文化性。因此，翻译可放到概念隐喻理论中考察，以构建基于概念隐喻理论的翻译模型，揭示翻译尤其是隐喻翻译在不同类型文本和语言概念中的认知机制，探究源语和目标语在概念上的相似性和特异性，从而提炼出相应的翻译策略并指导翻译实践及其教学研究。

随着概念隐喻理论的拓展，不同类型概念隐喻的图示化层级、跨语言普遍性程度和文化特异性程度更加明晰，这有望提升概念隐喻翻译理论的创新性和解释力，完善并统一基于概念隐喻理论的翻译策略系统。另外，未来概念隐喻翻译理论研究还将从多方面拓展，例如，多理论和多领域融合与延伸、本土文化背景下的再创新和跨文化背景下的推广、大规模语料库和计算机软件的助力、其他语言修辞范畴和概念范畴中的验证、多语种比较研究、心理学实验的支撑等。

第 6 章
范畴理论视角的翻译研究

6.1 引言

翻译与认知结缘是 20 世纪中后期的事，直到 21 世纪初，Halverson（2010）提出认知翻译学（Cognitive Translation Studies）这一术语两者才正式结合。认知翻译学是翻译研究的一种新范式，主张将认知科学及认知语言学的理论原则和研究方法与翻译研究结合起来，为翻译学理论的发展和应用注入了新的活力。

范畴与范畴化是认知语言学理论体系的重要组成部分。将范畴化理论应用于翻译研究可以有效规避中西传统译论中二元对立的思维模式，如直译与意译、形似与神似、归化与异化等。最早将范畴这一概念运用到翻译研究的是 J. C. Catford。Catford（1965）提到了翻译转换的两种模式，其中之一就是范畴转换。需要指出的是，Catford 的翻译转换模式是建立在结构主义语言学和转换生成语法基础之上的。他所指的范畴主要是指语言范畴，并未将非语言范畴包括在内。第一个真正意义上将范畴化理论运用到翻译研究的是 A. Neubert。Neubert（1985）借助原型范畴理论对源语语篇进行了分类。Snell-Hornby（1988）则借助该理论探讨了目标语篇的分类问题。Halverson（2000，2002）通过实证研究证实了翻译中确实存在原型效应，即不存在绝对的翻译对等和翻译原则。

在国外学者的影响下，国内许多翻译研究者（如李和庆、张树玲，2003；王仁强、章宜华，2004；刘华文、李红霞，2005；张继光、张蓊荟，2010；谭载喜，2011；龙明慧，2011；贺爱军，2016；文旭，2018；

文旭等，2019；文旭、司卫国，2020）也纷纷开始借助范畴和范畴化理论研究汉语和其他语种的互译问题，重点探讨翻译本质、翻译标准以及运用原型范畴理论指导翻译实践等问题。

本章将聚集 2010 年以来中国翻译学界以范畴化理论为指导在探索翻译转换模式、揭示翻译过程的认知基础和认知机制等方面所开展的研究、取得的成果以及未来发展趋势。

6.2 范畴与范畴化问题

范畴化是人类根据特定目的对某种事物进行识别、分类和理解的心理过程（Ungerer & Schmid，1996；文旭，2014）。范畴化的产物即是范畴，在认知语言学中，我们称为"概念范畴"或"认知范畴"。范畴是反映事物本质属性和普遍联系的基本概念，是人类理性思维的逻辑形式（文旭、江晓红，2001）。认知语言学的范畴观起源于亚里士多德，经历了由经典范畴理论到原型范畴理论的发展过程。

6.2.1 经典范畴理论

古希腊哲学家亚里士多德在其《范畴篇》中第一次对范畴体系进行了较系统的研究和阐述，他把事物的性质分为本质和偶然性质两种。他认为，本质是"内在于事物并规定和表明事物的个性，本质的破坏将是事物整体的破坏"（Taylor，1989：22；陈维振，2002）。亚氏用"人"来举例，他认为人的本质是"有双脚的动物"。在他看来，人的两个本质特征为：一、人有双脚；二、人是动物。若不具备这两个本质特征，则不能被称为"人"。反之，若具备这两个本质特征，则可称为"人"。由此可见，传统范畴理论的基本假设为：范畴是由某些充分和必要的特征决定的。

经典范畴观便是在此基础上形成的，其主要内容包括：① 范畴是由范畴成员共有的一组充分必要条件界定的；② 范畴特征具有二元性，成员只有属于或不属于某一范畴；③ 范畴边界清晰，无模糊边界；

④ 同一范畴内，所有成员地位相等。(Taylor，1995)

　　经典范畴理论是基于先验猜测的哲学观，坚持范畴的本质是绝对的、离散的。经典范畴理论的提出，对语言的分析和研究具有强有力的指导作用。此外，经典范畴观还深深影响着翻译研究。中西传统译论中存在着诸多二元对立的观点，如直译与意译、形似与神似、归化与异化等，这些都是深受经典范畴观影响的结果。这种非此即彼的二元对立思维模式往往会导致翻译研究者在分析同一问题时各执一词，争论不休，也一定程度上导致了翻译研究的不确定性和复杂性。

6.2.2　原型范畴理论

　　经典范畴理论首先受到实用主义哲学家维特根斯坦的挑战。在其《哲学研究》中，维特根斯坦以德语的 Spiel（"游戏"一词）为例，发现范畴成员间很难找到一组全员共有的特征。相反，成员间通过互相重叠交叉的相似关系组合在一起。基于此，他提出了"家族相似性"这一概念，认为无法用一组充分必要条件来描述范畴内的所有成员，范畴的中心与边缘具有差异性且范畴的边界是模糊的。

　　维特根斯坦的"家族相似性"是对西方哲学主流观点"所有语言现象都有着共同的本质"这种传统本质主义的批判（吴世雄、陈维振，2004：36）。"家族相似性"的提出深化了我们对于范畴本质的认识，自 20 世纪 60 年代以来，人类学、心理学和认知语言学陆续对经典范畴观提出了大量的反证。

　　Berlin & Kay（1969）通过对 98 种语言里的颜色词进行研究后发现：人们对颜色词范畴化过程中，通常把具体颜色中的某个点作为参照，这个点被称为"焦点色"。同时尽管各个颜色词的边界通常不确定，但是每个颜色都具有"焦点色"，不同语言中，相应颜色对应的焦点色具有惊人一致性。Labov（1973）通过对家用器皿的研究发现，在不同语境下，人们对同一事物的范畴划分具有差异，这表明，范畴的边界具有动态性和模糊性。Rosch（1975）后来通过大量实验表明，一个范畴中，存在原型，其为最典型的、最具有代表性的成员，拥有最多的范畴特征，范畴化过程以原型为认知参照点。范畴成员具有家族相似性，由于相似性程度差异，故范畴成员地位不平等。原型范畴理论便在这个基础上形成。

其具体内容包括：① 范畴成员不需要满足一系列充要条件，而是以原型为认知参照点，根据与原型的家族相似性，来判断是否属于范畴成员；② 同一范畴成员地位不平等，根据家族相似性，有中心与边缘之分；③ 范畴边界具有模糊性。

原型理论的提出解决了经典理论的主要缺陷，对范畴化的研究起到了重要的推动作用，同时也为翻译研究开启了新的视窗，对重新审视翻译的范畴属性大有裨益。

6.2.3　范畴的分类及属性特征

范畴是范畴化的产物。Taylor（1995）认为，范畴可大致分为两类：语言范畴和非语言范畴。语言范畴是指自然语言中的范畴，如名词、动词、形容词、介词；词汇、短语、句子、语篇；主语、谓语、宾语、定语、状语、补语；各种各样的构式等。非语言范畴是指外部世界中的实体或事件，如动物、植物、家具、文化等。因此，在翻译过程中，要实现源语和目标语的信息对等，不仅需要考虑语言范畴，还应该将非语言范畴囊括在内。无论是语言范畴，还是非语言范畴，两者都具有原型性、层级性、动态性等属性特征。原型是范畴的基础，是范畴所具有的典型属性。同一范畴成员之间的地位并不相同，典型成员具有特殊地位，被视为该范畴的正式成员，非典型成员则依据家族相似性确定其所属地位。例如，在"鸟"范畴内，麻雀、知更鸟、燕子等无疑属于典型成员，而蝙蝠、鸵鸟、企鹅等则被视为非典型成员。层级性是范畴的另一重要属性。通常认为，范畴具有三个层级：上位层次范畴（如家具）、基本层次范畴（如桌子、椅子）和下位层次范畴（如高脚凳）。基本层次范畴让我们在认识世界的过程中付出最少的认知努力，获取最大的信息量。所谓动态性，是指范畴本身是动态变化的，突出表现为范畴边界的开放性以及范畴内部成员的可变性。范畴边界是模糊的、开放的，因此它有极大的灵活性，能不断吸纳新的范畴成员，适应新的信息和资料，进而不断得到修正和扩大。总之，原型性、层级性以及动态性不仅是范畴的属性，也给翻译研究带来了重要启示，尤其突出地表现为翻译的原型属性。

6.3　近十年范畴化理论视角的翻译研究

为了更加全面和准确地了解近十年国内翻译的范畴化研究的脉络、热点和发展趋势，本节以中国知网为数据库，对近十年范畴化理论视角的翻译研究就年度发文量及趋势、主题分布、关键词分布三个维度进行文献统计，以厘清范畴化理论视角的翻译研究概貌，统计结果如下。

6.3.1　发文数量、趋势和类型

以"翻译范畴"作为检索主题，采用精确匹配方式对 2010 年 1 月 1 日至 2019 年 12 月 31 日期间的研究成果进行统计，共获得中文文献 111 篇，年度趋势如图 6.1 所示。

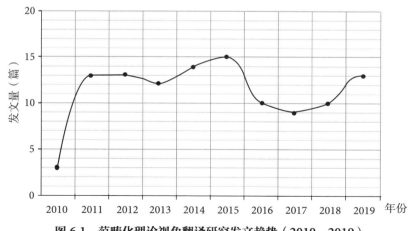

图 6.1　范畴化理论视角翻译研究发文趋势（2010—2019）

从图 6.1 可以看出，翻译的范畴化研究得到了持续的关注。2010 年论文发表数量为 3 篇，2011 年论文发表数量迅速增加至 13 篇，并在 2015 年达到近十年论文发表数量的峰值。在 2011—2019 年期间，除 2017 年为 9 篇以外，其余每年都在 10—15 篇之间，说明翻译的范畴化研究整体发展较为平稳，并无较大的上升和下降情况。

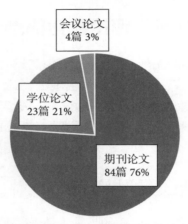

图 6.2　范畴化理论视角翻译研究论文类型（2010—2019）

从图 6.2 可以看出，在 2010—2019 年间，范畴化理论视角的翻译研究论文类型主要为期刊论文，总数 84 篇（占 76%）；其次是学位论文 23 篇（占 21%）。学位论文占比达到 21%，说明范畴化理论具有较好的可应用性，在年轻学者中具有较高的认可度，具有一定的理论生命力和可持续性。

6.3.2　主题分布

研究主题是反映学术研究成果和发展趋势的另一个重要指标。从过去十年间范畴化理论视角翻译研究论文主题分析来看，除了理论名称等关键词以外，其他主题分布较广。

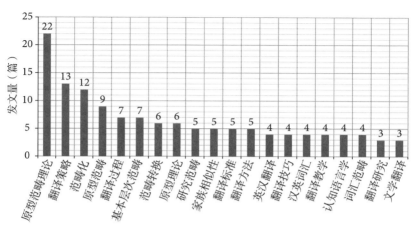

图 6.3　范畴化理论视角翻译研究主题分布（2010—2019）

图 6.3 的主题分布图表明，除了"原型范畴理论""范畴化""原型范畴""基本层次范畴""家族相似性"等作为该理论标记性的关键词之外，其他作为研究焦点出现频率较高的关键词主要有"翻译策略""翻译过程""翻译教学""文学翻译"等。主题分布图反映出最近十年范畴化理论视角的翻译研究呈现两个特点：第一，原型范畴理论成为翻译理论建构的重要理论来源；第二，范畴化理论被应用于较为广泛的研究话题，包括翻译策略、翻译教学、文学翻译、文化词语的翻译等。

6.3.3　关键词分布

关键词通常是词或词组，是对文章核心内容的高度概括。通过对关键词的统计分析，可以展现出一定期间内这一领域的研究热点。

通过对关键词的统计表明，过去十年间翻译范畴化研究主要热点话题包括：① 原型范畴理论应用于翻译研究；② 翻译标准的研究；③ 翻译策略的研究。

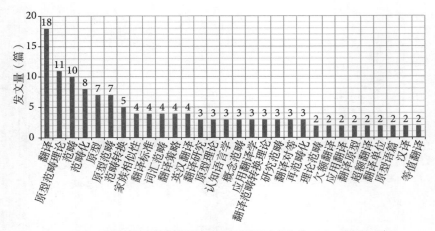

图 6.4 范畴化理论视角翻译研究关键词分布（2010—2019）

6.4 翻译的范畴属性

对研究对象的认识是一切研究的起点和基础。从本质上讲，翻译具有原型属性。在原型范畴理论下，翻译不再是一种二元对立的语际转换活动，而是一项以范畴转换为基础的认知活动。即是说，翻译是一个由源语范畴到目标语范畴的动态转换过程。

6.4.1 翻译范畴的原型属性

翻译范畴的原型属性主要体现在以下几个方面：

首先，翻译研究虽有诸多属性和话题，但是没有哪一项是必须要用充分和必要条件界定的。无论是语言学派的"语言转换"，交际学派的"交际行为"，还是符号学派的"符号阐释"，抑或是阐释学派的"翻译即理解"，所有这些都是在强调翻译属性的某一方面，没有哪一项对翻译而言既是充分的，又是必要的。

其次，翻译具有多重定义与标准，但没有人会认为完全传达出了原文各个层面意义的那种"理想式"翻译会不是翻译（谭载喜，2011：15）。换言之，充分传递原文各个层面的意义，对原文文本没有进行任何增减或篡改的翻译，虽在现实中难以找到，但其通常被译者和读者作为认知参照，用来定义或评价翻译，具有原型属性。

再者，翻译范畴具有模糊的边界。可译与不可译、翻译文本类型、翻译标准、翻译策略等的界限并非泾渭分明，其边界可以不断修正和扩大。

最后，翻译范畴的诸多属性或者话题地位并不相等。有些属性和话题，如翻译本质、翻译标准、翻译过程等居于中心地位，是翻译范畴的典型成员；而其他研究话题，如翻译能力、可译、不可译、改写等居于边缘地位，它们共同构成了翻译范畴的所有成员。

虽然翻译范畴的边界模糊，成员地位不等，但并不意味着翻译范畴就处于一个杂乱无序的状态。"翻译是一个具有原型的概念范畴"（谭载喜，2011：14），翻译原型是翻译范畴的核心和基础。翻译的诸多属性和话题都是依据翻译的原型特征界定的。翻译范畴以原型为基础，既可以保持其独立性和稳定性，又具有足够的包容性和可扩展性，避免对翻译定下绝对的、固定的界限，以便将各种各样的翻译形式纳入翻译范畴，为译学提供更广阔的发展空间。

6.4.2　源语与目标语的范畴关系

范畴不是固定不变的，范畴的原型、内部结构以及边界都可能因认知模型和文化模型的不同而发生改变（文旭，2014）。因此，在翻译中源语范畴和目标语范畴可能会存在完全对等、部分对等，甚至是空缺等的情况。我们认为，源语范畴和目标语范畴存在三种范畴关系：范畴对等、范畴错位和范畴空缺。

范畴对等是指在源语中存在的范畴在目标语范畴中也对应存在的情况。范畴错位主要是指源语范畴成员与目标语范畴成员不对应，存在成员错位的情况。比如，在汉语言文化模型下，形容一个人很强壮，一般用"壮如牛"，但英语中却用的是 as strong as a horse。范畴空缺是指在源语中存在的范畴，可能在目标语范畴中空缺，存在范畴零对应的情况。比如，"辣条""螺蛳粉"等用来表示中国特有食品的词语，在英语中就很难找到对应的词语。无论是范畴对等、范畴错位，还是范畴空缺，在翻译时都会涉及范畴转换，其区别在于范畴转换模式的不同。这些模式包括范畴替换、范畴整合、再范畴化以及跨范畴化等（见表 6.1）。

表 6.1   源语与目标语的范畴转换模式

范畴空缺	SLC ∩ TLC=Φ =0	范畴整合、再范畴化
范畴错位	SLC>TLC/SLC<TLC	再范畴化、跨范畴化
范畴对等	SLC ∩ TLC=1	范畴替换

需要指出的是，相对于范畴空缺和范畴错位，范畴对等的情况在英汉互译中较为常见。因此，译者付出的认知努力较少，而范畴空缺和范畴错位则需要付出较多的认知努力。

6.5   翻译的范畴转换模式

翻译是一项以范畴转换为基础的认知活动。由源语范畴到目标语范畴的转换模式主要由语言范畴转换模式和非语言范畴转换模式组成。

6.5.1   语言范畴转换模式

语言范畴转模式主要是指自然语言中的范畴转换，具体包括以下几种形式：词类范畴转换（名词与动词、动词与形容词、名词与形容词等）、时体态范畴转换（现在式、过去式、将来式、进行体、完成体等）、句法范畴转换（句式、句法结构、各种构式等）、语义范畴转换（施事、受事、接受者、经验者等）、语用范畴转换（言语行为、指示语、预设等）以及文体范畴转换（正式文体、非正式文体）等。

1. 词类范畴转换

词类范畴转换的种类很多，其形式也灵活多变，比如名词、形容词、副词、介词等都可以转换为动词，动词、形容词、副词等也可以转换为名词，动词、名词、副词等又可以转换为形容词，等等。例如：

（1）原文：Give me **liberty** or give me **death**.

译文：不**自由**，毋宁**死**。

（2）原文：子曰："三人**行**，必有我师焉。"

译文：The Master says, "In the **company** of any three people, there must be a teacher for me."

（3）原文：Listen, since we're **on** the subject...

译文：既然我们**谈到**了这个话题……

（4）原文：Most people in Western countries are **religious**.

译文：绝大多数西方人都是**虔诚的教徒**。

以上例句中，例（1）中的黑体词是由名词范畴转换为动词范畴，例（2）是由动词范畴转换为名词范畴，例（3）是由介词范畴转换为动词范畴，例（4）则属于形容词范畴转换为名词范畴。在词类范畴转换时，翻译转换的关键在于寻找源语词类范畴中与目标语词类范畴对应的词类原型。如例（1）中名词 liberty 在目标语中对应动词"自由"，介词 on 在例（3）语境下对应动词"谈到"，例（4）中形容词 religious 在目标语中对应名词"教徒"等。

2. 时体态范畴转换

时体态范畴转换是指源语范畴中的时体态范畴转换为目标语中对应的时体态范畴的过程，主要包括现在式、过去式、将来式、进行体、完成体、主动语态、被动语态等。例如：

（5）原文：She **used to be** / **was** a driver.

译文：她**曾经** / **过去**是个司机。

（6）原文：The weather **is getting** better now.

译文：天气**逐渐**转好。

（7）原文：**He was received by** a tall, lithe, vibrant woman in her 70's, white-haired, and still beautiful.

译文：**接见他的是**一位高挑轻盈、满头银发的女人。虽然年逾古稀，却依然神采奕奕、风韵犹存。

（8）原文：人民**创造了**历史。

译文：History **is made** by people.

例（5）属于时态范畴转换。例句中 used to be / was 是表示过去的时间范畴，在翻译时需要选择目标语范畴中表示事情已经发生的词语来与之对应。英语的时态通常由动词的形式变化来体现，而汉语则是借助"着""了""过""以后""将来"等表示时间的特定词语来体现。例（6）是体范畴转换，翻译时，英语中的进行体需用汉语中对应的表示进行的词语重新表达。例（7）和例（8）属于语态范畴转换，是指源语与目标语中主动语态、中动语态和被动语态之间的转换。例（7）由被动语态转换为主动语态，例（8）则相反。

3. 句法范畴转换

句法范畴转换是指源语范畴中的句法范畴转换为目标语范畴中不同句法范畴的过程，主要包括句式转换、句法结构转换、构式转换等，如复合句转换为简单句，被动结构转换为主动结构，肯定构式转换为否定构式，SVO 构式转换为 SV 构式等。以构式转换为例：

（9）原文：War is war.

译文：战争是残酷的。

（10）原文：Boys will be boys.

译文：男孩子总是调皮的。

（11）原文：床前明月光，**疑是地上霜**。

举头望明月，低头思故乡。（《静夜思》李白）

译文：Before my bed a pool of light.

Can it be hoarfrost on the ground?

Looking up, I find the moon bright;

Bowing, in homesickness I'm drowned. （许渊冲译）

构式是形式—意义的配对体（Goldberg，2013：28）。上述例句中，例（9）和例（10）是典型的同语反复构式，译文则属于 SVC 构式。在翻译时，构式的形式由 AP+V+AP 转换为 SVC，其意义也发生了转喻扩展。例（11）中，"疑是地上霜"本来是陈述构式，译文则变成了疑问构式，这种转换方式有助于实现译文情感上的升华。总之，构式转换不仅仅涉及结构或形式的转换，还包括了意义的转换。

4. 语义范畴转换

语义范畴转换是指源语语义角色和目标语语义角色之间的转换，主要包括施事、受事、接受者、经验者、受益者、工具、处所以及时间等。例如：

（12）原文：她用**刀**切面包。

　　　译文 1：She sliced the bread with a **knife**.

　　　译文 2：She used a **knife** to slice the bread.

在上述例句中，原文的施事是"她"，受事是"面包"，工具是"刀"。译文 1 与上述语义角色匹配，但在译文 2 中 knife 变成了受事，bread 则成了接受者，源语语义角色和目标语语义角色发生了转换。

5. 语用范畴转换

语用范畴转换发生在话语范畴层面，主要是指语用因素对源语范畴到目标语范畴转换的影响。其内容涵盖范围较广，主要包括特殊语境下的源语范畴转换、预设范畴转换、指示语范畴转换以及话语标记范畴转换等。例如：

（13）原文：I prefer **white coffee** to **black coffee**.

　　　译文：比起**不加奶的咖啡**，我更喜欢**加奶的咖啡**。

（14）原文：**Let's** go shopping.

　　　译文：**我们**去购物吧。

（15）原文：If there is any difficulty, please **let us** know promptly.

　　　译文：如有困难，请迅速通知**我们**。

（16）原文：家长们都有点**望子成龙，望女成凤**。

译文：All parents **wish their children success**.

例（13）中的 coffee 在汉语中属于外来词，因此在此语境下 white coffee 和 black coffee 不能翻译成"白咖啡"和"黑咖啡"，而被转换为"加奶的咖啡"和"不加奶的咖啡"。例（14）和例（15）涉及人称指示语范畴的转换，英语中的 let's 通常包括听话人（如例14），let us 则可能将听话人排除在外（如例15）。因此在翻译时，不能将其简单的翻译为"我们"或者"咱们"，需要视具体语境而定。例（16）中，"龙"和"凤"在中国传统文化中都是积极的意象，但在西方人看来"龙"是凶残可怕的。中西方对这两个概念的预设不同，因此不宜将其直接翻译为英语中的对应范畴。

6. 文体范畴转换

文体范畴转换是指源语中文体的风格转换为目标语中文体风格的过程。Joos（1967）认为，语言的文体风格主要有以下五种形式：庄严体（frozen）、正式体（formal）、商议体（consultative）、随意体（casual）、亲密体（intimate）。译者在解构、理解源语范畴和建构目标语范畴时都需要考虑翻译对象的文体风格。刘宓庆（2012：194）认为，风格是可译的，文体风格转换的关键在于与源语译本风格的适应性。例如：

（17）原文：你可以**开始**看书了。

译文1：You may **begin** reading.

译文2：You may **commence** reading.

在例（17）中"开始"既可以翻译为 begin，又可以翻译为 commence。译文1中的 begin 一般用于口语中，属于非正式用法，而译文2的 commence 一般用于书面体，属于正式用法。在文体范畴转换时，需要视源语文体的类型及源语的使用语境而定。

总之，语言范畴转换主要涉及自然语言中的范畴，在翻译时需要参照源语和目标语的原型范畴以及理想化认知模型（ICM），寻找最佳翻译样例和最接近源语原型的译本。当然，要实现源语和目标语的信息对等，不仅需要语言层面（词汇、句法、语义、语用、文体等）的范畴转换，还可能涉及社会、文化等非语言层面的范畴转换。

6.5.2　非语言范畴转换模式

非语言范畴转换主要是指源语中的实体范畴或事件范畴与目标语中的实体范畴或事件范畴之间的转换。非语言范畴转换模式主要有以下三种：对等范畴转换模式、错位范畴转换模式、空缺范畴转换模式。

1. 对等范畴转换

对等范畴转换主要针对在源语中存在的范畴在目标语范畴中也对应存在的情况（见图 6.5）。范畴对应主要表现在两个方面：一是语义上所指同一；二是句法上功能基本相同（刘宓庆，2012）。翻译时只需要对其进行范畴替换，即用目标语言中的范畴来替换源语言中的范畴（见图 6.6），即是说，上位层次范畴替换上位层次范畴，基本层次范畴替换基本层次范畴，下位层次范畴替换下位层次范畴。

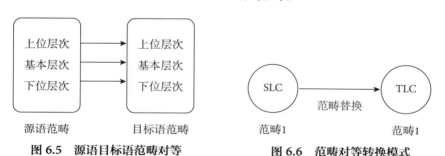

图 6.5　源语目标语范畴对等　　　　图 6.6　范畴对等转换模式

例如：

（18）原文：**火**上浇**油**。

译文：Pour **oil** on the **flame**.

（19）原文：She is holding a **laurel crown** in her left hand and a **palm leaf fan** in her right hand.

译文：她左手持**月桂花冠**，右手拿**芭蕉扇**。

（20）原文：巧妇难为无**米**之炊。

译文：Even the smartest housewife cannot cook without **rice**.

例（18）中，"火"和 flame 对应，"油"和 oil 对应，例（19）laurel crown 和"月桂花冠"对应，palm leaf fan 和"芭蕉扇"对应，例（20）中"米"和 rice 对应，因此翻译时只需要将源语范畴与目标语范畴中对应的部分替换即可。但是，需要指出的是，这里的"火""油"以及"米"在源语范畴中本身就属于基本层次范畴，因此翻译时替换的也是目标语中的基本层次范畴，即是说，译文中的 oil 不具体指汽油或者柴油，rice 也不是白米、黑米等下位层次范畴。此外，例（19）中的 laurel crown 和 palm leaf fan 本身就属于下位层次范畴，因此翻译时就需要将其转换为目标语范畴中对应的下位层次范畴。

2. 错位范畴转换

错位范畴转换是指源语范畴的成员与目标语范畴的成员不对应，存在成员错位的情况（见图 6.7）。在翻译时需要对目标语范畴进行范畴整合，使之与源语范畴对应（见图 6.8）。

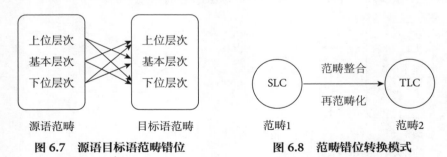

图 6.7　源语目标语范畴错位　　　　图 6.8　范畴错位转换模式

错位范畴转换的模式主要有两种。首先是原型范畴整合。由于认知模型和文化模型的差异，中西方同一范畴的原型范畴可能会存在差异（沈家煊，2017）。因此，原型范畴整合就是要求翻译时在目标语范畴中寻求与源语原型范畴一致或对应的最佳样例，即目标语范畴原型。例如：

（21）原文：巧妇难为无**米**之炊。

译文：One can't make bread without **flour**.

（22）原文：They often talk **horse** when they are free.

译文：他们有空时常常在一起吹**牛**。

（23）原文：强壮如**牛**。

译文：as strong as a **horse**.

（24）原文：空中**楼阁**。

译文：**Castles** in the air.

例（21）中的"米"更符合中国人的饮食习惯，是中国人的主食，即饮食原型，而西方人更青睐面包，面包的主要成分是 flour。因此，这里将"米"翻译为 flour 正是源语原型范畴与目标语原型范畴的转换。例（22）中，horse 转换为"牛"，因为 horse 在英美国家是财富的象征，也是人们经常谈论和炫耀的对象；而在中国，尤其是农耕时代，"牛"在中国人心目中具有至高无上的地位，是中国人炫耀的典型。因此，将 horse 转换为"牛"正是源语炫耀典型与目标语炫耀典型的转换。同样，在中国文化中"牛"是强壮的典型，horse 是英美文化中强壮的典型，因此在例（23）中将"牛"转换为 horse。例（24）中，"楼阁"是中国传统建筑的典型，castle 是西方建筑的典型，因此将"楼阁"转换为 castles。

错位范畴转换的另一模式涉及不同层次的范畴整合，旨在寻求源语与目标语不同层级范畴之间的对应。换言之，源语范畴的上位层次范畴可能转换为目标语的下位层次范畴或者基本层次范畴，下位层次范畴可能转换为目标语范畴中的上位范畴或者基本层次范畴。这一过程也是对目标语范畴进行再范畴化的过程。例如：

（25）原文：扫**黑**除恶。

译文：**Crime** crackdown.

（26）原文：**鹅黄**笺上写着"木樨清露"。（《红楼梦》曹雪芹）

译文：They had **yellow** labels and with "Essence of Cassia Flower" on it.（Hawkes 译）

（27）原文：王夫人正坐在**凉榻**上摇着芭蕉扇子。（《红楼梦》曹雪芹）

译文 1：She found her fanning herself with a palm leaf fan on the **couch**.（杨宪益、戴乃迭译）

译文 2：She found Lady Wang sitting on a **cane summer bed** fanning herself with a palm leaf.（Hawkes 译）

例（25）中将"黑"和"恶"转换为 crime 是将源语的下位层次范畴转换为目标语的基本层次范畴，因为"黑"和"恶"只是 crime 范畴中的两个。例（26）"鹅黄"被转换为 yellow，也属于下位层次范畴转换为基本层次范畴的例子，因为在黄色这个基本层次范畴中包含了很多下位层次范畴，鹅黄只是其中之一。例（27）的"凉榻"与"床"或者"沙发"在功能上相似。但是，"凉榻"是"家具"范畴的下位范畴，"床"或者"沙发"属于其基本层次范畴。译文 1 将"凉榻"转换为 couch 属于下位层次范畴转换为基本层次范畴，译文 2 将"凉榻"转换为 cane summer bed 则属于源语和目标语下位层次范畴之间的转换。

3. 空缺范畴转换

范畴空缺是指源语言文化中的概念范畴在目标语言文化里空缺，存在范畴零对应的情况（见图 6.9）。范畴空缺的情况主要有以下两种：首先，在同一范畴中，目标语中不存在与源语范畴对应的范畴；其次，在跨范畴内，目标语中不存在与源语范畴对应的范畴。因此，在翻译时需要对目标语范畴重新进行范畴化（再范畴化），甚至跨范畴化。这一过程需要参照源语和目标语的文化范畴和社会范畴（见图 6.10）。

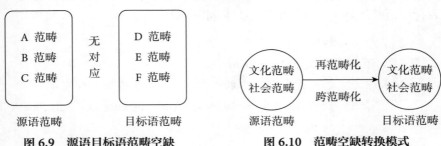

图 6.9 源语目标语范畴空缺　　　　图 6.10 范畴空缺转换模式

例如：

（28）原文：为头一人，头戴武巾，身穿团花战袍，白净面皮，三绺髭须，真有**龙凤**之表。（《儒林外史》吴敬梓）

译文：The leader of the band wore a military cap and flowered silk costume. He had a clear complexion, his beard was fine, and he looked every inch a **king**.

（29）原文：The maxim was that when a married couple **saw red** the lawyer **saw green**.

译文：俗话说，夫妻吵得**脸红耳赤**之时，正是律师**财源广进**之日。

（30）原文：他喝他的**花酒**，我喝我的清茶。认识需要的一种境界：自我安定。

译文：Let others make merry with their **luxurious life**; I am content to drink my plain tea. In life we need to keep a tranquil mood.

例（28）的源语范畴"龙凤"在英文中也存在空缺，但是"龙凤"在汉语言文化中可以喻指"高贵之人"，因此在译文中将"龙凤"转换为另一范畴 king，显然两者属于不同范畴之间的转换，我们将这一过程称为跨范畴化。跨范畴化还发生在例（29）和例（30）中，美钞一般是绿色的，指代钱财，因此在译文中转换为"财源广进"；"花酒"喻指奢侈的生活，因此被转换为 luxurious life。这三个例子都需要考虑文化、社会因素对翻译的制约，这时的翻译已不再是单纯的语言范畴转换，更多的是一种文化范畴转换为另一文化范畴（Snell-Hornby，1988）。

6.6 小结

本章基于认知语言学的范畴化理论，构建了翻译的范畴转换模式，探讨了翻译的范畴转换过程。从本质上讲，翻译具有原型范畴属性，是一项以范畴转换为基础的认知活动，即是说，翻译是一个由源语范畴到目标语范畴的动态转换过程，该过程以原型范畴和理想化认知模型为参照。同时，源语范畴和目标语范畴存在范畴对等、范畴错位和范畴空缺三种范畴关系。在翻译实践中，源语范畴和目标语范畴经历了范畴替换、范畴整合、再范畴化和跨范畴化等认知操作过程。此外，实现源语和目标语的信息对等，不仅需要语言层面（词汇、句法、语义、语用、文体等）的范畴转换，还可能涉及社会、文化等非语言层面的范畴转换。

翻译是一项以范畴转换为基础的认知活动。范畴化理论指导下的翻译研究有助于我们打破传统翻译研究的藩篱，深化对翻译本体的认识，拓宽翻译的研究视野，更好的指导翻译实践，同时，也丰富和完善了认知翻译学理论，进一步拓展和深化认知语言学的应用研究。未来可加强对范畴转换的认知过程和认知机制的实证研究，探索范畴转换的认知规律。随着认知科学、认知心理学和范畴化理论的进一步发展，以范畴化理论为视角的认知翻译将在理论建构和应用研究方面取得更加丰硕的成果。

第 7 章
意象图式理论视角的翻译研究

7.1 引言

  学界很早就提出了认知翻译学的概念，但因关注点不同而冠名各异，例如 Halverson（2010）称之为 Cognitive Translation Studies（认知翻译学），Muñoz（2010）称之为 Cognitive Translatology（认知翻译论）。尽管认知翻译学尚未出现完整的理论体系，但基于认知科学、语言学、心理学、计算机科学等多个学科发展起来的认知翻译学较传统翻译学有了跨越式的进步。传统的翻译学将翻译看作是"语码的转换"。英国语言学家 Catford（1965）用"翻译转换"（translation shift）描述从源语到目标语转换过程中形式对等发生的偏离（departures from formal correspondence in the process of going from SL to TL）。Nida & Charles（1969）将源语表层结构到目标语表层结构的转换过程细化描写为：源语→分析→转换→重构→目标语。其中，分析是指对源语语言的理解，包括对源语句法、词汇、语义、语用等的分析；转换是指在功能对等的前提下两种语言之间的对应，包括字面转换（literal transfer）、最小转换（minimal transfer）和文学风格转换（literary transfer）等；重构是指把转换后的目标语按照译入语的习惯进行重新架构，以符合译入语读者的表达习惯。Newmark（1981）提出的语义翻译（semantic translation）则是要在目标语语义和句法结构允许的范围内尽可能精确地再现原文的语境意义。Venuti（1995）则把翻译看作是用目标语能指链代替原文能指链的过程，强调意义的不确定性。上述几位学者的论述虽侧重点不同，但关注的都是两种语言在形式上的转换，这种将翻译视作语码转换的观念虽然比较直观，也容易被人理解和接受，但翻译过程应该有更深层次的考量，单凭对等的语码转换在翻译实践中并不可行，至少在某种程度上遮蔽了译者的主体性和翻译过程中思维的复杂性。

此外，学界对译者的研究多集中于对译者生平、译者身份、社会环境等外界因素的分析，而对译者在翻译过程中的思维活动鲜少关注。近年来兴起的翻译手稿研究虽能在一定程度上回溯译者的决策过程，但主要关注翻译名家的翻译策略和翻译风格，对翻译过程作为一种独特的思维活动（不同于创作活动）仍缺乏解释力。语言学的"认知转向"为翻译研究提供了新的出口，为探究翻译过程中人脑的思维规律提供了适切的理论术语和系统的分析方法。

认知语言学所倡导的"体认观"认为语言是人们在对现实世界进行互动体验和认知加工的基础上形成的，反映了大脑的思维，王寅（2012）将其总结为"现实—认知—语言"模式。因此译者在进行翻译时并非是镜像输出，由此也说明翻译并非是对等的语言符号的转换。在翻译史上，反对将翻译看作对等的符号转换的声音并不少。如 Pliny the Younger（小普林尼）受西塞罗的影响，认为翻译不是亦步亦趋地跟随原文，而是与原文公开的竞争，翻译的价值在于对两种语言表达的丰富和扩展（nudging value of translating in both directions）（Robinson，2014）；Tytler（1790）的翻译三原则也明确提出，在翻译过程中，转换的不是语言，而是原作的思想和风格；而 Humboldt、Benjamin 等认为翻译的对象是源语所包含的精神实质（spirit），译文不是原文的复制品，而是有独立语言形态和生命力的"后世"（afterlife）（Biguenet & Schulte，2012；Venuti，2012）。这些观点虽跳出了语言符号的圈圈，但"价值""精神实质"这样的解释过于抽象，很难对翻译实践起到实质性的指导作用，缺乏操作性和可行性。但可以确定的一点是，译者的主观创造性在其组织语言对原文进行翻译的过程中起到重要作用。因此，对翻译过程中译者的认知机制的研究既是大势所趋，也是使翻译走向科学研究的必经之路。那么，翻译的本质到底是什么呢？在翻译过程中，应分析的对象又是什么呢？本章基于认知语言学的意象图式概念，对图式化理论进行了梳理和探讨，并试图阐明以下观点：① 翻译过程中分析的关键要素是意象图式；② 不同的意象图式决定了翻译策略和翻译方法的选择；③ 翻译的质量取决于翻译过程中译者对意象图式的准确识解和表征。

7.2　意象图式的定义

体验哲学作为认知语言学的哲学基础，认为人类对事物的认知源自其与周边世界的互动体验，而语言则以符号的形式编码和外化这种认知。因此语言是象征的，是人们对所体验过的事体的一种概念化方式（Taylor，2002）。尽管在句法形式上表现为一个音义结合体，但语言在本质上是一个象征单位（Goldberg，1995；Langacker，1987，1991）。无论是直接的还是间接的经验，人们都可以依据自身对事物规律的识解能力，忽略言语差异，寻找其共性，通过不断抽象的过程，形成相对稳定的认知范式，此即所谓的意象图式（Clausner & Croft，1999；Johnson，1987；Lakoff，1987；Lakoff & Turner，1989）。

意象图式是一个框架结构，其相关具体概念的形成要参照一定的语境，并由语境中具体的事体特征对意象图式的框架进行具体化（instantiated）（Hilary，1981）。Jörn（2017）认为意象图式是人们在特定环境中因动作和知觉的重复而形成的神经范式（An image schema is a neural pattern formed from repeated patterns of action and perception in the environment），所以源自真实事体（state of affairs）的意象图式并不是真实的图像，而是通过隐喻对某种特殊经历不断概念化（Croft & Cruse，2004）的结果。这意味着高频出现的结构在人的意识中日益牢固，形成意象图式，且有关某种事体的意象图式一旦形成，将在短时期内具有主观能动性和不可复原性（non-reductive）（Langacker，1987），人们可通过隐喻、转喻或理想认知模型的方式建构和识解语言。Georgios（2018）认为意象图式没有清晰的边界，而是呈现出现象完形（phenomenological whole）和连续统（continuum）特征。在认知过程初期，这种连续统表现为具体的情景，情景通过刺激人的感觉器官，可在大脑中映射出其个别属性，即人们产生的感觉，多种感觉的综合作用使得人们对该具体情景产生知觉，这种知觉经反复作用后，在人们的大脑中形成一种心智图形（mental picture），它经进一步抽象后形成意象，然后经多次抽象后形成意象图式，最后，意象图式经高度抽象后形成一般的事件图式。因此，从事体形态到事件结构的过程其实是认知的渐次图式化（schematicity）过程（王寅，2006），其中涉及事体、图形、意象和概念结构等阶段性特征。匈牙利罗兰大学的终身教授Kövecses（2020）称之为图式化层次（levels of schematicity），分别包括心智空间（mental space）、框架（frame）、认知域（domain）和意象图式（image schema）等概念。为叙述方便，本章沿袭Langacker（1987）的称谓，无论图式化处于何种层次，均以意象图式而冠之。

意象图式是一个完形的、无限扩展的网络系统。其中，一些图式是另一些更抽象图式的具体化。在具体的认知语境中，通常只有该网络中的部分被激活，Langacker把被激活的部分称为激活域（active zone），它构成了语言识解的基座（baseline）或曰认知域（cognitive domain），根据不同的表达目的，该区域内的相关局部得到凸显，Langacker称之为侧显（profile）。在识解语言表征的过程中，被侧显的部分起到关键性作用。此外，认知图式只区分事物（thing）和关系（relation），而不对具体词类（如名词、动词、形容词等）概念进行区分，这是因为词类是意象图式在一定语境中不同侧显的结果。因此图式可以据此分为事物图式（thing schema）和事件图式（event schema）两种。其中，事物图式是指一个事物及其属性，例如英语paper表征的是一种事物，它在整个认知网络中占据了一定的区域，在该区域中，原料、色彩、形状、用途等与之相关，用语言表征为名词或名词性短语；事件图式是指一个情景类型（situation type），包括运动的种类及参与角色等，用语言表征为能体现不同配价（valency）的句型（Radden & Dirven，2007）。例如在与paper相关的事件过程中，可以有以下元素：人们制造纸（people make paper）、纸用来糊墙（people paper the wall），两者之间的关系可用如下简单图式进行概括：

$$people \rightarrow paper \rightarrow wall$$

在该图式中，people是相关动作的执行者，paper是糊墙事件的媒介，wall是相关动作的承受者，箭头用以表示相关的事件过程。在people → paper这一事件中，若忽略执行者people而只侧显事件的动作和结果（即箭头和 paper），该过程可用语言表征为：paper was made，或 making paper 或 paper being made 等。其中，第一个过程（paper was made）是表示时间关系的事件过程，而后两者（making paper 和 paper being made）是非时间关系的事件过程。同理，在 paper → wall 这一个事件中，若忽略动作的执行者，只侧显结果和动作，则可用语言表征为：表时间关系的动作过程 the wall was papered，或表非时间关系的动作过程 the wall being papered 和 papering the wall 等。此外，也可将上述两个简单事件过程融合（fuse）或压缩（compress）成一个较为复杂的宏事件过程，即 people paper the wall（Talmy，2000a，2000b）。

7.3　翻译中的意象图式

7.3.1　翻译的意象图式研究及存在的问题

意象图式是对人类经验的高度抽象，不同语言使用者享有相似的人类经验，却在语言上有截然不同的表现形式。意象图式理论能够为翻译研究提供一个新的视角，从而探讨源语中不同类型的意象如何跨越语言和文化的差异在目标语中得到最大程度的传递和再现。学界目前对这一研究领域尚处在探索阶段，主要关注在古典诗歌和戏剧，以古典诗歌意象翻译的讨论最为集中，如黄红霞（2020）对宋词，苏娜欣（2016）对唐诗，谢娇（2016）对杜甫，李琳（2017）对余光中《不可儿戏》中戏剧意象在翻译中的转换，等等。这些研究应用图式理论对文学意象的跨文化传递进行了个案的分析，不足之处在于只有个别释例，缺乏系统研究，对于不同语言和文化中的意向图式差异的处理没有提出系统的理论阐释。

杨俊峰（2011）、谭业升（2013b）在理论建构上做出重要探索，杨俊峰将意象图式用于文学作品的分析划归认知诗学的范畴，认为"意象图式对古典诗歌中的单个意象、复杂意象及意象组合的翻译都具有阐释力"，谭业升以《红楼梦》杨、霍译中"社会脸"的表达为例，考察意象图式、涉身体验与创造性翻译认知过程的关联。王寅阐述了认知语言学的翻译观，主张对翻译的观察应走出唯文本、唯作者、唯译者、唯读者的误区，而进入动态视角。翻译具有体验性、互动性和创造性，意象图式所具有的体验性、抽象性、动态性等特征为人们构建范畴、形成概念、分析隐喻等活动所必需，在思维和语言中发挥着重要作用（王寅，2017）。杨朝军（2019）从 Nida 对于翻译过程的论述出发，结合认知语言学中意象图式的定义和特性，重新诠释了翻译过程，列举了意象图式与翻译方法的共变关系，并提出认知翻译学的重点课题之一应当是对意象图式及其编码模式的研究。这些理论上的探索和具体文本的分析非常可贵，但研究范围仅局限于对在个别题材和具体文本的分析，尚未提出相应的、系统的翻译原则，实操性不强，源语与目标语在意向图式上的差异及翻译策略的关系仍需要进一步探讨。

7.3.2 翻译的意象图式模型

意象图式在语言编码的过程中，其运作机制是先有事体，而后确定事件关系，继而进行相应的语言编码；而在翻译过程中，应首先识解源语语言，找出其背后的认知因素，并通过该认知因素找出其象征的客观实在，继而找出目标语人群对相同客观现实的认知模式和编码方式，最后得出相应的语言表达式，这与意象图式的语言编码过程正好相反。借用 Nida 有关翻译过程的理念，并结合认知语言学中有关意象图式的概念，可将翻译过程重新诠释如下：

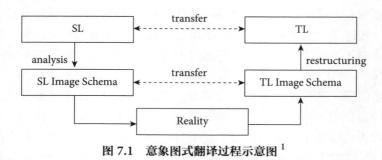

图 7.1 意象图式翻译过程示意图 [1]

---

1 图中的实线箭头表示翻译流程的顺序，transfer 标记下的虚线双向箭头表示潜在的对比和转换关系。

图 7.1 揭示了以意象图式为基础的翻译流程：① 分析源语的文体特征和范式特征，找出其潜在的意象图式；② 分析源语的意象图式特征，找出其侧显特点及意象性；③ 分析源语意象特征所揭示的经验现实；④ 基于相同的经验现实，构建目标语的意象图式；⑤ 对比源语的意象图式特征，兼顾翻译目的，确定目标语意象图式的侧显特点；⑥ 根据目标语意象图式的侧显特点，并考虑源语的文体特征，构建目标语的语言范式。

7.4　翻译的意象图式分析

图 7.1 显示，意象图式的基础源自经验语境中的某种现实，这也是语言可译性的基础。但图式是人们对事体反复概念化后形成的范式，所以会因文化、认知和心理等因素的不同而带有强烈的主观色彩，鉴于此，Langacker（1986）认为同一事件的意象图式会因其侧显、颗粒度（granularity）和角度等的不同而不同。所以即使在同一种语言内部，同一事体也可能会形成不同的意象图式，用不同的语言表达式进行表征。相应地，翻译时应采用不同的翻译方法。可分为以下几种情形进行讨论。

7.4.1　意象图式的差异

Chomsky（1963）提出语言共性论（linguistic universalism），认为语言机制（faculty of language）是人类所共有的规则。这种规则在语言产生之前就已经存在，能够决定语言的编码方式。一般来讲，即使是不同国度或不同地区的人，也通常会有相同或相似的认知习惯和认知方式，这使得人们在面对同样的事体时，会形成相同或相似的意象图式，并用相同或相似的语言进行表征。翻译此类语言表达时，一般采用直译的方法。

例如，在表示识别或属性这种认知图式时，英语和汉语都可以使用关系过程对其进行表征。因此在英汉互译时，基本可以采用词对词、结构对结构的翻译方法。

（1）原文：The Sahara is the world's largest desert.

译文：撒哈拉沙漠是世界上最大的沙漠。

（2）原文：The Sahara is actually quite fertile.

译文：撒哈拉沙漠事实上非常肥沃。

（3）原文：The Sahara is a vast desert.

译文：撒哈拉沙漠属于大沙漠。

例（1）呈现的是 identified（被识别者）—identifier（识别者）的意象图式，在对这一意象图式的认知习惯方面，英语使用者和汉语使用者几乎完全相同；例（2）和例（3）分别呈现的是 carrier（载体）—property（属性）和 entity（实体）—category（范畴）图式，其对应译文的意象图式也基本与原句相同，这反映了语言认知中的共性。同时也应注意到，就谓语系动词 is 的翻译而言，例（1）与例（2）和例（3）不同，例（1）选用了直译，而例（2）和例（3）采用了省译或变译的方法。究其原因，表面上是因为在英语中，只有"主—系—表"这一种句式与该图式相对应，而在汉语中，还可以用"主语 + 形容词"这种功能相似的形容词谓语句以及其他变式句与该图式相对应。但从深层次进行分析，是因英语是形合语言，因此"主—表"间的图式关系须在语言中进行表征（图式中可用实线箭头 → 表示）；而汉语是意合语言，可以忽略"主—表"间的图式关系，因此和英语一样，汉语中的这种图式关系也在意象图式结构中存在，但没有被激活和侧显，处于图式的基座（base line）部分，因此无须通过语言层面进行表征（图式中可以用虚线箭头 ⤏ 表示）。

词汇翻译亦是如此。即先找出该词汇所代表的一般事体结构，继而综合考虑源语和目标语的意象图式在构型或侧显方面的不同，最后做出具体的翻译。例如英语词汇 visit，它表示的事体是：某个东西出现在某个地方。可以用图式表示为：

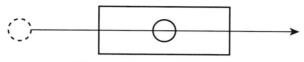

图 7.2　英语 visit 的意象图式

在图 7.2 中，虚线圆圈表示实体原来的位置，箭头表示实体运行的方向，实线圆圈表示实体移动后的位置，矩形方框表示处所。用英语表达"某个实体在某个处所出现"的含义时，均可使用到 visit 一词。尽管在意象图式方面，汉语和英语整体相同，但因两者的颗粒度不同，在用汉语表达与 visit 相关的事体时，必须区别实体是人还是物、是在何种场合以何种身份出现，等等，因此在不同的语境中，汉语应使用不同的翻译措辞，例如：

（4）原文：The president visited the country last week.
　　　译文：总统上周访问了这个国家。
（5）原文：The plague visited the town ten years ago.
　　　译文：十年前瘟疫降临到这个城市。

例（4）中 visit 意象图式的实体是人，而且身份是总统，则该事体应是庄重正式的场合，所以汉译为"访问"；例（5）中 visit 意象图式的实体是物（瘟疫），并且是不好的现象，因此可用汉语翻译为"降临"。可见即使是同一个词，也会因意象图式方面颗粒度的差异，导致使用不同的翻译。

有一种用于农业生产的机械，在英语中被称作 walking tractor，其中，walking 有隐喻的意味，亦即该机械会自行行走，这体现出英语使用者重点关注该机械自行行走的特点，而对应的汉语翻译是"手扶拖拉机（hand-supported tractor）"，以试图说明该机械需要人扶着才可以行动。这体现出汉语使用者关切的地方是：该机械无法自行行走，需要人的驾驭（手扶着）。从完形的意象图式来看，原文和译文都包含了驾驶者、拖拉机以及行走（运行）这样的概念要素，但这些要素的语义角色不同：英语中的拖拉机是行动者（actor），行走（walk）是其自行发生的动作过程，驾驶者处于图式的基础部分，不在激活域（active zone）之内；在汉语译文中，驾驶者是施动者（agent），意即拖拉机需要驾驶者手扶协助才能行走。

在句子层面也存在类似现象。请看下例：

（6）原文：My phone died.

译文：我的手机不通了。

例（6）所要表达的事体是：手机因电池没电、信号差等原因无法正常使用。在用英语进行语言表征时，使用到的意象图式源自隐喻——即手机是有生命实体，有生命实体会因失去生命而无法正常活动，若手机不能正常工作，其状况就像是生命实体失去了生命。而在汉语中，其对应的基本意象是：手机的联络就像是四通八达的交通枢纽，正常使用时应该畅通无阻，不能正常工作时，就像是道路堵塞，造成交通不畅。

7.4.2　侧显的不同

从历史语言学的角度来看，所有语系均源自同一个母体语系（proto language），因此不同语言间存在共性。比如：很多英语词汇可在事体和意象图式两方面同时与其对应的汉语词汇有很高的相似性。但是语言表征的实现不仅需要意象图式作为基础，还需要考虑相关意象图式的侧显情况，因为不同的侧显可对应不同的语言表达，以英语单词 hot 为例（杨朝军，2018）。在英语中，hot 多用作形容词，因此在其意象图式中，一定有一个与 hot 相关的实体与其构成一种时间性质或非时间性质的图式关系。同时，hot 在此图式关系中激活一个与温度有关的说明辖域（scope of predication），该辖域在图式说明中体现为一个量级（scale）（Langacker，1982，1986，1987，1991），在此量级刻度上，有一个人们可以接受或承受的温度标准（norm），超过该标准的部分才是 hot 所覆盖的区域，即该单词的意蕴部分。

图 7.3 中的 A 图是单词 hot 用作形容词时的图式。其中，左边的大圆圈显示该图式与表示事物（实体）的名词相关，大圆圈中有上下两个小圆圈，用来表示 hot 所揭示的关系，其中，上面的小圆圈表示关系中的一个事物，下面的小圆圈表示该事物具有的 hot（热的）属性，再下

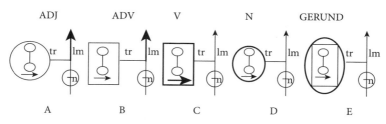

图 7.3　hot 的意象图式及其侧显

面的右向箭头没有加粗，显示该关系过程是非时间性质的。而大圆圈右侧的刻度，是对 hot 属性的细化，其中刻度值 n 表示人们可以正常承受的温度标准，而向上超越刻度值 n 的部分表示超过正常标准的温度，粗体部分是左侧射体的界标，用来表示整个图式中的侧显部分，以进一步说明左侧大圆圈中事物属性的性质，故此处 hot 被识解为传统语法中的形容词。图 B 虽然也侧显了超出正常温度的部分，但左侧的矩形表明，其侧显部分是对一个表示非时间关系过程的动词进行阐释，故此处的 hot 的性质为传统语法中的副词。图 C 没有侧显温度，而是侧显了左侧的动作，另外，左侧大圆圈内加粗的右向箭头表示：某事物（用上面小圆圈表示）与其属性（用下面小圆圈表示）之间的关系过程是时间性质的，故此处的 hot 具有动词性质。图 D 同样没有侧显温度，而是图式中的名词性次结构（左侧的大圆圈）得到了侧显，此处的温度编码在名词性结构中，用来表示该名词性结构所描述事物的一个属性，则此处的 hot 具有名词性质。在图 E 中，左侧的矩形表示这是一个动词，矩形外面的大圆圈表示该动作被视为一个事物 / 事件，所以此处的 hot 具有动名词性质。

　　回归到认知语法的理论基础，即语言表达的实质是意象图式，但相同的意象图式会因表达目的不同而侧显不同的次结构，从而决定了一个表达式可体现为不同的词性，对应不同的翻译方法。下面是与 hot 相关的用例及其翻译：

（7）原文：I hate the hot weather.（形容词）
　　　译文：我讨厌炎热的天气。
（8）原文：Eat the food hot.（副词）
　　　译文：趁热吃这些食物。

（9）原文：He began to hot the milk.（动词）

　　译文：他开始热牛奶。

（10）原文：We've just spent the hots together in the summer.（名词）

　　译文：我们一起在夏天度过了酷热的日子。

（11）原文：Hotting the milk is a chore for her.（动名词）

　　译文：热牛奶是她的日常工作。

7.4.3　编码方式的不同

　　在两种语言之间，如果表达的事体、意象图式和侧显方式都相同的话，则这两种语言的表征方式往往也相同，此时可以采用形式对等的翻译方式进行翻译。例如在表达"他在读书"这样的概念时，其意象图式涉及的概念基元有读者（他）、读的对象（书）、以及它们之间的关系（读），可以用下面的简单图式进行表示：

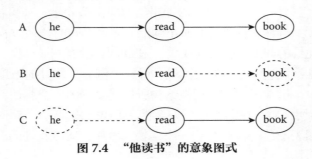

图 7.4　"他读书"的意象图式

　　图 A 是关于"他在读书"的一个基本图式。其中，所有的成分被突显的方式或程度相同，因此这些成分同等重要，在进行语言表征时应当均衡地对其进行编码。因英语和汉语对此图式的编码方式基本相同，所以在对该图式进行英汉互译时采用直译方式，如例 12：

（12）原文：He is reading a book.

　　译文：他在读书。

　　图 B 中的意象图式虽然和图 A 相同，但因只侧显了 he 和 read 两个概念基元及其相互关系，因此在语言编码的时候只需编码这些侧显成分，而无须编码未被侧显的概念基元（即 book）及其与图式前段的关系，所以在语言表征时只呈现出被侧显部分。鉴于这样的图式关系，英汉语的表达方式也基本相同，如例 13：

（13）原文：He is reading.
　　　译文：他在读。

但在图 C 中，被侧显的只有后面两个概念基元，即 read 和 book 及其相互关系。汉语和英语就这样的一个图式有不同的编码方式。英语是以形合为主的语言，因此在表达时不能缺省主语，即不能表达为 is reading a book，而只能采用被动形式的句子来表达；但汉语是以意合为主的语言，句子中可不出现主语，形成没有主语的句子。另外，因汉语倾向于使用主动句型，故很少说"书被读"，而是表达成主动态"书在读"。此意象图式的英汉互译关系如例 14：

（14）原文：A book is being read.
　　　译文：书在读 / 在读书。

可见，即使在意象图式和侧显都相同的情况下，两种语言也会因编码方式的不同而使用不同的翻译方式，因此在翻译时应根据语言的表征方式灵活采用相应的翻译方式。这种情形同样存在于其他句式，例如存在句型，英语和汉语对此有着一致的意象图式，即某处存在着某种事物，但因两种语言的编码方式不同，应采用不同的语言表征方式进行翻译，如例 15：

（15）原文：There is a book on the table.
　　　译文：桌子上有书 / 书在桌子上。

当然，也存在意义相同但意象图式不同的情形。不同的意象图式必然导致产生不同的语言编码方式，因而具体的翻译也会大相径庭。例如在表示"事后补过"的含义时，英语和汉语对应的谚语分别采用了不同的意象，致使两者的语言表征相去甚远，如例 16：

（16）原文：Lock the barn after the horse was stolen.
　　　译文：亡羊补牢。

另外，即使在意象图式和侧显都相同的情形下，不同语言的编码方式之间也会存在细微差别。在例 17 中，按照 Talmy（2000a，2000b）的事件融合理论，其中的英语句子是一个运动事件，其谓语动词 walk 及其概念基元构成一个框架事件，编码了移动（move）和方式（by walking）两个副事件；介词 to 表示的是一个卫星事件，编码了路径（path）；相类的运动事件也存在于汉语，如在汉语译文中，谓语动词"走"同时编码了移动和方式，但作为副事件的"到"在汉语中也是一个动词——尽管该动词经过长期的语法化而变得有些虚化——它不仅编码了路径，而且编码了移动，甚至是结果（移动的目标）。

（17）原文：He walked to the room.

　　　译文：他走到房间。

可见，意象图式是翻译分析的基础，对图式的认知和识解决定了翻译的内容、形式及方法等。同时也应该注意，在意象图式确定的前提下，译者可因翻译目的的不同而关注图式的不同部分——即对完形图式的某些局部进行选择性侧显（selective profiling），从而使用不同的翻译方法。

（18）原文：The door was nailed shut.

　　　译文 1：门钉死了。

　　　译文 2：门被人用钉子钉死了。

　　　译文 3：有人把门钉死了。

　　　译文 4：有人将钉子钉在门上，门打不开了。

例（18）是一个状态变化事件结构，即原来的门是开着的或者是可以打开的，但是后来因钉了钉子而不能打开或处于关闭状态。句子中的 shut 提供了一个核心图式，即门从开的状态变化到不开（关闭）的状态，"钉"提供了状态变化的方式，而"钉"本身的意象图式提示有相关动作的执行者。因此，整个句子所揭示的完形图式囊括：执行者（钉门的人）、执行方式（钉）、执行对象（门）和执行结果（关闭），因此我们可因翻译主体的侧显不同而有不同的翻译方法，如例（18）译文 1—译文 4 等。

有时候，一个句子可能涵盖多种意象。如"人闲桂花落"这句汉语古诗涵盖了"人闲"和"桂花落"两个不同的意象，因此找寻两种意象之间的逻辑关系是对其进行翻译分析的关键。该句中出现的两种事体间的关系可因译者的理解不同而不同。当表示作者整个身心融入自然，人与自然和谐共存，呈现出一片闲适的景象时，"人闲"和"桂花落"这两种事体间是一种并列关系，如例（19）译文 1；当强调诗人的孤寂和失落时，可理解为：在人赋闲的时候，桂花也落了，则两种事体间是时间关系，如例（19）译文 2；当暗示诗人不能沉沦而应有所作为时，可理解为：人若无所作为，游手好闲，桂花也不愿再吐露芬芳，则两种事体间是条件关系，如例（19）译文 3；当表示任由诗人主导的物我两忘的清凉世界时，可理解为：诗人的无所事事，使得盛开的桂花知趣地离开枝头，则两种事体间是致使关系（causation），如例（19）译文 4。可见，译者对原文的不同理解会产出不同的译文。由此也说明，译者对意象图式的认知加工方式对翻译作品也能起到决定性的作用。

（19）原文：人闲桂花落。

　　　译文 1：The osmanthus flowers fall by the side of the idle poet.

　　　译文 2：The osmanthus flowers fall when the poet is idle.

　　　译文 3：The osmanthus flowers fall if the poet is idle.

　　　译文 4：The idleness of the poet causes the osmanthus flowers to fall.

杨俊峰（2011）在探讨意象图式理论对古典诗歌中的意象翻译的阐释力时指出，"意象转换的实质就是意向图式的转换……意象图式在帮助译者分析、分解古典诗歌中呈现的空间描写的同时，还能有助于译者理解象征性、比喻性意象的成因，因此有利于译者对于原诗进行更加深刻的解读与解码"（杨俊峰，2011：68）。因此，意向图式转换还可以成为诗歌翻译批评的重要维度，对此，叶进平（2018）做了有益的尝试。以苏轼悼念亡妻的名篇《江城子·乙卯正月二十日夜记梦》的第一句"十年生死两茫茫，不思量，自难忘，千里孤坟，无处话凄凉"为例："十年"是一个虚指，属于度量图式（scale schema），"思量、难忘"是记忆赖以存贮的容器图式（container schema），"无处话凄凉"是路径图式（path schema），这些意象表明，诗人有满腹的相思与伤感却无处倾诉。下面通过对比许渊冲和林语堂的译文，可以看出诗人对原文意向图式的解码对译文编码的影响。

> 许渊冲的译文：
> For ten long years the living of the dead knows nought,
> though to my mind not brought.
> Could the dead be forgot?
> Her lonely grave is far, a thought and miles away.
> To whom can my grief convey?
> 林语堂的译文：
> Ten years have we been parted,
> The living and the dead hearing no news.
> Not thinking and yet forgetting nothing.
> I cannot come to your grave a thousand miles away.
> To converse with you and whisper my longing.

两个译文在 scale schema 和 container schema 都保持了和原文同样的图式，但在 path 上有所不同。许渊冲表达一个单向的路径（convey my grief），是诗人的悲伤和思念的倾诉。林语堂表达了一个双向的路径（to converse with you），相当于 Talmy 认知语义学中的相互事件，表现了诗人与亡妻彼此的交谈和倾诉。这和两位译者对前面"生死两茫茫"的理解不同有关，许译文将之处理为"诗人再也得不到亡妻的任何消息"，而林译文处理为"我们不再听到对方的任何消息"。读者在林译文中感受到的是彼此的相思，而在许译文中感受到更多的是诗人的悲伤和失去伴侣的孤寂。

以上讨论基本上集中在句子以下的层面，其实这种分析同样适用于句子层面以上的语篇结构，所不同的是在语篇层面，意象图式的呈现更为抽象，译者不仅仅要分析句子内部各事体的意象图式之间的逻辑关系，同时要关注句子图式之间的相互联系。此外，语篇层面的文本会编码更多的信息，句子所描述的事体或所表达的意象图式之间的组合和组织通常会对语篇整体带来附加的含义或效应。如例（20）—（22）

（来自网络流行语）[1]：

（20）原文：待我长发及腰，我就咔嚓一刀。

　　　译文：As long as my hair reaches to my waist, I'll cut it off.

（21）原文：待我长发及腰，梦里北国雪飘。

　　　译文：When my hair grows to my waist, it will snow heavily in my dreaming hometown.

（22）原文：待我长发及腰，十里桃花翠草。

　　　译文：My hair is growing long that enough to reach my waist as the peach blossoms are blooming and the grasses are carpeting the ground.

　　上述三个语篇均有"待我长发及腰"这一小句，但因其后面接续的小句不同，语篇整体所表达的意象图式也不同，因此译法也不同。

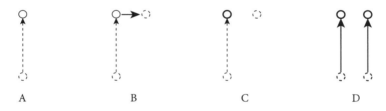

图 7.5　"待我长发及腰"的意象图式

　　图 A 所示为"待我长发及腰"这一小句的意象图式，该句意象包括三部分：说话时刻（虚线圆圈）、头发生长过程（虚线箭头）、头发及腰这一结果实现的时刻（实线圆圈）。在例（20）中，该语篇所表达的意思是"等我头发长长至腰之后，我就把它剪掉"，其中蕴含了一种"条件"意味，即"头发及腰"是"剪掉头发"的条件。该例意象图式的简图见图 B，图中实线箭头联系了先后发生的两个事件：头发先长长，然后剪掉，加粗表示对"条件"这一关系的侧显。综上，该句被译为由 as long as 引导的条件状语从句。例（21）的意象图式简图如图 C 所示，该例表达了"我头发及腰时，梦里的北国也（该）飘雪了"的含义。文中"北国飘雪"这一事件与"长发及腰"这一事件同时发生，因此在小

1　来自 360 百科网站。

句"待我长发及腰"中是对"头发及腰"这一结果进行了侧显，图中用加粗的箭头表示。"北国飘雪"这一事件与其平行，故用虚线圆圈表示，意为前后两个小句中的事体同时发生，表面看没有内在的联系，但从比兴（analogy）的角度看，也透露出一些言者的无奈或伤感。例（22）所表达的含义为"头发生长的同时，桃花、翠草也在生长"。换言之，就是"头发生长"和"花草生长"所描述的两个场景同时且持续地发生。这种情形简化成图式可用平行箭头表示，见图 D。图中加粗部分表示对该过程的侧显，因此翻译时使用了 blooming 和 carpeting 两个现在分词表达"两个场景持续发生"的状态较为合适。

7.5 意象图式翻译中的共变关系

翻译过程中需要分析多种因素。其中，含义、事体、意象图式、侧显、编码方式和翻译方式是要分析的最主要的因素。这六个主要因素之间相互影响，环环相扣。首先要看原文具体表了什么含义，含义又须通过现实中具体的事体所表现，因此就要考虑什么样的事体表达了相应的含义。事体逐步概念化形成意象图式，简言之就是事体映射到人的心智中之后以什么样的方式呈现。此外还需要注意原文的意象图式是否存在对某些部分的侧显。如果有，作者又是如何将这些凸显了的意象图式编码在源语中，原文的编码方式与目标语的编码方式又有什么异同。最后还要综合上述所有因素并根据语境和译者的翻译意向选择正确的翻译方式。据此，上述要素之间存在有以下共变关系：

表 7.1 意象图式与翻译方法的共变关系 [1]

含义	事体	意象图式	侧显	编码方式	翻译方式
Y	Y	Y	Y	Y	Y
Y	Y	Y	Y	N	N
Y	Y	Y	N	N	N
Y	Y	N	N	N	N

1　表中的 Y 代表 yes，表示肯定；N 代表 no，表示否定。

（续表）

含义	事体	意象图式	侧显	编码方式	翻译方式
Y	N	N	N	N	N
N	N	N	N	N	N

如果源语和目标语要表达的含义、事体、意象图式、侧显方式及编码方式都保持一致时，其翻译方式亦一致，即采用直译或语言对等的翻译方法；如果源语和目标语的含义、事体、意象图式及其侧显方式都保持一致，但编码方式不一致时，则翻译方法不一致，即采用变通的翻译方法；如果含义、事体及意象图式保持一致，但侧显方式不一致时，则其编码方式和翻译方式不一致；如果含义和事体一致、意象图式不一致，则其侧显方式、编码方式和翻译方式不一致；如果含义一致，表达含义的事体不一致，则其意象图式、侧显、编码方式及翻译方式不一致；如果含义不一致，则其后的变量均不一致。

所以，以意象图式为基础的翻译应该考虑并恪守以下顺序：① 确定翻译对象的含义和事体；② 确定这些含义和事体所折射出的源语使用者的意象图式；③ 确定这些意象图式的侧显情况；④ 确定这些意象图式的特点在目标语中的编码方式；⑤ 根据翻译目的调整目标语中意象图式的表现方式；⑥ 确定目标语的编码形式；⑦ 按照源语的特点对目标语译文进行文体或语域方面的修正。

参照 Tytler（1790）对翻译原则的描述，我们认为以意象图式为基础的翻译原则应该关注以下四个方面：① 源语和目标语的意象图式及其侧显是否一致；② 源语和目标语所传达的事体和含义是否一致；③ 源语和目标语的文体风格是否一致；④ 译文和源语在功能上是否保持一致，是否达到了翻译的目的。

7.6　小结

简单来说，认知翻译学就是"以认知为出发点，来探究译者是怎样运用语言符号对事物进行抽象，以及怎样通过认知加工，运用概念范畴和语言符号来实现交际活动，即翻译研究的'认知转向'"的（孟志刚、文婷，2014）。目前学界主要采用实验法和内省法两种手段对译者翻译过程中的认知加工机制进行研究。本章采用内省法，以 Langacker 的认知语法为主要理论基础，从考察 Nida 关于翻译过程的论述出发，试图说明意象图式及其编码模式是认知翻译学应当研究一项重要课题。因真正支撑语言表征的不是表面的语言转换，而是人们的认知经验以及由此形成的意象图式。通过实例分析发现：在基于意象图式进行翻译时，应该关注事体、意象图式及其侧显、语言编码等与翻译方法的共变关系。如果源语和目标语的意象图式及其侧显相同，则对应的语言编码及翻译方法也往往相同；如若不同，则语言编码和翻译方法也往往不同。但语言存在共性的同时，也存在有差异性，所以即使在源语和目标语的意象图式及其侧显方式均相同的情况下，语言编码习惯的不同或翻译目的的不同也会导致使用不同的翻译方法并产生不同的结果。

认知翻译学的重要特征是跨学科性，未来的发展也在于认知科学的理论方法同翻译研究多层面的融合。我们认为，翻译认知研究领域应加强以下三方面的研究：一是宏观和微观两个层面相结合，从社会、文化和认知三个方面推进译者研究和翻译过程研究；二是重视翻译的跨文化交流性质，将翻译视为跨文化的认知行为，借助认知科学理论，探索人类经验结构和认知图式的跨文化传递；三是立足中国文化"走出去"的翻译实践，探索认知翻译学对文化互通和文化交流的理论阐释力。

第 8 章
框架理论视角的翻译研究

8.1 引言

　　翻译中译者如何激活并加工认知资源以实现目标读者知识系统与原文读者知识系统的对接，是认知翻译学研究关注的焦点之一（Hurtado Albir & Alves，2009）。如果译者的翻译过程可大致描绘为原文理解、认知加工、译文表达三个阶段，那么译者在理解原文时如何利用语言和非语言知识来获得对原文意义的理解？其理解所依赖的背景知识以何种形式存在，具有什么样的结构特征？译者认知加工的基本特征和具体形态是什么？译者如何解决译文读者与原文读者之间的知识系统差异？这些问题是认知翻译学探索的核心问题（文旭、肖开容，2019）。

　　对这些问题进行探索的一个视角是：从意义和文本理解的认知机制出发，考察意义与知识系统和日常经验之间的关系、意义概念化的主要模式和单位、概念主体进行认知加工的基本单位和形态等。框架语义学视角的翻译研究便集中体现了这一研究思路。认知心理学、认知语言学等领域的研究表明，知识的基本单位是概念，有关知识表征的理论就是对人们头脑中可及的概念建立模型（Evans & Green，2006），其中一种模型便是框架（frame）。框架是知识系统在大脑中的表征形式，是人类经验在概念层次上的图式化表征，反映知识系统的结构，与人类经验中特定场景的实体相关，可由语言激活，是意义理解的背景参照（Fillmore，1975，1976，1985；Minsky，1975；Barsalou，1992）。框架语义学着眼于背景知识在意义理解中的作用，为翻译研究提供了有效的理论工具。从 20 世纪 80 年代开始，先后有多名学者采用早期的场景—框架理论以及后来的框架语义学理论开展翻译的创造性过程（Snell-Hornby，1988）、翻译批评（Ammann，1990）、语篇翻译（Neubert & Shreve，1992）等的研究，同时还用框架语义学理论探讨一些具体翻译问题的解决，如创造性翻译（Kussmaul，1994，1995，2000）、翻译中的文化差异（Rojo，2002，2009）、框架的跨语言对比与翻译（Boas，2013）等。

21 世纪以来，国内学者逐渐开始采用框架理论研究翻译。从时间节点来说，可大致分为 21 世纪前十年（2010 年以前）和第二个十年（2010 年至今）两个阶段。2010 年前的第一个阶段主要是一些零散的研究。2010 年，邓静在《外语教学与研究》上发表论文《翻译研究的框架语义学视角评析》，对框架理论用于翻译研究的潜在优势做了评述，标志着中国学者以框架理论为指导的翻译研究进入了一个新的阶段。

本章将聚焦最近十年间中国翻译学界以框架理论为基础探索翻译中的译者认知机制、对翻译策略和方法做出认知解释、构建翻译的认知理论模型等方面所开展的研究、所取得的成就以及未来发展趋势。

8.2　最近十年框架理论视角的翻译研究总览

8.2.1　框架理论视角翻译研究的初步探索

中国学者从框架语义学出发的翻译研究伴随着认知翻译学的兴起而逐渐获得发展。进入 21 世纪，随着认知语言学的兴起，框架理论得到更加广泛的关注，于是逐渐有国内学者开始尝试用框架理论开展语言认知对比和翻译问题探讨。俞晶荷（2004）的博士论文可能是国内最早采用框架语义理论进行翻译研究的博士论文。她对比了俄、汉时间范畴词汇的认知框架，"为两种语言互译过程中解决时间概念的表达问题寻找理论上的依据与操作准则"（俞晶荷，2004）。汪立荣（2005）从框架的文化差异出发，探讨了词汇意义与词汇翻译问题，提出从框架理论探讨翻译需要强调两种语言文化中框架的一致性、对应性和框架内各成分的协调性。这一观点有助于我们理解英汉词汇翻译不对等在概念层次上的原因，对翻译理论模型建构有一定的启发。

除了以上两项理论探索性的研究，还有学者利用框架理论开展具体翻译问题的分析。成善祯（2003）开展了翻译的语用等效研究，姚琴（2007）对翻译对等做了重新阐释，周颖（2008）探讨了隐喻翻译问题，魏清光和瞿宗德（2008）进行了翻译教学研究，等等。这些研究充分展示了框架理论应用于翻译研究的解释力和应用潜力，为下一个十年更加广泛和深入的研究奠定了坚实的基础。

8.2.2　最近十年框架理论视角翻译研究的主要特点

1. 发文数量、趋势和类型

为更加全面和准确地了解最近十年国内框架理论视角翻译研究的情况，我们在中国知网进行了检索。因"框架"一词在很多文献里用于指"理论框架"，我们选择以"框架理论""框架语义"和"翻译"作为组合对篇名进行检索。文献时间范围设定为 2010 年 1 月至 2019 年 12 月，共检索出中文论文 146 篇，年度趋势如图 8.1 所示。

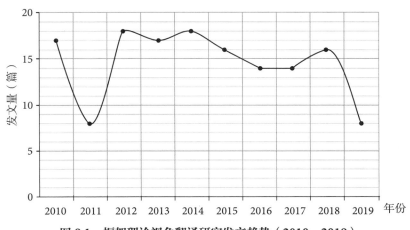

图 8.1　框架理论视角翻译研究发文趋势（2010—2019）

从图 8.1 可以看出，进入 2010 年以来，框架理论视角的翻译研究显示出较为强劲的发展趋势。2010 年发文 17 篇，发文量最高的为 2012 年和 2014 年的 18 篇。在 2010—2019 年的整个十年间，除 2011 年、2019 年为 8 篇以外，其余每年都在 14—18 篇之间，说明框架理论视角的翻译研究整体发展较为平稳，并无较大的上升和下降情况。

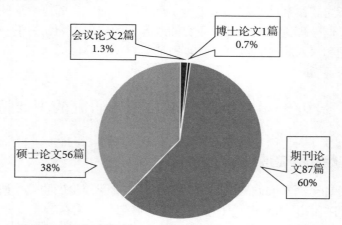

图 8.2 框架理论视角翻译研究论文类型（2010—2019）

从图 8.2 可以看出，在 2010—2019 年间，框架理论视角的翻译研究发文类型主要为期刊论文，总数 87 篇（约占 60%），其次为硕士学位论文 56 篇（约占 38%），仅有 1 篇博士论文。较高的硕士论文占比，说明框架理论具有较好的应用性，在年轻学者中具有较高的认知度和接受度，具有一定的理论生命力和可持续性。

2. 研究主题

研究主题是反映研究成果和发展趋势的另一个重要指标。从过去十年间框架理论视角翻译研究论文主题分析来看，除了理论名称等关键词以外，其他主题分布较广。

图 8.3 的主题分布图表明，除了"框架理论""框架语义学""理论视角""框架语义""框架语义理论"等作为该理论标记性的关键词之外，其他作为研究焦点出现频率较高的关键词主要有"翻译策略""隐喻翻

译""翻译教学""翻译教学模式""文化意象""字幕翻译""新闻翻译"
"《红楼梦》",等等。主题分布图反映出最近十年框架理论视角的翻译研
究呈现两个特点。第一,框架理论成为翻译理论建构的重要理论来源。
第二,框架理论被应用于较为广泛的研究话题,包括翻译策略、隐喻翻
译、翻译教学、文学翻译、字幕翻译、具体作品的翻译、文化词语的翻
译等。

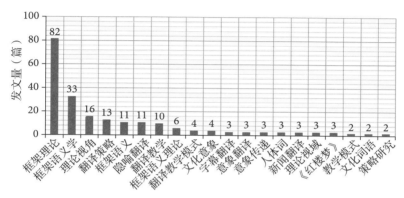

图 8.3　框架理论视角翻译研究论文主题分布(2010—2019)

3. 学科分布

学科分布可以反映研究的覆盖面和影响力。我们所收集的 146 篇
论文共涉及外国语言文字、文艺理论、中国语言文字、中医学等八个领
域,各领域所占比例如图 8.4 所示(有的论文跨多个领域)。

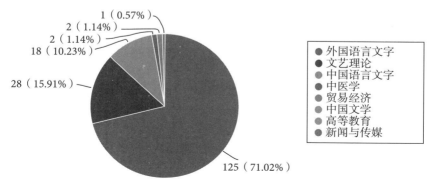

图 8.4　框架理论视角翻译研究的学科分布

从图 8.4 可以看出，框架理论视角的翻译研究主要在外国语言文学领域开展较多，约占 71%，这与翻译研究的学科属性有关。文艺理论领域的研究占比达 15.91%，超过中国语言文学领域的研究，说明框架理论不仅受到外国语言文学学者关注，而且也被文艺学研究学者接受。同时，在医学、新闻传媒等领域也有一定研究，表明框架理论视角的翻译研究影响面较广。框架理论本身不仅是一种语言学理论，在哲学、心理学、社会学、新闻传播学、信息科学等领域都有着较为广泛的应用（肖开容，2017），由此也说明框架理论和翻译研究具有突出的跨学科性。

8.3　基于框架理论的认知翻译理论建构

框架理论作为以语义理解为核心的经验主义语言学理论，对翻译研究提供了具有较强解释力的理论范式。最近十年里，国内学者以 Fillmore 的框架语义学思想为主，结合认知心理学的框架概念和社会学的框架思想，构建了多个翻译理论模型。

8.3.1　框架的定义、构成及属性

基于框架理论进行翻译理论建构，首先要明确框架的定义。在认知心理学、认知语言学等领域，与框架较为接近的术语包括"图式""脚本""认知模式"等。以 Bartlett（1932）有关"图式"、Schank & Abelson（1977）有关"脚本"、Lakoff（1987）有关"认知模式"的定义为基础，综合 Fillmore（1975，1977，1982）、Barsalou（1992）等学者有关"框架"的定义，肖开容（2012、2017）将"框架"定义为：人类经验在概念层次上图式化的表征，反映知识系统的结构，由成分和关系构成，与人类经验中特定文化场景的实体相关，与语言表达手段（词汇和语法）对应，可由语言激活，是意义理解的背景参照。框架成分、框架和框架系统呈立体结构，具有原型效应，遵循隐喻和转喻等认知机制，具有文化性和动态性，在人的社会化过程中逐渐习得。

这个定义说明，对翻译而言，译者所进行的不仅仅是语言层面的转换，虽然外在表现为 Catford（1965）所说的"语言操作"，但背后实际上涉及译者的认知操作（肖开容，2012，2017；谭业升，2012b）。在翻译中，译者通过语言激活框架，再对框架进行认知操作，形成作为在目标文本中重构意义的背景参照。

框架由特征—值、结构常量和限制条件构成（Barsalou，1992；肖开容，2012）。框架的特征即该框架所对应范畴特征，特征的具体属性为值，特征—值构成框架范例的特定方面，如"汽车"框架的特征"引擎"的值可能为"四缸"，因此四缸引擎就是某个汽车的属性。限制条件是框架特征之间的常规关系，即不同特征和值之间彼此关联。

框架作为人类经验的概念化结果，具有以下基本属性：层次性、原型性、动态性和文化差异性。框架的层次性指框架所表征的概念系统呈现树形结构，具体表现为框架特征的值可进一步作为特征具有值，因此框架可能有次框架，框架里的特征还可能成为嵌入框架。框架的原型性指框架成分具有地位差异，有的处于核心地位，有的处于边缘地位，即相比其他成分，有的成分更具典型性。框架的动态性指框架随着人的经验增加不断修正或增减。框架的文化差异性指处于不同文化语境中的人具有不同的经历和知识系统，因而具有不同的框架或框架成分。框架的构成和属性是译者在翻译中进行框架操作的基础。

8.3.2　基于图式、框架和识解的译者认知"三步曲"理论

刘国辉（2010）在《框架语义学对翻译的"三步曲"启示》一文中提出了以框架语义学作为指导理论来诠释翻译中译者主体性地位的作用方式，即认知图式、框架、识解三部曲。该文通过对框架语义学核心思想的介绍分析，指出框架语义学是一种理解语义的理论，而翻译本质上是文本语义的理解和重构。因此，框架理论可以对译者在翻译活动中的认知主体地位提供很好的指导和解释。具体来说，翻译中译者的认知活动包括三个方面：认知图式、框架和识解，这三个方面共同作用，构成

了译者对于文本意义的理解和在译文中进行的意义重构。也就是说，译者通过认知图式定位、框架选择和识解取向，实现对原文意义的特定理解和在译文中进行意义的重构，译文的意义与原文的意义可能并非完全对等，主要取决于译者认知图式、框架选择和识解的认知作用。

刘国辉关于译者认知的"三部曲"思想将框架理论与认知图式和识解相结合，从认知层面对翻译中意义的对等与不对等、忠实、译者主体性的作用方式等问题做出了理论解释，提出了翻译以"寻找不同语言之间的认知语义框架对应"为重点和难点的思想，推进了认知语言学视角的翻译理论研究。

8.3.3 翻译的"框架操作"理论

翻译的框架操作理论是有关翻译过程中译者认知操作方式和类型的理论构想。基于心理学家 Basarlou（1992）、人工智能专家 Minsky（1975）以及语言学家 Fillmore（1975，1976，1985）等有关框架的定义、构成、特征及其与人类经验的关系等思想，肖开容（2012，2013，2017）构建了有关翻译过程和译者认知操作的"框架操作"理论。

1. 翻译的框架操作过程

翻译涉及译者对原文的理解、译文的表达和中间的转换环节。从认知的角度来看，译者需要对通过原文理解所激活的知识系统进行认知操作，以对接目标读者的知识系统，然后再表达为目标语言（肖开容，2017）。这个过程从框架理论来看便是翻译的框架操作过程，如图 8.5 所示。

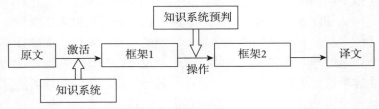

图 8.5 翻译的框架操作过程（肖开容，2017：58）

根据这一模型，译者阅读原文时通过源语言激活知识系统，获得框架 1，然后根据对目标读者知识系统的预判，对框架 1 进行认知操作，形成框架 2，再通过对目标语言的选择实现为译文。根据框架操作模式，译者的任务不再被看作是寻求语言形式对等的过程，而是通过对语言形式激活的知识系统表征结构，即框架进行认知操作，实现框架对应的过程。例如：

（1）原文：不爱红装爱武装。

译文：To face the powder and not to powder the face.（许渊冲译）

原文读者阅读原文时，通过"红装"这一词汇激活"打扮"框架，通过"武装"激活"战争"框架。"打扮"框架包含"着装""擦粉""佩戴首饰"等框架特征，"战争"框架包含"着装""配备武器"等特征。在中国文化背景下，红色衣服是漂亮衣服的一种。因此，读者通过"红装"获取"打扮漂亮"的意义理解，通过"武装"获得"上战场"意义，但英语读者并不具备这样的联想。许渊冲将"打扮"框架的成分"着红装"置换为"擦粉"，将"战争"框架的"着武装"置换为"配备武器"，因为他们同样都能激活分别对应的两个框架。

2. 翻译的框架操作类型

源语言框架与目标语言框架的对应有两种情况，第一种情况是原文框架与目标框架能实现直接对应，译者的任务便是将原文框架与目标框架直接对应，实现框架的语言转换。第二种情况为非理想化的框架对应，即原文框架和目标框架存在非对应现象，需要译者进行框架成分的更换、增添、删减，框架层次的调整、框架创造或者原文框架向目标语言文化的移植，这是翻译创造性产生的认知基础。框架的文化差异、原文与译文的文本类型差异、文化间的权力地位和意识形态制约、译文的功能和目的以及译者的翻译意图等都是翻译中译者进行框架操作的制约因素。

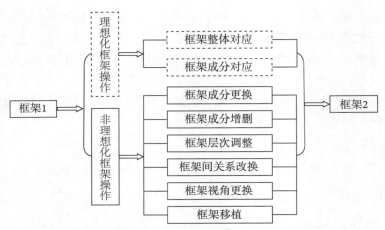

图 8.6　翻译中的框架操作模式（肖开容，2017）

　　翻译中的框架操作包括框架内部操作、框架层次调整、框架视角更换和框架移植。框架内部操作是指框架总体对应但存在框架成分或框架关系的差异，需要对框架成分进行更换、增添、删减，或者对框架关系进行改换，以确保译文读者能通过不同的框架成分或关系激活相通的框架。如前述的有关"不爱红装爱武装"一句的翻译，译者在"打扮"和"上战场"框架内，将两个框架 1 的成分"着红装"和"着武装"分别更换为"擦粉"和"配备武器"，框架成分做了更换，译文读者和原文读者激活的整体框架仍然一致。框架层次调整是指将原文激活的框架调整为其上一级框架或下一级框架，这跟原文和译文在该情景中所涉及的框架详略度有关。一般而言，在同一个层次上难以找到对应的框架时，译者一般都考虑更换为上一级框架，用更加抽象的概念来表达。框架视角转换即改换框架识解的认知角度，如视点和焦点的改换等。框架视角的转换会体现为框架成分的选择。第四种类型为框架移植，即在两种文化间如果出现框架对应空缺的情况时，译者将源语言文化的框架直接移植到目标语言文化中，实现框架所包含文化元素的跨文化移植。

8.3.4　基于原型的概念框架转换翻译思维过程模式

湛莉文（2016）基于翻译中的概念框架转换思维，以概念的原型思维表征来论述翻译的思维过程。该研究主张，翻译的转换过程是原型思维驱动的概念框架运作过程。概念框架转换，指对源语范畴原型和目标语范畴原型所涉及的翻译认知加工基本要素进行重新组合的范畴化认知（湛莉文，2016）。这一主张的前提是，将翻译过程视为概念化运作，其中一种运作是原型思维驱动的框架转换。具体来说，翻译过程的原型效应主要体现在概念框架构建的空间效应和时代效应，空间效应与特定民族文化传统密切相关，而时代效应则体现特定历史时期的文化规约与公众期待。

基于翻译中概念框架转换的原型思维，湛莉文（2016）以影视片名的翻译为例讨论了原型思维所驱动的概念框架转换方式，包括原型概念补充、缺省和变异，说明翻译心理表征和认知参照点转移与表征双语原型思维的概念框架变化之间的依存关系。其中，原型思维涉及从源语到目标语的思维转换，包括思想、感情、风格、用词等各种概念成分的在线碰撞，在翻译交际和原型思维驱动下，发生概念框架转换，实现言效契合（湛莉文，2016）。对影视片名的翻译而言，原型思维概念框架的构建有助于勾勒影片整体承载的生动语义内涵，或意趣盎然，或凝练深刻，有效提高影片的传播效度，由此证明翻译就是一种概念框架运作的结果，而且其中涉及原型思维的作用，这与框架理论视角的翻译研究的主要理论主张一脉相承。

8.3.5　翻译中的框架语义构建与概念整合

郭高攀和廖华英（2016）认为，"翻译过程并不是两种语言间概念对等的相互转换，而是体现了选择性、象似性、类推等心理特点所构成的相似概念间转换的新创意义"。为了解释翻译教学中如何进行概念框架的构建以及语义的定位，郭高攀和廖华英（2016）基于英语框架网（FrameNet）中的框架构建了翻译中的框架语义建构与概念转换模式，从认知语义和认知语法视角剖析了心理空间、框架概念、概念映射、概念整合中各自的语义构建特点，然后再结合框架元素的语法功能、短语类型、句法特征等方面的句法实现，展现框架元素间的配价关系以及实现逻辑加工的过程。

该模式不仅从理论上探索了翻译过程的框架语义构建与概念整合过程，而且展示了如何有效地利用 FrameNet 来提取翻译文本背后的语义框架，使所提取的框架具有一定的依据，避免了框架确定的主观性和随意性。另外，该研究还将理论建构与翻译教学相结合，运用框架、概念映射、概念整合等理论工具，结合翻译教学案例进行框架提取、语义定位和概念转换分析，针对翻译教学中存在的利用抽象概念进行翻译转换解释的弊端，提出了依据框架进行翻译中的概念转换讲解的教学方式（郭高攀、廖华英，2016），以减少译者主观判断对译文产生的负面影响，使翻译教学过程中的概念转换更具操作性和解释力。

8.4　框架理论视角的翻译研究主要领域

框架理论对于翻译现象及过程具有很强的解释力（邓静，2010），特别是对语言转换背后的概念运作以及文化适应等问题提供了系统性的阐释。因此，除了以上所述的理论模型建构和理论思想探索，很多学者还将框架理论应用于文学翻译、文化典籍翻译、翻译教学、具体语言现象的翻译研究，取得了一系列应用研究成果。

8.4.1　框架理论视角的文学翻译研究

翻译中的一个最重要挑战是译者如何处理目标读者和原文读者的背景知识差异问题，因为背景知识是理解文本意义的重要认知资源。这一点在文学翻译中更为突出，因为文学作品的翻译既涉及意义和审美效果的再现，更需要译者以认知参与实现源语言文化与目标语言文化的协调（刘国辉，2010；谌莉文，2016；肖开容，2012，2013）。从这一思路出发，在过去十年中，国内多位学者以框架理论为视角开展了诗歌、小说和戏剧翻译研究。

1. 诗歌翻译研究

过去十年里，框架理论视角的诗歌翻译研究主要集中于中国古诗外译研究。根据在中国知网的不完全统计，2010—2019 年期间，有 19 篇文献从框架理论视角出发探讨中国古典诗歌英译问题，1 篇论文研究唐诗《静夜思》的德语翻译（项君玲、徐坚俊，2018），另有 1 篇论文研究艾略特《荒原》的汉译，体现出框架理论应用于中国古诗翻译研究的多维图景，分类统计如表 8.1 所示。

表 8.1　框架理论视角的诗歌翻译研究分类统计（2010—2019）

序号	研究对象	研究主题	发文数量（篇）
1	古诗	古诗英译、意象传递、文化意象、文化意象的创造性、框架操作、视觉化策略等	9
2	唐诗	唐代边塞诗、意象、文化意象、唐代爱情诗、婉约词、隐性信息传递、王维禅诗英译、语义差异、《望庐山瀑布》等	6
3	先秦诗	《诗经·国风》《楚辞》	3
4	古诗	许渊冲汉诗英译	1
5	唐诗	《静夜思》的德译	1
6	英语现代诗	《荒原》、意象重构	1

在这些研究中，有的开展诗歌翻译中的译者认知操作（肖开容，2012）、诗歌的视觉化翻译（陈佳，2016）等理论建构性研究；有的集中探讨中国古诗中的具体现象，如意象及其英译策略（师丹萍，2015；贾红霞，2014；商莉君，2013 等）；有的聚焦特定主题诗歌的翻译，如婉约词的英译（郑丽华，2011）、唐代爱情诗的英译（许佳欢，2012）、唐

代边塞诗的英译（李畔媛，2017）；或具体某位诗人的诗歌英译，如王维禅诗英译（吴迪，2013）；或某位译者的古诗英译，如许渊冲汉诗英译（孟丽丽，2012）；或先秦诗，如《诗经》和《楚辞》的英译研究；或英语现代诗的汉译（杨梓悠，2019）等。

从框架理论出发的诗歌翻译研究不仅对象和题材涵盖较广，而且提出了一些基于认知的翻译策略以及关于中国文化传播有效路径等富有启发性的观点。商莉君（2013）以《楚辞·九歌》的英译为例，探讨了译者如何通过框架借用、框架转移、场元素省略、框架创建等认知操作策略，解决原文意象在目标语中的对应空缺，实现诗歌意象的再现或传播。师丹萍（2015）认为，诗歌意象的翻译可考虑文化共性翻译和文化个性翻译，文化共性翻译可以让外国读者领略到中国古诗的特色，而文化个性则是外国读者的理解难点，需要通过译者对文化框架的对应、调整、置换、协调，实现中国古诗意象的跨文化再现。

2. 小说和戏剧翻译研究

基于框架理论的小说翻译也是一个重要的聚焦点，包括中国古代小说英译、中国现代小说英译和西方小说汉译等研究。

在古代小说方面，中国传统四大名著中的《红楼梦》《三国演义》和《水浒传》都受到框架理论研究的关注。胡文莉（2012）聚焦英国汉学家大卫·霍克斯《红楼梦》英译本中熟语的翻译，分析了霍译本的超额翻译与欠额翻译。郭帅（2016）基于框架理论研究了《红楼梦》日译本的隐喻翻译认知操作。该文对汉日隐喻的共性和差异做了比较，并以翻译的框架操作理论为分析模型探讨了《红楼梦》中的隐喻翻译为日语过程中的框架操作情况。郭帅（2016）认为，对于中日隐喻具有的共性，即普遍隐喻，能直接实现框架的完全对应，而对于中国文化所特有的隐喻，包括与日本文化不同的隐喻或者中国独有而日语中没有对应的隐喻，译者需要采用框架移植、框架成分增添、框架关系改换、框架层次调整等操作。该研究不仅验证了框架操作理论模型在小说翻译和隐喻翻译方面的解释力，而且将框架理论应用于汉日翻译研究，拓展了框架理论的应用范围。

在现代小说方面，受到框架理论关注的包括鲁迅《呐喊》的英译、贾平凹《废都》的英译、金庸武侠小说英译和儿童小说《哈利·波特》的汉译等。其中，孙迪（2010）基于框架的共性和特性，对《狂人日记》里的中西方文化差异框架做了分析，探讨了杨宪益、戴乃迭英译本体现出的框架系统、框架成分数量和特有框架协调等翻译策略。黎璐（2019）采用了 Fillmore 早期的场景—框架理论，建立了《废都》方言词汇语料库，然后通过场景—框架理论的分析，发现译者翻译时会尽可能选择与源语框架一致的目标语表达方式，考虑概念框架元素和意象框架元素的一致性，以此为读者展示更加生动的小说场景。肖开容（2013）以金庸武侠小说中的"侠"文化概念、"江湖"文化概念、"武侠人物称谓与头衔"的英译为例，以框架理论为据，说明知识系统重构在中国侠文化传播中的重要作用。该研究表明，侠文化根植于中国文化，对侠文化的理解要以知识系统为背景。对侠文化的传播应当进行系统性、多元性、渐进性、传播主体与受众的互动性考量，以知识系统的传递为目标，才能让身处另外一种文化中的目标受众获得侠文化的实质和内涵。侠文化的语际传播如此，其他形式的中国文化传播也可以考虑这个思路（肖开容，2013）。裴文娟（2010）采用框架语义学研究了《哈利·波特与魔法石》中言说类动词的翻译问题。

在戏剧翻译方面，刘庚玉（2012）运用框架翻译思想，对明代剧作家汤显祖的代表作《牡丹亭》两个英译本中的文化意象进行了对比研究，探讨了不同译者对文本理解和文化意象处理的不同视角、见解和处理策略。林海霞（2015）运用框架语义学理论，从权力框架、事件框架和人际交往框架三个框架结构对曹禺戏剧《雷雨》的王佐良英译本做了分析，发现戏剧台词的翻译因"戏剧性""舞台性""可表演性"等特点，需要译者通过语言手段帮助读者激活认知主体的共同认知框架，达到戏剧翻译的语用等效。

8.4.2　框架理论视角的文化典籍翻译研究

这里的文化典籍主要指除文学以外的中国文化典籍作品。过去十年间涉及中国文化典籍翻译的研究主要集中于中国古典哲学著作、中医典籍的英译研究。

在中国古典哲学著作英译方面，陈思雨（2012）以 Fillmore 的场景—框架语义理论分析了《道德经》的两个英译本，探讨了译者翻译策略背后的认知机制。《道德经》原文版本较多，英译本也至少有上百种。该文采用王弼版本的《道德经》作为原文，节选中国学者辜正坤和英国汉学家理雅各英译本的例子进行分析，发现两位译者在翻译中运用个人的社会知识以及专业知识对原著的场景进行理解分析，寻找原著与译文之间最合适的框架，实现哲学典籍中文化元素的跨语言再现。张琳琳（2010）结合词汇场和框架语义学两个理论，分析了《孙子兵法》的两个英译本。

最近越来越多的学者开始关注中医典籍英译，其中的一个理论视角就是框架语义学。过去十年间，有三位南京中医药大学的硕士研究生基于框架理论或框架语义学研究中医典籍的英译，包括《黄帝内经》比喻辞格英译研究（陈冲，2015；陈冲等，2015）、《金匮要略》病症名英译研究（曲琳琳，2017）以及中医典籍反义相成词英译研究（牛海燕，2018），体现了中医药大学特色以及框架理论在医学典籍翻译研究方面的应用。

8.4.3 框架理论视角的翻译教学研究

翻译既是一种跨语言活动，更是一种复杂的认知过程，因此翻译教学不可避免地需要从认知的角度进行探讨，开展翻译教学的认知建构。谭业升（2012a）认为，翻译教学中应注重学习主体对翻译外部环境的认知，引导学生在多样化的文本语境下利用多样化的认知手段和资源重新建构意义；同时还应重视概念系统的教学，使学生依托互通概念，以第一语言的概念系统为基础，对两种语言概念系统的差异有主体认知，从关注语言形式转向关注概念的文化负荷，尤其关注词汇／语块的特有概念属性和文化特有概念属性。这是从认知语言学理论出发对翻译教学提出的富有创建性的理论思考。这一翻译教学思想的实现途径之一便是基于框架语义学理论的翻译教学。

丁卫国（2013）综合了国内外学者有关翻译能力构成的基本界定，认为翻译教学涉及专业知识拓展和双语能力培养，由此构建了基于框架理论的翻译教学模式，如图 8.7 所示。

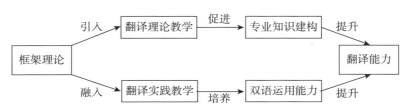

图 8.7　基于框架理论的翻译教学模式（丁卫国，2013：74）

在该教学模式中，丁卫国（2013）主张在翻译理论教学和翻译实践教学中引入框架理论。在翻译理论教学中，教师可引入场景—框架语义学描述翻译过程，诠释译者角色，引导学生将框架理论与其他翻译理论结合开展翻译批评。在翻译实践教学中，基于 Kussmaul（2000）提出的五种基于框架的翻译策略开展双语能力训练，并在翻译材料、翻译过程等不同层面引导学生激活认知框架，提高翻译能力。该研究从理论和实践两个维度提出基于框架理论的翻译教学模式，是对着眼于概念系统互通的认知翻译教学思想的具体实践。郭高攀和廖华英（2016）从语义构建和概念整合的角度、构建基于框架网 FrameNet、针对概念转换的翻译教学方式。相关研究观点在前述理论构建部分已作介绍，在此不再赘述。

部分学者将框架理论应用于商务翻译教学研究。蒋丽平（2016a）在丁卫国（2013）所建构的"翻译教学模式"基础上，将框架理论运用于商务翻译教学，构建了"基于框架理论的商务翻译教学模式"，如图 8.8 所示。

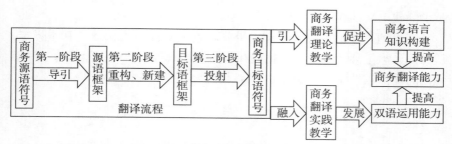

图 8.8　基于框架理论的商务翻译教学模式（蒋丽平，2016a: 30）

　　在该模式中，翻译流程被划分为三个阶段。第一阶段旨在通过源语言符号"导引"出源语框架，以获得原文语义。在这一阶段前，教师要为学生扩充百科知识和商务背景知识，引导学生建立背景知识框架。第二阶段针对源语和目标语之间的框架不对应情况，采取框架重构或新建框架，以导引出与源语框架一致或相似的目标语框架。在这一阶段，教师需要帮助学生激活相关认知框架并实施相应的框架操作。第三阶段用目标语来表达前一阶段构建的框架。这一翻译教学模式突出体现了如何将背景知识构建和认知操作应用于对知识系统依赖较重的商务翻译教学实践，颇具理论和实践价值。两年后，蒋丽平（2018）对其构建的商务翻译教学模式做了实验研究，评估该模式的教学效果。通过三个月的对照实验，发现基于认知框架的商务翻译教学具有明显的教学效果，提高了学生的认知能力以及商务翻译质量，促进了学生翻译技能、学习方式以及翻译兴趣的培养，激发了学生的认知习惯和学习动机。

8.4.4　**其他研究**

　　除了以上领域，在过去十年里，框架理论还被应用于探讨不同文体或主题的翻译（如商务翻译、法律翻译、新闻翻译、科技翻译、外宣翻译、航空术语翻译）、具体语言现象的翻译（如隐喻翻译、习语翻译、广告语翻译、商标名翻译、称谓语翻译、幽默翻译、相声翻译等）以及不同媒介形式的翻译（如交替传译、影视字幕翻译等），体现了框架理论在翻译研究中的广泛应用。下面简要概述部分代表性研究成果和主要观点。

1. 不同文体或主题的翻译研究

在商务翻译方面，蒋丽平（2016b）在商务翻译教学研究的基础上，将框架理论应用于商务词语的翻译策略研究，认为在框架理论视域下商务英语词汇翻译是译者在商务目标语中找到导引出与商务源语一致或相似框架的语言符号过程。由于英汉商务语言在框架系统、次框架以及文化框架方面的差异，译者需通过框架操作策略重构框架，以有效解决因源语概念意义影响导致的商务词语误译。

在法律翻译方面，有多篇硕士学位论文着眼于框架语义学视角的法律翻译策略、英汉法律文本互译、法律术语翻译研究。另外，汪美华（2012）认为，法律翻译不应局限于文本表面的语言形式转换，还应考虑语言背后的社会、文化、政治等因素。因此，从框架语义学出发，法律翻译可采取框架对应、框架选择、框架转换等认知策略。

在航空翻译方面，中国民航大学的吴云涛（2018）从框架语义学出发研究了航空英语半技术词的一词多义现象及其汉译策略。半技术词（semi-technical word）指跨学科出现频率很高、与上下文较为独立的词，既有一定的技术含义、又为多个学科通用，是科技文体中应用最广的词，科学思想和技术内容的展开主要靠半技术词来实现（方梦之，2011）。吴云涛（2018）认为，航空英语中的半技术词呈现体量大、词频高、跨学科、多义性、语义负荷低等语用特征，其汉译是一个语义框架认知、比较与重构过程，受行业语境的规约，译者需要了解行业背景知识，熟悉行业语境和表达规范。

2. 具体语言现象的翻译研究

框架理论也应用于具体语言现象的翻译研究，其中隐喻的翻译较为突出。蔡晓燕（2017）基于框架的文化差异来讨论隐喻的文化差异，提出了相同框架和不同框架下的隐喻翻译策略。陈少彬（2010）研究了广告语中的隐喻翻译问题，甘慧慧（2012）从框架理论出发探讨了汉语商标名的翻译，汪蓝玉（2014）分析了英语商标名称的翻译，也有学者在框架理论指导下以希腊诸神为例探讨文化词语翻译的意义问题（钟俊，2014），或同义词的词义辨析及翻译策略（卢艳，2015）等。

3. 不同媒介形式的翻译研究

以上研究主要聚焦笔译，特别是英汉语言之间的笔译研究成果。在过去十年间，也有学者采用框架理论开展口译和影视字幕翻译研究。肖华林（2016）在其硕士学位论文中构建了一个基于框架的交替传译模型，并用该模型对口译中的误译做出了解释。通过对 12 位学生译员的案例考察，该研究发现交替传译可视为框架建构和解构过程，这两个过程中的错误都会最终体现在口译产出中，而且这些错误不仅有语言层面而且也有认知层面的错误，由此说明口译是译员对原文进行概念化的过程。另外，也有部分研究聚焦影视字幕翻译，包括电影《阿甘正传》、情景喜剧《老友记》的字幕翻译等。

8.5　发展趋势展望

框架语义学理论经历了从 20 世纪 60 年代的场景—框架理论到如今认知语言学体系中的框架语义学，从基于句法结构中的语义角色分析到如今多语种乃至跨语言的框架网，经过不断的理论和应用研究演化，形成了一个庞大的研究体系。在认知科学和人工智能飞速发展的背景下，以框架理论为视角的翻译研究还将在理论拓展和应用研究等方面获得进一步发展，呈现以下研究趋势。

8.5.1　基于框架理论的认知翻译理论拓展

认知翻译学的发展最重要的关切是理论模式的构建（Shreve & Angelone，2010；肖开容、文旭，2012），这也是目前面临的最大挑战（Muñoz，2017a）。如前所述，在过去十年里，国内学者从框架语义学理论出发，构建了翻译中的框架操作、原型驱动的框架概念转换、基于框架的翻译教学模式等理论模型，推动了认知翻译学的理论发展。在此基础上，以框架理论为基础的认知翻译理论构建将在以下方面进一步推进。

1. 框架转换翻译理论的系统化

首先是理论依据的统一。在现有研究中，部分研究还在沿用 Fillmore 早期的场景—框架理论。框架语义学经历了不同的发展阶段，其雏形是格语法（陶明忠、马玉蕾，2008），后来发展为场景—框架语义学。到了 20 世纪 70 年代中期至 80 年代，Fillmore 引入心理学和人工智能领域的框架理论，将场景—框架语义学修正为框架语义学。场景—框架语义学中的框架是与场景相关的一系列语言选择，而场景是认知、概念或经验实体。后来，Fillmore 将框架更新为"人类经验的图式化结构"（Fillmore，1976），后来又逐步将其范围扩大为"具体的知识系统"（Fillmore，1985）、"认知结构、词汇编码概念的知识前提"（Fillmore，1992）、"概念结构、特定情境及其成分、大型制度性场景、对照模式、关系网络等图式化"（Fillmore，2005）。基于框架语义学的认知翻译理论建构需要建立在对框架理论的准确理解基础之上，特别是要关注框架理论的最新发展，吸取最新的理论成果。其次是理论术语的统一。在基于框架的认知翻译理论中，学者们分别使用了不同的术语，包括概念转换、认知操作、框架操作、认知运作，等等，不一而足。这是理论发展的必经阶段，但未来的进一步发展必然以术语的规范、协同和系统化为基本前提。

2. 基于更广泛翻译案例的理论完善

目前基于框架理论构建的认知翻译理论尚属初步探索，多以笔译、特别是文学翻译实践为基础。一方面，翻译的形态多样，不仅包括笔译、口译，而且还有视频翻译、字幕翻译、手语翻译等，翻译的题材也很广泛，几乎涉及人类生活的各个方面。另一方面，随着翻译技术和辅助工具的发展，翻译业态也呈现许多新的形式，如机器翻译、机助人译、人助机译、译后编辑等（肖开容，2018）。在这些不同类型的翻译中，译者的认知如何参与？有何特质？对译文质量有何影响？对这些问题的思考都将进一步促进基于框架理论的认知翻译理论模型不断丰富和完善。

8.5.2　框架语义学与构式语法理论结合的翻译研究

翻译研究不仅要探讨语义的认知机制以及译者认知在意义理解和重构中的重要作用，同时还涉及对语法的理解和再表达以及译者认知在其中的重要作用。因此，在框架语义学基础上，我们还有必要借助认知语法理论进行翻译的认知研究，其中的一个有力的理论工具便是构式语法。

框架语义学是有关词汇意义的语言学理论，但是语言涉及的不仅仅是词汇及其意义，另外一个重要方面是语法。Fillmore（2008）认为，词汇与语法密不可分，词典需要明确每个词汇的语法可能性（grammatical affordances），而语法词典则需要明确能够在某语法构式里充当特定角色的词汇单位，因此语法与词汇互相依存。词汇意义的认知以框架为背景，可以通过构建框架网来描绘词汇及其意义。语法的基本单位是构式，一种语言的语法可以看作是不同的构式及其关系组成的构式库（Fillmore，1988），因此也可以构建基于构式的语法词典。在此思想引导下，Fillmore 带领研究团队开始在英语框架网词典的基础上构建英语构式词典（constructicon）。随后，陆续有巴西葡语构式词典、德语构式词典、日语构式词典、俄语构式词典和瑞典语构式词典纷纷建立，形成了构式语法与词典编撰相结合的构式开发项目，被称为构式词典编撰（constructicography）（Lyngfelt，2018）。由 Lyngfelt、Borin、Ohara 和 Torrent 合编的论文集《构式词典编撰：跨语言的构式词典开发》（ *Constructicography: Constructicon Development Across Languages* ）于 2018 年出版，收集了英语、德语、日语等多种语言的构式词典编撰方法及主要成果。这些成果为开展基于构式语法以及构式语法和框架语义学相结合的翻译研究提供了很多可能。

将框架语义学与构式语法理论相结合的翻译研究，可有三种研究思路。其一，以基于不同语言的构式词典进行跨语言、多语言之间的构式对比，以此为基础进行基于构式的翻译研究。其二，可以通过构式词典和构式语法理论开展基于构式语法的认知翻译理论模型建构。其三，可以将构式语法与框架语义学结合，开展基于框架—构式的翻译研究，特别是探索双语框架词典和双语构式词典的构建，为机器翻译的研发提供理论和资源基础。

8.5.3　基于双语、多语框架网的翻译研究

框架语义学与翻译研究结合的另外一个发展趋势是基于框架网的翻译研究。框架语义学对词典编撰产生了深远影响，Fillmmore 和同事们从 20 世纪 90 年代开始建设的英语框架网（FrameNet）到目前为止已有 1 200 多个框架，标注了 200 000 个句子，涉及 13 000 个词元。英语框架网的建设引发了更多语种框架网的建设，到 2018 年为止已有西班牙语、德语、日语、汉语、法语等十六种语言建成了框架网。

在不同语言框架网的基础上，基于语言之间框架对比的翻译研究将成为其中一个发展方向。Boas（2002）提出了开发用于机器翻译的双语框架网络词典的构想，并以德语和英语框架的对应为例构建德英平行词库，为信息提取、机器翻译和语言生成提供服务。汉语框架网（汉语框架语义知识库，Chinese FrameNet，CFN）由山西大学刘开瑛教授带领的团队于 2006 年初步建设，就汉语的 1760 个词元构建了 130 个框架，标注了 8200 个句子（由丽萍、杨翠，2007）。利用英语和汉语的框架网，既可以开展基于框架的英汉语比较研究，也使基于框架对比的翻译研究成为可能。毛海燕（2010）以英语 FrameNet 和汉语 CFN 为基础，探索了开展英汉语框架对比和词元对比的基本模式，但并未进一步开展翻译研究。最近，随着越来越多语种框架网的建成，有人开始提出多语言框架网络工程（Multilingual FrameNet Project）的构想（Torrent et al., 2018）。因此，我们相信，基于汉语和其他语言框架对比的翻译研究将成为一个颇有前景的研究方向。

8.6　小结

总之，框架理论持一种百科知识语义观，认为意义与人的知识系统有关，框架作为人类经验的图式化，是概念运作的一种形式。意义的理解需要激活与该语言表达相关的框架，翻译中意义的重构也需要从框架实现，但需要译者对框架进行认知操作，以实现与目标读者知识系统的对接。因此，框架语义学为翻译研究提供了探索译者在各种不同类型翻

译工作中进行认知加工方式的有效理论工具，在过去十年里被国内学者广泛运用于翻译的理论建构以及不同文体、主题、媒介形式和语言现象的翻译研究，取得了一系列理论成果和研究发现，形成了"翻译乃概念转换""翻译涉及译者认知操作"等诸多共识，有力地推动了认知翻译学的发展。随着框架语义学和构式语法理论的进一步发展、多语种框架网的不断建设、多语种构式词典的逐步开发，以框架语义学和构式语法理论相结合、以框架网和构式库的跨语言对比为基础的认知翻译研究将在理论建构和应用研究方面取得更加丰硕的成果。

第三部分
应用研究

第 9 章
典籍翻译的认知研究

9.1　引言

　　中华民族勤劳智慧，至今已有五千多年的历史记忆和悠久的人类文明史，留下了大量优秀典籍，对人类文明做出了卓越贡献。在全球化的今天，不同文化、不同文明融合与发展的速度日益加快，翻译已经成为沟通不同文明、不同文化不可或缺的纽带。我们在不断了解和吸收各国优秀文化和先进科技的同时，还应当大力继承和发扬中华民族的优秀传统文化，让世界真正了解中国。"任何一种优秀的文化都有一种与别人交流、交融的内在冲动，这种内在冲动就是各美其美，美美与共的文化自觉，我们已经引进国际上那么多优秀产品，我们也需要向国际介绍我们的优秀产品。"（王宏，2012：9）中国典籍英译实践及典籍英译研究对于传播中华优秀文化，促进东西方文化融合，实现中华民族的伟大复兴和构建人类命运共同体有着十分重大的现实意义。因此，本章拟对《中国翻译》《上海翻译》《中国科技翻译》《中国外语》《外语教学与研究》《外国语》《外语学刊》《外语电化教学》《外语教学理论与实践》《外语研究》《外语与外语教学》《外语教学》《解放军外国语学院学报》《西安外国语大学学报》《外国语文》《英语研究》等 16 种国内外语类核心期刊近十年（2010—2019）有关典籍英译研究的现状，特别是典籍英译认知研究的现状进行梳理，以期对未来的典籍英译认知研究和实践抛砖引玉，为中国文化真正"走出去、走进去"尽点绵薄之力。

9.2　典籍的定义及英译现状

9.2.1　典籍的定义

《辞海》（1999 年版上卷第 831 页）对"典籍"的定义是："国家重要文献。《孟子·告子下》：'诸侯之地方百里；不百里，不足以守宗庙之典籍。'赵岐注：'谓先祖常籍法度之文也。'亦统称各种典册、书籍。《尚书序》：'及秦始皇灭先代典籍。'《后汉书·崔寔传》：'少沈静，好典籍。'"由此看来，"典籍"主要有两个义项，一是古代重要文献、书籍；二是法典、制度。根据《辞海》的定义，汪榕培、王宏（2009：1）把"典籍"界定为"中国清代末年即 1911 年以前的重要文献和书籍"。根据该定义，他们认为重要文献和书籍是指中国的社会科学、自然科学等各个领域的典籍作品，这就要求我们在从事典籍翻译时，不但要翻译中国古典文学作品，还要翻译中国古典法律、医药、经济、军事、天文、地理、农业等多方面的作品。唯有如此，才能称得上完整意义的中国典籍英译。

9.2.2　典籍英译研究现状

王宏（2012）对中国典籍英译的成绩、问题与对策做了详细的分析。他认为中国典籍英译，特别是中华人民共和国成立以来，典籍英译取得了巨大成绩，但也存在以下五个方面的主要问题：① 选材较为单一，大多集中在古典文学作品；② 理论与实践脱节；③ 对外传播缺乏有效渠道；④ 翻译人才亟须充实，目前国内的情况是，专门从事典籍英译和相关研究的人员仍然偏少；⑤ 合作与交流有待加强。

最近十年（2010—2019），《中国翻译》等 16 种国内外语类核心期刊共发表与典籍英译研究相关论文 484 篇（具体数量见表 9.1）。

表 9.1　16 种期刊发文数量（2010—2019）

序号	期刊名	发文数量(篇)	序号	杂志名称	发文数量(篇)
1	《中国翻译》	95	9	《解放军外国语学院学报》	24
2	《外语教学》	48	10	《外国语》	20
3	《上海翻译》	45	11	《外语研究》	20
4	《外语学刊》	43	12	《中国科技翻译》	18
5	《西安外国语大学学报》	40	13	《外语教学理论与实践》	16
6	《外国语文》	30	14	《外语教学与研究》	13
7	《中国外语》	28	15	《英语研究》	11
8	《外语与外语教学》	26	16	《外语电化教学》	7
共计	484 篇				

　　通过对 484 篇论文进行分析，我们发现典籍英译研究取得了很大成绩，但还存在以下两大问题：一是选材单一；二是理论视角不够多元。

表 9.2　论文研究对象与数量（2010—2019）

研究对象	数量（篇）
《红楼梦》	56
《水浒传》	15
《三国演义》	9
《西游记》	8
《论语》	46
《道德经》	19
《诗经》	11
《中庸》	11
《庄子》	9
《孙子兵法》	8
《孟子》	4
中医典籍	14（其中有 10 篇是关于《黄帝内经》）
科技典籍	9

第一个问题是典籍英译研究选材较为单一。从表 9.2 可以看出，典籍英译研究主要研究对象为文学作品，而且主要与《红楼梦》（56 篇）、《水浒传》（15 篇）、《三国演义》（9 篇）与《西游记》（8 篇）这四大名著有关，共计 88 篇，占发文数量的 18.2%。文学作品中尤以《红楼梦》的研究最多，有 56 篇，占比 11.6%；《论语》有 46 篇，占比 9.5% 左右。另外，中医典籍英译 14 篇、科技典籍 9 篇，其他典籍英译研究数量偏少或几乎为零。

第二个问题是理论视角较为单一，缺乏多元性。在接受彭红艳（2020）的访谈时，廖七一认为，中国文化"走出去"、中国典籍的翻译与对外传播所涉及的不仅仅是对翻译文本的选择、翻译策略的应用、翻译文本形态的取舍以及目标语言形式的思考，还包括典籍意义的生成语境、互文性解读、现代化诠释，典籍翻译的意义转换、接受语境、本土化、传播媒介，以及中国形象的西方建构等方面的研究（彭红艳，2020）。

9.3　最近十年典籍英译认知研究概览

通过对《中国翻译》等 16 种刊物近十年（2010—2019）发表的论文的检索，实际只有《上海翻译》（4 篇）、《外语教学》（3 篇）、《外语学刊》（3 篇）、《解放军外国语学院学报》（3 篇）、《中国翻译》（2 篇）、《外国语》（2 篇）、《外语与外语教学》（2 篇）、《英语研究》（2 篇）、《中国科技翻译》（1 篇）、《外语研究》（1 篇）、《外国语文》（1 篇）11 种期刊，共计发表了 24 篇有关典籍英译认知研究的文章，这些文章主要以概念隐喻、概念转喻、认知识解、概念整合、认知图式、情感、情态、有界/无界、关联理论等为理论框架，以具体的典籍英译文本为例，探讨了典籍英译的认知问题。

9.3.1　概念隐喻、概念转喻与典籍英译

　　自 20 世纪 80 年代以来，认知语言学家将概念隐喻和概念转喻看作一种心理机制，他们认为概念隐喻和概念转喻不仅仅是一种修辞手段，而且更是人类认识客观世界的一种基本认知方式，概念隐喻和概念转喻构成了人类许多概念形成的基础。在 2010—2019 年间，国内 12 位学者发表了 10 篇有关概念隐喻 / 转喻与典籍英译研究的文章（见表 9.3），其中隐喻与典籍英译 7 篇、转喻与典籍英译 3 篇。他们分别从概念隐喻和转喻的视角，探讨了典籍英译过程中隐喻和转喻翻译的策略、方法与技巧。

表 9.3　概念隐喻 / 转喻与典籍英译发表文章

序号	作者	题名	期刊名	时间和期号
1	朱纯深、崔　英	从词义连贯、隐喻连贯与意象聚焦看诗歌意境之"出"——以李商隐诗《夜雨寄北》及其英译为例	《中国翻译》	2010（1）
2	李文中	《道德经》的核心概念及隐喻的英语表述分析	《解放军外国语学院学报》	2015（5）
3	孙凤兰	概念隐喻视角下的《黄帝内经》英译	《上海翻译》	2016（2）
4	何立芳、李丝贝	道教典籍语言隐喻认知特征解析与翻译	《外语学刊》	2017（4）
5	曹灵美、柳超健	"草"隐喻的英译认知研究——以《水浒传》四个译本为例	《中国翻译》	2018（6）
6	顾　毅、张昊宇	书论典籍中人体隐喻的翻译——以《续书谱》英译本为例	《中国科技翻译》	2019（4）
7	王明树	概念隐喻的认知流程及翻译研究——兼谈"翻译隐喻"与隐喻翻译之区别	《英语研究》	2019（2）
8	冯　梅	医学冠名术语的转喻及其翻译研究	《上海翻译》	2014（1）

（续表）

序号	作者	题名	期刊名	时间和期号
9	杨文滢	概念转喻视角下汉语诗词意象的解读与英译研究——以"凭阑"为例	《外语与外语教学》	2015（2）
10	范祥涛	汉语文化典籍中的链式转喻及其英译研究	《外语教学》	2017（6）

1. 概念隐喻与典籍英译

朱纯深和崔英（2010）首先从衔接、连贯与互文性的角度简单回顾了"意义"与"解读"的概念，然后以汉语古诗《夜雨寄北》为研究对象，对文本进行逐字分析，标出文本中的词义连贯脉络及其建立在本体隐喻层面的比喻连贯。通过该个案的分析表明，诗歌意境之"出"，可以分为两层连贯网络：词义连贯和隐喻连贯。这两个层次通过一些聚焦的意象相勾连。在一首诗的文本世界中，意象聚焦通过框定而实现。

李文中（2015）以所搜集的《道德经》的 84 种英译本，构成了一个同质的微型语料库；以王弼通行本为主要源文本，适当参照其他新发现的版本，基于概念隐喻理论框架，应用语料库短语学分析方法，发现英译文本通过重构 valley(s)（河谷）隐喻，并与其他重构的隐喻，如 river(s)、abyss、vessels、mother、gateway、water 等，试图解释"道"这一概念的语义属性特征，即"初始""空无"以及"创生、虚静、无为"。隐喻意义与词语搭配形式形成共选关系，二者不可分割。

孙凤兰（2016a）通过展示结构性隐喻、方位性隐喻以及本体性隐喻这三类隐喻在《黄帝内经》英译本中的体现，分析了不同翻译版本的成因，探讨了概念隐喻的翻译策略，为典籍英译中的概念隐喻英译提供了参考。

何立芳和李丝贝（2017）认为，因内丹修炼者以取象比类的思维方式记录他们的修炼体验，所以道教典籍自然呈现出大量隐喻思维表述，这决定道教典籍翻译需要经历两次隐喻过程。在解析道教典籍语言隐喻认知特征的基础上，采用中国英语翻译属于中国的事物和概念不失为一种积极的译介道教文化的有效手段，能较好地促进国际交流中中国文化身份的构建与认同。

曹灵美和柳超健（2018）根据 Pragglejaz Group 提出的 MIP 隐喻识别程序，穷尽性识别《水浒传》前 70 回中的汉语"草"隐喻语料。基于象似性原则、概念隐喻理论和体验哲学的隐喻"三位一体"认知分析法，剖析其四个译本中"草"隐喻的象似性表征、跨域映射和认知体验，提出了直译喻体、转换喻体、直译喻体 + 释义、转换喻体 + 释义的英译方法，减少喻体亏损，努力使译文读者产生与原文读者一致的喻体意象。

顾毅和张昊宇（2019）以张充和、傅汉斯《续书谱》英译本为例，探讨了书论中人体隐喻的翻译。分析表明，"书体""字体"皆为隐喻，是人体域向书法域的映射，"体"在书法中已抽象化，英译也多以抽象名词对应。以外在形体为喻体的隐喻多可以直译，并通过语境铺垫显化其书法本体内涵。精神层面隐喻的翻译可以采取文化补偿法，增益词语以再现书法之美。

王明树（2019）首先以概念隐喻理论为框架，探讨了概念隐喻翻译过程中，译者正确理解概念隐喻的动态认知流程，区分了"翻译隐喻"与"隐喻翻译"这两个概念，然后以李白诗歌《静夜思》的七种英译为例，阐述了概念隐喻视角下的翻译策略、翻译方法与翻译技巧，旨在早日揭开汉语古诗中的概念隐喻及隐喻翻译的神秘面纱。

2. 概念转喻与典籍英译

通过对医学冠名术语中的转喻问题进行较为详尽的分析，冯梅（2014）认为医学冠名术语由一个或多个真实的或虚构的人名转喻与其有邻近关系的突显对象，赋予其相应的医学概念。转喻后的人名由词经历级阶下降，成为冠名术语的一个自由或黏着词素。医学冠名术语中人名的翻译方法不一，造成了术语翻译的混乱。基于术语翻译的三大标准：准确性、单义性和简明性，冯梅主张医学冠名术语应尽量整体意译，整体意译不可为时采用零翻译人名、意译其他，前者包括：① 一个人名不译；② 两个及以上人名采用首字母缩略，并用连字符连接各字母。

杨文滢（2015）从认知转喻视角考察了汉语古典诗词之高频意象"凭阑"的美学运作与英语翻译，指出"凭阑"是一种符合理想化认知模式基本特征的事件转喻，从而解释其成为经典诗词意象的认知动因；研究发现转喻的概念生成机制可以揭示"凭阑"意象言简义丰的认知理据；并从概念转喻的体验性、突显性与完型性深度探讨了意象的可译性，通过个案分析提出了一些具体的翻译方法与技巧。该研究结果与理论框架对于拓展汉语诗词意象解读与翻译的路径有一定的参考价值。

范祥涛（2017）采用理论梳理和经验实证的研究方法，探讨了汉语文化典籍中的链式转喻及其英译方法。研究发现，链式转喻的名称、界定、分类等尚需进一步厘清；汉语文化典籍中的转喻多数是链式转喻，这些转喻在英译中单独保存的程度很低，大多数需要译出喻体以明确意义；而结合其他方法，链式转喻的本体也可以在翻译中得到较高程度的保存。

9.3.2　认知识解与典籍英译

认知语言学认为语言与情景之间并不存在直接的映射关系。一个情景可以用不同的方式去"识解"（construe），然后编码为不同的语言表达形式，因而体现出不同的概念化方式，也就是说语言系统为我们提供了不同的识解方式。Langacker（2008：55）又将识解的维度归纳为详略度、焦点化、突显和视角。王明树（2010a，2010b）在Langacker的基础上，增加了情感和情态两个维度，他认为这六个维度在语言结构的组织及其语义表达中都扮演着重要的角色，在翻译过程中，译者的识解方式总会受到源语和目标语识解方式的制约。在2010—2019年十年间，国内有10位学者发表了7篇有关认知识解与典籍英译研究的文章（见表9.4）。他们相继从识解所包含的视角、详略度、焦点化、突显、情感、情态等主要维度出发，探讨了典籍英译过程中，译者在选取翻译策略、方法与技巧时，是否会受到这六个主要维度的制约。

表9.4　认知识解与典籍英译发表文章

序号	作者	题名	期刊名	时间和期号
1	王明树	"辖域"对源语文本理解与翻译的制约——以李白诗歌英译为例	《外国语文》	2010（3）
2	王雯秋、王明树	"情态"对源语文本理解及翻译的制约——以李白诗歌英译为例	《英语研究》	2013（2）
3	乔小六	认知语法视野下的《红楼梦》英译	《上海翻译》	2014（3）
4	刘正光、陈弋、徐皓琪	韦利《论语》英译"偏离"的认知解释	《外国语》	2016（1）
5	孙凤兰	识解理论视角下的《黄帝内经》医学术语翻译	《外语学刊》	2016（3）
6	杨诚、朱健平	认知突显理论观照下霍译《红楼梦》中探春形象定向重构研究	《外国语》	2017（1）
7	李孝英	中医情感术语英译认知研究	《上海翻译》	2019（3）

　　王明树（2010a）以认知语言学有关"辖域"的研究为理论框架，通过分析对比李白诗歌的不同英译，探讨了'辖域'对唐诗翻译的制约，发现译者在翻译过程中都自觉或不自觉地受到了源语文本"辖域"的制约，而且译者应尽量实现与源语文本的"辖域"对等。

　　王雯秋和王明树（2013）以认知语言学有关情态的研究为理论框架，通过对比分析李白诗歌《月下独酌》的不同英文译本，探讨了情态对唐诗翻译的制约。他们认为译者在翻译过程中都自觉或不自觉地受到了源语文本情态的制约，而且译者应尽量实现与源语文本的"情态"对等。

　　认知语言学认为翻译本质上是跨语言、跨社会、跨文化的认知活动。乔小六（2014）以《红楼梦》第一回四个英文译本为蓝本，从语义框架、焦点与背景、详略度、视角、象似性等五个方面探讨了认知语法视野下的翻译维度。

　　国内学者对韦利《论语》英译的研究虽然成果斐然，却大多集中于对其翻译风格和翻译水平的评析，或从文化层面解释大的认知背景对韦利翻译的影响，甚少有学者论及韦利翻译过程中出现各种偏离现象的根本认知动因。刘正光等（2016）借助认知语言学识解的相关原则，以韦利《论语》英译过程中出现的各种偏离现象为切入点，从辖域、视角和突显的维度考察了译者主体性对源语文本的理解和译文输出的影响，解释了各种偏离产生的深层认知原因。

孙凤兰（2016）依据认知语言学中的识解所包含的辖域和背景、视角、突显以及详略度，以中医典籍《黄帝内经》为例，分析了《黄帝内经》经典英译本在术语翻译方面的差异。孙凤兰认为，译者的辖域和背景尽可能接近原文世界，视角与原文实现最佳关联，突显上最大可能接近原文的认知参照点，详略度上体现认知努力和认知增量，这些都有助于最大程度准确翻译原文本义。

杨诚和朱健平（2017）以认知突显理论为框架，以霍译《红楼梦》中探春形象定向重构为研究对象，探讨了霍克斯是如何再现探春的复杂性格特征的。他们认为，霍克斯在其译作中基本上再现了探春的复杂性格，但同时也通过定向性改变详略度和认知参照点、改变基底—侧面和射体—界标的关系等，来改变突显的方式和内容，使探春的形象发生了某些细微的变化：其尊贵高雅的气质被弱化，敏感尖刻的个性被强化，精明威严的管理者形象也得到了突出。认知突显理论能使我们透过语言表面的细微变化看到译者的深层意图，并从整体上看出译者对人物形象的定向重构。

中医文化"走出去"有利于中国传统文化的传播，而要让中医文化走向世界，中医文化的翻译则不可或缺。李孝英（2019）针对中医情感术语翻译缺乏国家统一标准之情况，对比了《汉英双解中医临床标准术语辞典》《中医基本名词术语中英对照国际标准》《中医药学名词》与《传统医学名词术语国际标准》四本词典中涉及中医药情感术语的英译标准，并把《黄帝内经》中对"喜""悲"的概念化与 happy 和 sad 的概念化进行对比，从语言文字的认知理据性出发，提出了更加符合原文、更能表达原医家情感色彩、并且能更好体现中国传统文化特色的英译方法，以期为中医准确的国际传播提供情感术语翻译方面的参考。

9.3.3　其他认知理论与典籍英译

其他认知理论与典籍英译文章共 7 篇（见表 9.5），涉及 6 种不同的认知理论。其中关联理论与典籍英译 2 篇、认知图式理论与典籍英译 2 篇、有界 / 无界与典籍英译 1 篇、认知文体学与典籍英译 1 篇、概念整合理论与典籍英译 1 篇。

表 9.5　其他认知理论与典籍英译发表文章

序号	作者	题名	期刊名	时间和期号
1	段奡卉	关联理论视角下汉诗英译的认知推理过程探析——以唐诗《春望》五种译文为例	《外语教学》	2010（4）
2	段奡卉	关联翻译理论看汉语格律诗英译中形式的趋同——以《春望》三个译本为例	《外语学刊》	2011（3）
3	杨俊峰	从古典诗歌中的意象翻译看意象图式理论的阐释空间	《外语与外语教学》	2011（4）
4	王　宏、曹灵美	图式理论视域下的少数民族典籍英译研究	《解放军外国语学院学报》	2017（6）
5	李天贤、王文斌	文学翻译视域融合的"有界"与"无界"——以李清照《如梦令》为例	《外语教学》	2012（6）
6	谭业升	基于认知文体分析框架的翻译批评——以《红楼梦》两个经典译本的批评分析为例	《外语研究》	2013（2）
7	王　微	从概念整合视角研究庞德《神州集》中的意象传递	《解放军外国语学院学报》	2015（6）

1. 关联理论与典籍英译

关联理论认为，语言交际是一个涉及信息意图和交际意图的明示—推理过程。说话人提供最大的关联信息，听话人则根据语境或认知环境对信息进行推理，选择关联性最大的假设，获取最佳关联，从而达到交际目的。段奡卉（2010，2011）在关联理论视角下，以唐诗《春望》英译为例，探讨了汉诗英译的认知推理过程。作者认为，诗词翻译也是一个对语言进行认知推理的交际过程，翻译中为达到语用等效，必须正确地理解自然语言。因此，关联理论可以作为指导诗词翻译的语用翻译理论。在关联理论框架下对诗词翻译这一交际过程进行研究，能够全面、科学地理解话语，使交际获得成功。

2. 图式理论与典籍英译

自 20 世纪 70 年代以来，图式理论逐渐发展为一种成熟的理论，并已成为跨学科领域广泛使用的概念，如认知心理学、认知语言学、文化语言学、认知人类学、人工智能等（陈吉荣，2013）。杨俊峰（2011）以古典诗歌中的意象翻译为研究对象，首先详细分析了古典诗歌中的意象，然后以此为依据探讨了古典诗歌中的意象翻译的实质和过程。在此基础上，杨俊峰从意象图式的定义、特性和功能及其在文学上的应用三个不同角度，发掘在古典诗歌中的意象翻译过程中意象图式的阐释空间。通过分析，他认为意象图式对古典诗歌中的单个意象、复杂意象及意象组合的翻译都具有阐释力。

王宏和曹灵美（2017）借鉴图式理论，探讨了少数民族典籍英译所涉及的源语（少数民族语）、媒介语（汉语）、目标语（英语）间语言、文学、文化图式的转换问题，指出译者应尽量选择"民译英"翻译途径，采用多种符号形态再现少数民族典籍的"活态"特征，采取"深度翻译法"引介少数民族异质文化；强调译者应在译前做好民族典籍图式入库工作，在解码时努力激活与源语相关的知识图式并动态识解源语图式，在编码时激活目标语读者已有的先验图式，并助其建立少数民族典籍新图式，助推我国少数民族典籍走向世界，达到"引入异域图式，弘扬民族文化"之目标。

3. "有界 / 无界"与典籍英译

沈家煊（1995：377）认为"有界—无界"的对立是人类"一般认知机制"的一部分，是人类最基本的认知概念之一。人最初从自身的人体认识了什么是有界事物，又按有界和无界的对立来认知外界的事物、动作和性状。李天贤和王文斌（2012）认为"有界"指能确定内在自然边界的形体或形态，"无界"则指不能确定内在自然边界的形体或形态。"有界"与"无界"的对立是人类认知体验的结果。"有界"与"无界"这对认知语言学概念可用于诠释文学翻译的原文视域、译者视域及二者之间的"视域融合"。他们以李清照的《如梦令·昨夜雨疏风骤》及其四种英译为例，剖析了文学翻译中译者视域与原文视域融合的"有界"与"无界"问题。

4. 认知文体学与典籍英译

邵璐和黄丽敏（2020）认为认知文体学作为一门新兴学科，尚未形成清晰的分析框架，其应用方法仍有极大的发展空间，研究成果也有待丰富。国外的认知文体学研究主要有三种模式，包括：① 从认知视角研究文体分析方法（Nagy，2005）；② 以认知诗学为框架探讨认知文体学相关理论（Stockwell，2002）；③ 运用认知语言学理论（意象图式、前景化、概念隐喻、概念整合、语篇世界等）或认知科学方法进行文体分析（Semino & Culpeper，2002）。目前，国内认知文体学研究主要采取第三种模式。谭业升（2013a）借鉴认知文体学的分析框架，以《红楼梦》两个经典译本为例，对译者主体的认知处理策略和原则及其所取得的文体效果进行了批评性分析，并对新的批评分析框架的价值和优势进行了具体阐述。认知文体学可在文本考察的基础上，对译者的认知策略和认知状态进行透视，并兼顾到文学效果和具体文本个性价值的重要性。

5. 概念整合理论与典籍英译

文旭和肖开容（2019）认为概念整合理论的核心思想是将概念整合看作是人类的一种基本的、普遍的认知方式，涉及人们日常生活的方方面面。概念整合理论的框架包括两个输入空间：输入空间 1（input space 1）、输入空间 2（input space 2）；一个合成空间（blended space）；一个类属空间（generic space）和层创结构（emergent structure）。两个输入空间的共有结构和共有信息被投射到类属空间里；同时，通过跨空间的部分映射、匹配，两个输入空间的成分被有选择地投射到合成空间。合成空间是对输入空间里的概念进行整合操作的中介地带。它从两个输入空间中有选择地提取部分结构，形成层创结构。这四个空间通过投射链彼此连接，形成了一个完整的概念整合网络。王微（2015）运用概念整合理论解读《神州集》背后的心理运作过程，揭示了译者是如何通过意象传递实现意境重现的过程，以及影响译者在翻译中采用不同意象传递策略的原因。

9.4 典籍英译认知研究未来趋势

在 2010—2019 年十年间，典籍英译认知研究引起了学界部分同仁的关注，而且取得了一定的成绩，但未来还可以在以下几个方面展开更多的研究。

第一，加强典籍翻译认知研究的队伍建设。经过统计，在 2010—2019 年十年间，《中国翻译》等 16 种期刊共发表了有关典籍英译研究的文章 484 篇，其中有关典籍英译认知研究的文章只有 24 篇，占 4.96%。由此可见，从事典籍英译认知研究的人数不多，发文数量较少，希望未来有越来越多的专家、学者从事典籍翻译认知研究。

第二，丰富典籍翻译认知研究的题材和语料。在有关典籍英译认知研究的 24 篇文章中，古典文学作品有 14 篇，占 58.33%，其中小说 4 篇（《红楼梦》3 篇、《水浒传》1 篇）、诗词 10 篇；医学典籍 3 篇、书论典籍 1 篇、哲学典籍 2 篇、道教典籍 1 篇、医学冠名术语 1 篇、中医情感术语 1 篇、少数民族典籍 1 篇。在文学典籍英译认知研究时，研究者除了关注四大名著的英译与认知之外，还可涉及其他古典文学作品。在医学典籍认知研究方面，研究者除了探讨《黄帝内经》的英译与认知，还可关注其他医学典籍的英译与认知问题。在进行哲学典籍翻译研究时，除了关注孔子的《论语》、老子的《道德经》等作品之外，研究者还可关注墨子、庄子、孟子、孙子、荀子、韩非子、董仲舒、朱熹、王守仁、王夫之等哲学思想名家的作品，研究更大范围哲学作品翻译的认知问题。

　　第三，拓展典籍翻译认知研究的理论视角。2010—2019 年十年间发表的 24 篇有关典籍英译与认知研究的文章主要涉及概念隐喻／转喻与典籍英译认知研究（10 篇，占 41.66%）、认知语法中的识解理论与典籍英译认知研究（7 篇，占 29.17%），两者共占 70.83%，其他典籍英译与认知研究文章只有 7 篇，占 29.17%。由此可见，未来的典籍翻译与认知研究可以重点关注以下两个方面的内容：一是加大典籍翻译认知理论研究者同典籍翻译实践者的合作力度，以便解决理论与实践"两张皮"的现象；二是从宏观和微观两个层面注重认知理论与典籍翻译研究的系统性和科学性，这是因为典籍翻译认知过程不同于一般的翻译认知过程，一般的翻译认知过程只涉及语际翻译认知过程，而典籍翻译既有语内翻译，亦有语际翻译认知过程。

　　宏观层面的典籍翻译认知研究可结合语言认知、社会认知和文化认知这三个宏观层面对典籍英译进行研究，为典籍翻译建构宏观的理论指导框架。

　　就语言认知而言，认知语言学认为，在现实和语言之间，存在认知这一中间环节，也就是说语言是人的认知能力的一部分。意义等同于概念化，而不是可能世界中的真值条件：一个表达式的意义就是在说话人或听话人的大脑里激活的概念，更为具体地说，意义存在于人类对世界的识解（construal）中，它具有主观性，体现了以人类为宇宙中心的思想，反映了主导的文化内涵、具体文化的交往方式以及世界的特征。这一原则表明，意义的描写涉及词与大脑的关系，而不是词与世界之间的直接关系（文旭，2014）。因此，作为典籍翻译研究者可以考察译者对典籍的理解和表达的认知过程，而非简单的语言对等的问题。

　　社会认知是心理学的前沿领域，关涉我们如何理解自我和他人。社会认知就是我们解释、分析和记忆有关社会世界中信息的方式。该定义强调了三个认知过程：首先，我们所接收到的关于他人和自我的信息，都是经过了解释的，也就是说，这些信息的意义通常是由社会环境、先前的经验、文化价值等来决定（文旭，2019）。作为典籍翻译研究者应结合社会认知的理论框架，考察译者的翻译行为、价值观念等是否受到了社会认知的制约。

文化认知是文化以某种方式和途径进入社会成员心理结构当中、形成某种特定的认知图式。文化认知形成于长期的历史过程，并同时是历史的和社会的。文化认知是个体行为包括话语行为的基础。因此，作为典籍翻译者，其典籍翻译策略、方法和技巧的选取在很大程度上必然会受到文化认知的制约。

微观层面的典籍翻译认知研究可结合认知语言学的具体理论（如概念隐喻、概念转喻、范畴与范畴化、主观性与主观化、象似性、意象图式、框架、概念整合等），结合不同文体的典籍翻译语料，对典籍翻译进行描述性的研究，为典籍翻译提供具体的理论指导。另外，典籍翻译研究者还可以利用典籍翻译的语料，利用现代技术手段和工具，从认知的角度对译者的行为进行实证研究。

9.5　小结

综上所述，自 20 世纪 80 年代认知语言学诞生以来，国内专家、学者把认知语言学的理论用于典籍翻译研究，提出了很多真知灼见，为典籍翻译研究提供了新的研究视角。本章对 2010—2019 年这十年间 16 种外语类期刊有关典籍英译及典籍英译认知研究进行梳理，总结归纳过去十年所取得的成绩。我们认为，在从事典籍翻译认知研究时，只有全方位关注中国古典文学、哲学、法律、医药、经济、军事、天文、地理、农业等多方面的作品，从宏观（语言认知、社会认知、文化认知）和微观（认知语言学）两个层面进行描述性、规定性和实证研究，才能称得上是完整意义的中国典籍翻译认知研究。

第 10 章
人机交互翻译认知研究

10.1 引言

在信息技术日新月异和语言服务行业加速全球化的背景下，翻译技术在语言服务行业得到广泛应用，成为应对传统人工翻译无法满足的海量翻译市场需求的利器，与此同时也深刻改变了当前的翻译模式。随着信息技术、计算语言学、术语学、机器翻译等学科的发展，翻译发生了从纯人工翻译到多种翻译技术辅助下的人机交互翻译模式（O'Brien，2012）的转变，实现了从译前、译中到译后每一个环节都离不开译者与不同形式翻译技术的交互合作。其中，机器翻译和机辅翻译技术的成功运用，使得机器翻译译后编辑和机辅翻译成为当今语言服务行业最为广泛的两大主流翻译模式。与历史上任一时期相比，当今译者与技术的交互在生理、心理及认知上均更为复杂深入（O'Brien，2020）。翻译的技术转向给翻译研究领域界定、翻译理论构建及翻译教学都带来了新的挑战（O'Hagan，2013；陈善伟，2014；张成智，2020）。对于译者而言，人机交互翻译模式彻底改变了翻译的认知加工过程，同时也更新了译者对翻译活动的整体认知，参与人机交互翻译认知过程的因素也变得更为多元。

本章首先回顾机器翻译及机辅翻译发展历程，然后梳理国内近十年与翻译技术相关的研究，发现国内从认知视角探究人机交互翻译或以实证手段探究人机交互翻译认知过程的研究仍然比较少见。由此，本章从影响因素及测量两大维度提出了人机交互翻译认知过程的研究框架，并基于国内近年此领域的最新研究成果展望未来研究趋势。

10.2 人机交互翻译模式的演进

10.2.1 翻译技术的发展与应用

从广义上来说，翻译技术包括译者完成翻译任务需要用到的所有计算机工具，除专为翻译目的而研发的技术外，还包括并虽非专为翻译目的研发、却是翻译工作必须要用到的通用技术工具，例如办公和文字处理软件、语料库分析工具、搜索引擎、电子词典等工具。狭义的翻译技术指专为翻译目的开发的翻译技术工具，主要包括：机器翻译工具、计算机辅助翻译工具（Computer-assisted/aided translation，简称 CAT，也称为机辅翻译技术）等。从传统翻译模式到人机交互翻译模式的转变离不开机器翻译及机辅翻译技术的发展和市场应用。

1. 机器翻译技术与译后编辑模式

机器翻译指"使用计算机系统将文本或话语从一种自然语言自动翻译为另一种语言"（ISO/DIS 17100，2013）。其实现方法包括基于规则的机器翻译（Rule-based machine translation，简称 RBMT）和基于语料库的机器翻译（Corpus-based machine translation，简称 CBMT）。后者主要包括基于实例（Example-based machine translation，简称 EBMT）、基于统计的机器翻译（Statistical machine translation，简称 SMT）和基于神经网络的机器翻译（Neural machine translation，简称 NMT，也称为神经机器翻译）。神经机器翻译的译文质量在许多语言对及文本类型上都超越了基于统计的机器翻译，尤其在译文的流利度上有极大提升（Castilho et al.，2019；Klubička et al.，2017）。

机器翻译最为常见的应用之一为译后编辑，指根据一定的质量要求对机器翻译的原始产出进行加工与修改。虽然完全自动化、高水平的机器翻译仍尚未实现，但通过不同程度的人工译后编辑，修改机译错误，可在保证翻译质量的同时，极大地提升翻译效率。如今，译后编辑已成为一项独立的语言服务，拥有其国际服务标准 ISO18587（ISO，2017）。

王华树和李智（2019）对中国笔译员翻译技术使用现状进行的调查表明，半数以上的译者在翻译任务中采用译后编辑模式；此外，翻译自动化用户协会（Translation Automation User Society，简称 TAUS）2019 年度全球市场调查报告显示，机器翻译结合译后编辑模式是当下职业译者翻译过程中使用最广的主流翻译模式（TAUS, 2019）。

2. 机辅翻译技术发展与机辅翻译模式

与机器翻译不同，机辅翻译系统本身不具备翻译功能，其核心技术是翻译记忆。翻译记忆库是用来存储过往翻译过的句子、段落、文本句段等的语言数据库，通过对其进行切分、对齐等加工以备后用，达到"翻译过的内容无须重复翻译"的主要目的。译员翻译时，系统自动搜索并提示翻译记忆库中已存在的与原文相同或相近的词句及其最接近的译法，呈现匹配值，译员可接受、拒绝或编辑匹配结果，并对没有匹配结果的原文部分进行人工翻译。对于重复率较高的科技、机械、医学、法律等非文学专业领域文本，采用翻译记忆技术配合术语管理技术可极大提升翻译速度并确保术语一致性。

近 20 年来，机辅翻译技术在全球市场得到推广和应用，成为翻译行业流程的标准配置。机辅翻译软件的内置功能也在不断迭代更新，尤其体现在对齐工具、融合机器翻译、项目管理等功能上，同时也支持更多的文件格式及语言。当下的机辅翻译软件全面兼容 Windows 系统和 Microsoft Office 软件，CAT 系统融合更加完备的流程控制功能，如项目管理、拼写检查、质量保证及内容控制等。基于信息技术的发展，多数 CAT 系统都基于服务器、网络甚至云端，具有超大的数据存储能力。卡门森咨询公司（Common Sense Advisory，简称 CSA）2020 年度全球调查报告显示：66% 的职业译者在绝大多数的翻译项目中使用翻译记忆或机辅翻译技术（Pielmeier & O'Mara, 2020）。机辅翻译模式成为语言服务行业应对高效优质翻译需求的有效途径。

10.2.2　人机交互翻译模式

人机交互（Human Computer Interaction，简称HCI），是一门研究机器或计算机化的系统及软件与用户之间交互关系的学科（Johnson，1992）。用户通过人机交互界面与系统交流并进行操作，人机交互界面通常指用户可见的部分。人机交互关注对任务、产品和系统的设计与评估，以满足人的需求、能力并考虑人的局限性，使其更加人性化（Karwowski，2006）。与人机交互领域紧密相关的两个研究领域为"人因学"（human factors）以及"人类工效学"（ergonomics），也是人机交互领域最常见的两个关键词。"人因学"侧重于研究人机交互时人如何与工具进行交互，而"人类工效学"则侧重于工具软件及其产品的易用性。这三个概念经常交替使用。

译后编辑和机辅翻译两大翻译模式是当今翻译市场最为广泛采用的翻译模式，彻底颠覆了传统翻译模式。无论是基于翻译记忆匹配结果进行机辅翻译，还是对机器翻译实施译后编辑，译者都需要首先掌握翻译技术的使用操作，如机辅翻译软件或独立的译后编辑工具，并合理利用翻译记忆或机器翻译产出，完成翻译任务。翻译技术参与下的翻译过程已然转变为典型的人机交互过程，虽然译者仍为人机交互翻译过程的主导，但必须和机辅翻译软件或译后编辑软件及其产出译文交互合作才能最佳平衡质量水平要求和认知努力付出。人机交互模式首先直接改变了译者对翻译活动整体的认知，翻译活动早已不只涉及原文，提到翻译任务同时出现的还有机器翻译质量如何、是否已有翻译记忆、术语库提供、使用何种机辅翻译软件，等等。这些因素早已成为职业译者对"翻译"这一概念认知不可分割的部分。人机交互模式也直接改变了翻译过程中的认知加工对象，体现在人机交互翻译过程的参与因素更为多元复杂，除原文因素外，已有译文、翻译工具、译者个体等因素都参与共同影响译者的翻译认知过程。

然而，职业译者虽然必须适应行业发展采用翻译技术进行翻译，却并非欣然接受人机交互翻译模式。卡门森咨询公司2020年对全球8 794位职业译者的调查显示，在有选择的情况下，极少会有译者主动选择使用人机交互模式进行翻译（Pielmeier & O'Mara，2020）。报告显示，高达 89% 的译者偏爱传统的人工翻译模式，只有 8% 的译者偏爱基于翻译记忆结果进行翻译，而喜欢机器翻译译后编辑的译者低至 3%。究其原因，许多译者认为技术辅助下的翻译过程，如译后编辑，是更为复杂的认知活动（Moorkens & O'Brien, 2017；O'Brien, 2017），从参与人机交互翻译的要素来看，影响人机交互翻译认知过程的因素更为多元复杂，不可控因素更多。

10.3　近十年国内翻译技术相关研究

为了更加全面和准确地了解最近十年国内从认知角度研究译后编辑及机辅翻译或对其认知加工过程展开的相关研究，本章对中国知网进行了全文检索，检索时间范围为 2010 年 1 月至 2019 年 12 月。首先统计译后编辑及机辅翻译研究的发文量、趋势及类型，然后对其关键词出现词频及关键词共现进行聚类分析，最后总结其研究热点。

10.3.1　译后编辑研究

本章在中国知网全文数据库中，检索篇名或关键词中包含"译后编辑"的中文文献，并通过阅读摘要和全文，剔除不相关文献，共得到文献 145 篇。

1. 发文量、趋势及类型

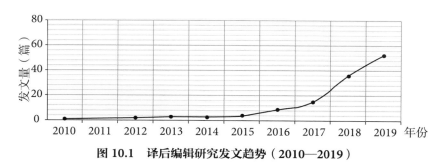

图 10.1　译后编辑研究发文趋势（2010—2019）

从图 10.1 可以看出，2010—2019 年十年间，译后编辑研究整体呈现逐年上升的趋势。发文量在起初的五年里（2010—2015 年），每年只有零星几篇论文，可视为译后编辑研究的萌芽期；从 2016 年开始，明显呈现强劲的上升态势，逐步增加到 2019 年 52 篇的可观数量，表明译后编辑研究当下得到了更多学者的关注。译后编辑研究类型最主要为硕士论文，总数为 77 篇；其次为期刊论文，总数为 51 篇，其中发表在核心期刊的论文为 12 篇，仅占全部期刊论文总量的 23.5%。

2. 关键词共现网络和研究热点分析

关键词通常是对一篇文章核心内容的高度概括，反映文章的主题。现列举前 30 位出现频次数最高的关键词，如图 10.2 所示，除了"译后编辑"（81 次）这一标记性关键词之外，出现频率最高的关键词为"机器翻译"（57 次），其次为"译后编辑能力""计算机辅助翻译""译前编辑""谷歌翻译""编辑策略""错误类型""新闻翻译"等。

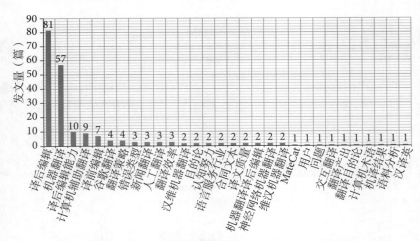

图 10.2　译后编辑研究关键词分布（2010—2019）

对文献关键词进行聚类分析，可以反映某一研究领域的研究热点。本章利用中国知网的可视化分析功能，对这 145 篇译后编辑文献进行关键词聚类分析，生成知识图谱。图中每个节点代表一个关键词，节点大小和关键词出现频次呈正相关，节点间的连线表示关键词的贡献关系，为捕捉译后编辑相关研究的热点关系，本章设定关键词频次高于 2，聚类分析值设置为 6，生成关键词共现聚类（如图 10.3 所示）。关键词频次分析和聚类分布图反映出最近十年译后编辑研究呈现主要热点，包括：① 机器翻译相关因素对译后编辑的影响；② 译后编辑与人工翻译认知加工过程的对比研究；③ 译后编辑工具研究；④ 译后编辑能力探究。

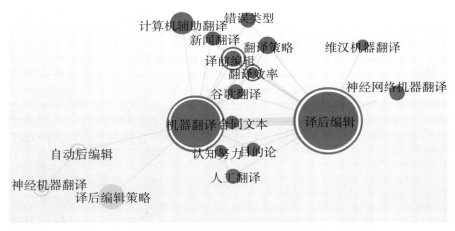

图 10.3　译后编辑研究关键词共献聚类（2010—2019）

第一，机器翻译质量对译后编辑过程的影响。机器翻译质量普遍被行业认为是译后编辑效率及认知努力投入的决定性因素。由于训练机译系统的平行语料库质量有区别，机器翻译的整体质量水平及具体的错误量及类型会有较大差异，继而对译后编辑策略以及译后编辑认知加工过程产生直接影响。多篇硕士学位论文探究了机器翻译译后编辑在不同类型文本中的适用性，如合同翻译（刘璇，2019）、技术类文本及宣传类文本翻译（唐叶凡，2019）、创造性文学文本翻译（司念，2019）及专利说明翻译（靳祺，2019）等，其中有一项研究采用了实证手段来探究机器翻译对译后编辑过程的影响。

司念（2019）采用有声思维法（Think-Aloud Protocols，简称 TAPs）和屏幕记录两种实证研究方法，探究译者对英译汉百度神经机器翻译的文学文本产出进行译后编辑的思维过程，发现机器翻译的典型错误包括术语误翻、词汇省略及误翻、词序错误及多种错误导致的整句不可用，译者在识别机译错误后采取了全文内容及语境分析、替换、人工翻译整句、调整语序等策略来修正机译错误；此外，作者发现机器翻译无法保留原文风格，机译译文普遍存在语言表达程式化、单一乏味、无法充分表达原文情感特色等问题，译者仍然需要在充分理解原文历史文化背景及原作情感特色的前提下，修订机译以保证译文风格和原文风格趋于一致。

黄婕（2016）通过键盘记录软件记录译者译后编辑行为过程，分析机器翻译质量和原文可读性对译者英汉译后编辑过程效率和策略的影响，结果显示机器翻译质量与译后编辑效率呈现显著负相关，而原文可读性对其影响不明显；此外，作者发现键盘操作量与译后编辑效率呈现负相关，可有效预测译后编辑效率。崔倩倩（2019）发现英日机器翻译科技类文本的高频错误包括冗余、翻译不充分、专业术语误译严重，由于英日在句法方面的较大差异，机译结果的语序错误较为严重，作者建议译后编辑时译者首先要识别典型的错误类型，并紧密结合日语特点展开译后编辑，采用相应的策略修改并最大程度利用机译结果。

此外，如何通过制定合理的受控语言写作规范实施译前编辑，即在机器翻译之前减少源语文本中的消极翻译指征，从而提高机器翻译质量，降低译后编辑难度，也得到了多项研究的关注。对于时效性要求较高的新闻翻译，冯全功和李嘉伟（2016）建议译前进行调整英文原文实施语序及重新断句等编辑，以降低原文复杂度和歧义度，提高机器翻译质量，此策略对于减轻多语新闻翻译译后编辑工作量优势尤为明显；然而，作者也发现机器翻译的错误往往难以预测，译后编辑过程仍然是决定译文准确性的必要环节。鉴于新闻翻译的特殊性，译后编辑时译者除了要确保专有名词及术语翻译的准确性、语序合理、选词是否存在歧义等外，还应检查译文是否存在文化或意识形态上的冲突，保持高度的敏感性和灵活变通的能力。文本类型也会导致机器翻译错误类型有异，对译后编辑策略产生影响。

第二，译后编辑与人工翻译对比研究。一方面，基于机器翻译进行译后编辑是否能大幅提升传统人工翻译的效率，是行业的主要关注点；另一方面，学界也发现译后编辑与人工翻译过程是截然两种不同的认知加工过程。

卢植和孙娟（2018）采用眼动法和键盘记录，分析了译者经验及文本类型两大因素对汉英人工翻译和译后编辑认知加工过程的影响以及两种翻译模式的认知加工差异，发现译后编辑明显快于人工翻译，且显著降低了认知努力投入，表现为注视次数及瞳孔直径小于人工翻译，不受文本类型和译者翻译水平影响；译者在译后编辑过程中的认知努力受文本类型影响较大而受译者经验的影响较小；此外，此研究表明，译后编辑和人工翻译时译者对原文和译文的认知加工过程存在较大差异，译后编辑时，译者更多地关注译文区，以检查和纠正机器翻译错误，而人工翻译时，译者耗费更多认知努力来加工原文区域以理解原文。

赖思（2019）通过眼动追踪、键盘记录、回溯性思维报告和问卷调查四种数据多元互证，发现英语隐喻汉译中人工翻译与译后编辑在速度、认知负荷、质量和策略上都存在不同程度的差异。袁青青（2018）通过键盘记录软件、屏幕记录软件以及问卷，发现 MTI 学生译者译后编辑与人工翻译在过程、质量及态度上存在差异；译后编辑除了节省翻译时间外，明显降低了译文错误量，提升了翻译质量；译者对译后编辑持混合态度，多数受试者对于译后编辑持积极正面的态度，但认为译后编辑不会取代人工翻译，且赞同未来翻译行业采用机器翻译译后编辑模式进行翻译。

第三，译后编辑工具研究。对于译后编辑软件，主流机辅翻译工具，如 SDL Trados Studio 2021、memoQ 9.3、Wordfast 等，已将 Google、Bing、Systran、Microsoft MT、Tmxmall 等主流机器翻译引擎内置到 CAT 系统当中，用户可根据具体需求选择机译系统翻译，支持译后编辑功能。多项研究对比了 CAT 软件中译后编辑功能，部分学者则探究了独立译后编辑软件开发。

孙巧宁（2017）从基本要素、操作流程、译后编辑分析报告三方面，对比了免费在线机辅翻译工具 MateCat 和 SDL Trados Studio 2015 的译后编辑功能，认为两款软件译后编辑功能都能满足普通用户的基本需求，免费翻译引擎 MateCat 对初学者来说更加简单易学，而 Trados 2015 的译后编辑功能更加全面，数据分析报告更加细致专业，更适用于职业译员以及翻译公司。针对独立译后编辑工具的研发，阿米妮古丽·奥斯曼等（2013）介绍了一款维汉语言对译后编辑器的研发设计，此软件根据维汉机器翻译的常见错误及译后编辑难点，设置问题分析功能及快捷键，并使用词干提取、拼写校对、lucence.net 等技术提高编辑效率，对基于实例和基于统计引擎的维汉／汉维翻译结果给出了较好的解决方案。李梅和朱锡明（2013）则探索了英汉机器翻译译后编辑自动化处理的实现方法，基于汽车翻译大型双语平行语料库，通过对比机译译文和标准译文，采用语料库分析方法，分析归纳机器翻译错误类型，并对典型错误进行深度分析，依据生成语法规则对其进行形式化描述，该方法有望应用于未来自动译后编辑软件的开发。然而，以上对于译后编辑工具的研究主要是介绍其功能，没有从译者的角度探究译后编辑可用性对译者认知加工的影响。

第四，译后编辑能力研究。毫无疑问，译后编辑模式对译者能力提出了新要求，译后编辑能力虽然在国内外仍无定论，但已有学者展开了积极探索。译后编辑是一种译后编辑者与机器翻译交互协作的过程，译后编辑者需要掌握基本的机器翻译知识、译前编辑或受控语言写作技能、基本的编程技能等，与以往人工翻译大为不同。冯全功和刘明（2018）构建了译后编辑能力三维模型，把译后编辑能力分为认知、知识和技术三个维度，三个维度之间有机关联。认知维度包含态度与信任、问题解决与决策行为、信息加工与逻辑推理等认知子能力，在其调控作用下，相关知识维度中与翻译能力共享的知识和特殊知识得以转换为技能，涵盖翻译、编辑、信息检索等多种相关技能，从而实现译后编辑目的。

郭琳琳（2019）采用屏幕记录软件记录职业译者和学生译者译后编辑过程，并对其译后编辑结果进行错误分析，发现翻译能力与译后编辑能力呈现正相关；此外，充分利用机器翻译结果是进行高效优质译后编辑的最佳策略。冯全功和张慧玉（2015）从译后编辑的行业需求、译后编辑能力、课程设置、教学及工具选择等方面探讨了译后编辑者的培养途径。翻译教学过程应在培养学生翻译能力的同时有针对性地培养学生的译后编辑能力，如识别机器翻译错误、合理利用机译结果等。高校开设译后编辑课程能在很大程度上增强翻译毕业生的职业竞争力，满足全球语言服务行业对译后编辑者的需求。

10.3.2　机辅翻译研究

1. 发文量、趋势及类型

　　本章在中国知网对 2010—2019 年十年间篇名或关键词中包含"计算机辅助翻译"或"机辅翻译"的文献进行全文搜索，并通过阅读摘要剔除不相关文献，最终得到文献 677 篇，其年度趋势如图 10.4 所示。其中期刊论文 382 篇；硕士论文 262 篇；辑刊论文 14 篇；国际会议 11 篇；国内会议 5 篇；博士 3 篇。核心期刊发文量为 75 篇，占期刊总发文量的 26.6%。从图 10.4 可以看出，自 2010 年以来，机辅翻译研究整体展示出较为强劲的上涨趋势。虽然近十年机辅翻译相关研究总发文量非常可观，却鲜有直接从"认知"视角探究机辅翻译的，也没有针对机辅翻译认知过程的研究，仅有 1 篇综述文章梳理了国外机辅条件下的翻译过程实证研究。

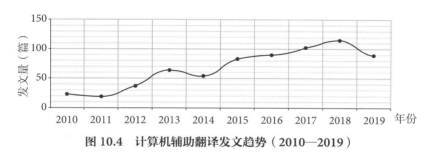

图 10.4　计算机辅助翻译发文趋势（2010—2019）

2. 关键词词频及共现聚类分析

　　国内近十年的机辅翻译研究中，出现频次最高的前 20 个关键词如图 10.5 所示，除"计算机辅助翻译"（275 次）这一标记性的关键词之外，出现频率较高的关键词为"翻译教学"（44 次），其次为"机器翻译""翻译""计算机辅助翻译技术""翻译记忆""翻译技术""语料库"等。

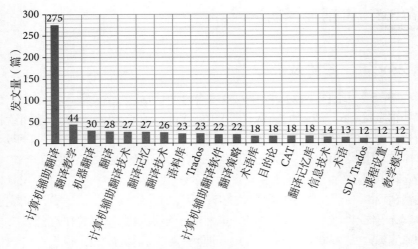

图 10.5　计算机辅助翻译关键词分布（2010—2019）

　　为捕捉机辅翻译相关研究的热点关系，本章对这 677 篇论文的关键词共现进行聚类分析，设定关键词频次高于 2，聚类分析值设置为 6，生成关键词共现聚类图 10.6。国内近十年与机辅翻译相关的研究主要集中在机辅翻译教学及人才培养和机辅翻译技术的功能分析及其应用两大方面。

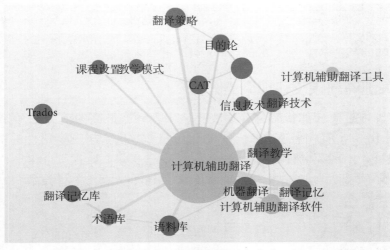

图 10.6　计算机辅助翻译关键词共现聚类（2010—2019）

在国内研究中，占比最高的文章为对机辅翻译教学及翻译技术人才培养的探究。王华树、李德风和李丽青（2018）基于对全国 249 所 MTI 院校的翻译技术教学调查，发现当前的翻译技术教学意识普遍薄弱、缺乏系统的课程体系，主要是由于教学资源及专业师资匮乏等导致。作者提出了革新传统翻译教育定位、完善翻译技术课程建设、加强技术教学资源开发、优化翻译技术师资培训机制、促进政产学研融合发展等对策。国内学者还从不同角度探究了机辅翻译教学，包括机辅翻译课程设置和技能体系（黄海瑛、刘军平，2015）、机辅翻译的教学方法与资源（周兴华，2013）、项目化教学（于红、张政，2013）等，以及如何结合专业院校特色设计 CAT 课程，如理工科院校（董洪学、韩大伟，2012）、地方高校（朱玉彬，2012）等。俞敬松等（2014）则提出了翻译技术认证考试的设计构想。

此外，大量研究聚焦 CAT 软件的具体功能及应用，如 CAT 软件的协作模式（周兴华，2015；叶娜等，2011）、术语管理技术（王华树、郝冠清，2016）、不同 CAT 软件性能对比（朱玉彬、陈晓倩，2013）及质量控制（徐彬、郭红梅，2012）等。如何评测计算机辅助翻译工具（高志军，2013）以及合理建设机辅翻译实验室（宫华萍，2017）也逐渐受到关注。

对于机辅翻译的认知过程，王娟（2013）从研究领域、内容、方法三方面综述了 2000 年至 2012 年间国外机辅翻译条件下的翻译过程实证研究，同时包含了机辅翻译和译后编辑两类模式。对于机辅翻译，王娟发现国外已有不少研究通过眼动仪、键盘记录等方法，深入分析翻译记忆匹配类型、翻译记忆系统的句级切分方式等对其认知加工过程的影响。

10.4　人机交互翻译认知过程研究理论框架

在人机交互研究领域，Meshkati（1988）提出了影响人机交互任务执行者心理负荷的多维模型，概括了影响心理负荷的众多因素以及各因素间的关系。影响因素分为原因因素和效果因素。原因因素包括：① 任务与环境变量，包括任务的危急程度、信息量、结构、频率、任务对操作者的新颖程度、所使用设备类型及奖励机制；② 操作者特征与调节变量，如经验、认知能力及动机等。效果因素包括：① 任务难度、反应和表现；② 心理负荷的各种测量方法。各种原因因素、效果因素相互作用共同决定心理负荷的程度。

基于 Meshkati（1988）的心理负荷多维模型，我们构建了人机交互翻译认知过程的研究框架，分为影响因素和测量因素两大维度，如图 10.7 所示。其中，人机交互翻译认知过程的影响因素分为任务因素和环境因素。任务因素包含：① 现有译文，包括翻译记忆模糊匹配结果或机器翻译译文质量；② 原文，如原文复杂度及文本类型等；③ 译者因素，如译者经验、对任务的态度及译者的认知能力等。环境因素主要来自翻译软件自身的可用性给译者带来的认知负荷，不符合人机工效学原理的翻译技术会消耗译者额外的认知资源，加重译者的认知负荷。任务因素和环境因素所包含的各要素均为可控制和可测量项。认知心理学研究表明人在从事复杂活动时的工作记忆有限，在人机交互翻译任务中，译者对各个因素进行认知加工均会占用其有限的工作记忆和认知资源，这些因素相互作用共同决定译者在人机交互翻译过程中付出的认知努力。检验其中一项或多项影响因素对人机交互认知翻译过程的影响，必须在有效控制其他影响因素的前提下进行。

测量译者认知努力付出的方法，可分为内省法（主观评测、回溯性报告等）、可观测法（编辑行为、停顿、注视、任务时长等）、生理测量法（脑功能反应、瞳孔反应、皮肤反应、血压、心率等），对翻译过程研究方法的详细讨论，可见本书第 4 章。

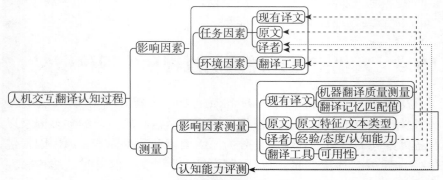

图 10.7　人机交互翻译认知过程研究框架

10.5　人机交互翻译认知研究趋势展望

从以上人机交互翻译认知过程的研究框架来看，国内人机交互翻译认知过程研究尚处于起步阶段，所调查的影响因素及采用的研究手段均较为单一。此外，翻译工具可用性对人机交互翻译认知过程的影响还没有受到国内学界的关注。在认知科学和人工智能高速发展的背景下，人机交互翻译认知研究呈现以下趋势。

10.5.1　应用多方法实证考察人机交互翻译认知过程的影响因素

译后编辑认知过程研究已出现实证研究（如卢植、孙娟，2018），开始运用实证研究工具（包括眼动仪及键盘记录软件等）来探究其认知加工过程与传统人工翻译的区别。对于影响译后编辑认知过程的因素、文本类型、翻译方向性等已经得到了少量关注。相比之下，机器翻译错误对译后编辑策略及产品质量的影响得到更多的研究，也有少数研究采用屏幕记录、有声思维等实证方法。然而，其他因素如原文复杂度、译者态度及经验、翻译工具等对译后编辑人机交互过程的影响尚未见研究。

国际上近年对于译后编辑过程的研究考察更为全面。王湘玲和贾艳芳（2018）梳理了 21 世纪以来国外译后编辑实证研究的现状，发现国外译后编辑实证研究主要呈现译后编辑过程及产品评估、译后编辑效率影响因素、译后编辑工具与译后编辑者培养四大研究热点。在神经机器翻译技术下，机器翻译领域重要期刊 *Machine Translation* 于 2019 年推出了特刊 "Human Factors in Neural Machine Translation"（神经机器翻译中的人因学）（Castilho et al.，2019），其中收录了四篇文章探究神经机器翻译译后编辑，包括神经机器翻译与基于短语的机器翻译译后编辑认知过程对比（Jia et al.，2019a），神经机器翻译译后编辑过程与修订翻译记忆结果过程的异同（Sánchez-Gijón et al.，2019），神经机器翻译、基于统计的机器翻译和基于规则机器翻译三者的译后编辑修订行为对比（Koponen et al.，2019），以及综合运用主观评测、行为及生理等多模态指标估测译后编辑过程中认知负荷的探索研究（Herbig et al., 2019）。

同年，*The Journal of Specialised Translation*（JosTrans）刊发了译后编辑特刊 "Post-Editing in Practice: Process, Product and Networks"（Vieira et al., 2019），共收录 12 篇文章，从译后编辑认知加工过程（Jia et al., 2019b; Bundgaard & Christensen, 2019; Koglin & Cunha, 2019; Carl & Báez, 2019; Yamada, 2019）、译后编辑产品的接受（van Egdom & Pluymaekers, 2019; Screen, 2019）、译者对译后编辑任务的态度（Rossi & Chevrot, 2019; Sakamoto, 2019）、译后编辑能力构成及其对译者培训的影响（Guerberof & Moorkens, 2019; Nitzke et al., 2019; Lara, 2019）等，对译后编辑过程、产品及译后编辑活动所涉及的社会网络展开多角度地深入剖析。此特刊的译后编辑研究覆盖了英语与汉语、巴西葡萄牙语、日语、威尔士语等语言之间译后编辑，普遍采纳了眼动、键盘记录、访谈等多种方法多元论证研究问题，且覆盖了译后编辑实践所涉及的社会网络，包括译者、终端用户、教师等参与者，可为国内译后编辑研究从研究内容和方法等方面提供有益借鉴。

此外，机器翻译技术的迭代更新将直接影响译后编辑过程，神经机器翻译虽然明显提高了译文流利度，然而机译错误相较以往机译方法更加难以预测（Vieira, 2019; Yamada, 2019），其译后编辑认知加工过程仍有待进一步深入探究。在研究方法上，Herbig et al.（2019）指出，采用单一指标难以准确预估译后编辑过程中的认知负荷，多方法综合运用也成为未来研究的趋势。对于译后编辑模式，交互式译后编辑（interactive post-editing）（Vieira, 2019）也是未来译后编辑发展的新趋势。

对于机辅翻译认知过程，国内还没有直接的实证探究。虽然国外对其实证研究数量同样远少于对译后编辑认知过程的研究，但已有学者从不同角度展开探究。首先，基于翻译记忆结果的翻译无疑在许多方面有异于传统的纯人工翻译过程。翻译记忆系统的句级分段机制影响译者的认知加工机制。Dragsted（2004, 2006）基于键盘记录及访谈发现，机辅翻译系统的句级切分机制与传统的以篇章为单位的文本呈现方式，对职业译者和学生译者的修订行为、句子结构重组结果及翻译单位均有较明显的影响。其次，翻译记忆的模糊匹配结果，包括完全匹配、不同程度的模糊匹配值、零匹配，对译者认知加工过程，包括任务时长、停顿、编辑行为、认知努力的主观感知均有不同程度的影响（O'Brien，2008；Mellinger，2014）。最后，机辅翻译与译后编辑认知过程也有很大差异。Sánchez-Gijón et al.（2019）发现基于神经机器翻译译后编辑比基于 80% 以上的翻译记忆模糊匹配进行翻译编辑速度更慢，然而编辑量较少；Sánchez-Gijón et al.（2019）还发现译者对机器翻译的态度与译后编辑速度似乎呈现正相关，作者认为未来研究需要收集译者人机交互过程中更为直接的认知数据来解释这一行为数据无法解释的现象。

10.5.2　对翻译技术可用性的关注

作为人机交互翻译过程的另一方，翻译工具的可用性对译者翻译认知过程的影响不容小觑。为人设计软件和为功能设计软件之间存在天壤之别（Cooper，2004）。然而，为翻译过程所设计的辅助工具很少从译者的角度来设计，人性化的翻译技术极为匮乏。现有国内外翻译技术开发普遍首先关注的是功能本身，很少在设计时以译者为中心全面考量人类工效学因素。

驱动机辅翻译技术发展的首要因素是翻译记忆系统自身的技术功能发展需要，而能否最佳满足译者的生理、心理及认知需求往往是开发者的次级考量因素，译者反馈往往是在软件设计完成以后才会得到收集，而这时软件可以调整的余地已经很小了（Lagoudaki，2009）。基于 ErgoTrans 项目，O'Brien et al.（2017）搜集了全球 1850 位职业译者对机辅翻译系统功能的使用反馈，发现半数左右的译者认为现有机辅翻译软件的界面设计太过复杂，许多系统功能和译者的直觉相悖且并非用户友好设计，很多功能设定只能遵从默认设置而不能按照译者需求进行调整等；此外，机辅翻译软件句级分段方法也被视为不符合自然翻译习惯，许多译者感觉由于被迫按照句子为单位进行翻译而感到不适，所有这些"烦人的"功能（irritating functions）都在一定程度上额外增加译者认知负荷，影响译者翻译认知加工过程的流畅性。

现有机辅翻译软件普遍融合机器翻译功能，可以同时进行机辅翻译和机器翻译译后编辑。O'Brien & Moorkens（2014）、Moorkens & O'Brien（2017）等研究均表明，职业译者对机辅翻译软件功能和界面及其译后编辑功能普遍抱有强烈的不满态度，其中包括屏幕布局和交互功能等，即便在翻译记忆系统功能不错的前提下，译者普遍对机辅翻译系统里的译后编辑功能不满意。由于"翻译记忆和机器翻译技术到目前为止被认为是两种明显不同的技术"（ibid.：109），机辅翻译技术并没有全方位考虑译后编辑任务的特殊性。因此，独立的译后编辑工具也得到了一定的关注，如 TransType（Langlais & Lapalme，2002）、iOmegaT（Moran & Lewis，2011）、MateCat（Cettolo et al.，2013）、Casmacat（Koehn et al.，2015）、PET（Aziz et al.，2012）以及 Caitra（Koehn，2009）等，但此类软件开发同样是主要考虑软件功能，而缺乏对译者人因的考虑。

近年来，国外以苏黎世应用科技大学的 Maureen Ehrensberger-Dow 和都柏林城市大学的 Sharon O'Brien 为代表的学者，开始对人类工效学或人因学在翻译过程中的重要作用展开了实证探究（Ehrensberger-Dow & O'Brien，2015；Teixeira & O'Brien，2017；Ehrensberger-Dow，2019）。这些学者综合运用实证方法，包括屏幕记录、眼动仪、键盘记录、观察、访谈等，分析译者在真实工作环境下应用翻译技术进行翻译时的认知加工过程，分析译者在人机交互翻译过程中由翻译工具引起的认知摩擦（cognitive friction）。通过采用以上方法融合其他工具可用性研究方法，对现有软件或正在开发的新软件功能的可用性进行分析，可为翻译技术开发人员提供宝贵参考。因为软件研发人员往往并非职业译者，所以只能从技术角度出发，无法真切地从译者角度考虑功能设计使翻译软件及其功能更加人性化，同时兼备有用性和易用性。国内对翻译技术可用性的实证研究仍未起步，是未来研究亟待加强的重要领域。

10.6 小结

总之，作为新型翻译模式，人机交互翻译在市场的推广和应用速度远快于学界对其认知过程的探究。随着眼动追踪、脑电图、核磁共振等方法在翻译过程研究中的广泛应用，国内外学者需运用多种实证方法进行多元互证，对译后编辑及机辅翻译等人机交互翻译认知过程的影响因素在更多语言对上进行全方位考察。深刻理解影响人机交互翻译模式的影响因素并采用科学测量方法，不但有助于更合理地设置教学及培训材料，开发更加人性化的翻译工具，而且也可为制定更加公平的译后编辑及机辅翻译定价模式提供实证依据。

第 11 章
总结与展望

　　中国认知翻译学研究虽然比国外起步较晚，但是在进入 21 世纪以来，尤其在最近十年间，获得了强劲的发展。按照 Holmes（1972/2000）的新学科构建两大标准，无论是在学术交流平台的建立还是学术共同体的形成方面，中国的认知翻译学都取得了令人瞩目的成绩，逐渐成为翻译学的一个重要研究领域并逐渐走向成熟。

　　一个学科领域的发展总是在不断总结和回顾中逐步推进的。为推动中国认知翻译学的进一步发展，本书邀请十位国内认知翻译学研究专家，分别从研究体系、研究方法、理论创建、应用研究等方面，以 2010 年至 2019 年最近十年间国内认知翻译学研究文献为核心语料，通过系统梳理和统计分析，尽可能客观地呈现中国认知翻译学研究的发展脉络和主要成果，分析存在的问题和局限，展望各分支研究的未来趋势。

　　本书的研究表明，中国认知翻译学研究在多方面取得了丰硕的成果。在研究体系方面，构建了有效的交流平台，形成了较为强大的学术共同体，并不断有新的研究人员加入，研究成果愈来愈丰硕，研究领域越来越清晰。在理论创建方面，中国认知翻译学取得了突出的成绩，以认知语言学、认知心理学等邻近学科的理论为基础，构建了多个认知翻译理论框架或模型，提出了诸多理论观点和分析工具，并结合不同类型的翻译语料开展了大量应用研究。在研究方法方面，中国认知翻译学从以思辨为主的研究逐渐过渡到思辨与实证研究并行发展的阶段。实证研究的逐渐兴起既是国际认知翻译学研究的显著特征，也是中国认知翻译学过去十年的重要发展趋势。在研究领域方面，中国认知翻译学界呈现多个较为凸显的研究分支，形成了几大研究集群，包括笔译认知研究、口译认知研究和典籍翻译认知研究等；此外，人机交互翻译的认知研究也逐渐兴起，并初见成效。

当今世界正处于百年未有之大变局，在多个方面正经历深刻变革，这些变革将对人类工作、生活和沟通方式产生深远影响。在这一大背景下，翻译学（包括认知翻译学）研究应认真思考如何应对这些变化并对其中的重要问题做出回应，提出具有指导意义和参考价值的洞见。一方面，全球化与逆全球化同时存在，特别是 2020 年暴发的新冠肺炎疫情使全球化与逆全球化的矛盾冲突达到前所未有的高度，给跨语言、跨文化交流带来新问题和新挑战，许多传统的文化、语言、翻译问题在新的语境之下启发我们新的思考。人类文明的交流与共享受到新的挑战，话语权的争夺日趋激烈，中国逐渐崛起的过程中面临如何有效建立国际话语的问题，等等。另一方面，以 5G 互联网、人工智能、大数据、物联网、云计算、区块链等为代表的新一轮信息技术革命正在深刻改变产业形态、交往方式和生活样式，也必将引发人类交流与沟通方式的深刻变革。5G 网络的高速度、泛在性和由此带来的多终端性，使得人与人的沟通无时不在、无处不在，跨语言、多语言的沟通将变得更加频繁而且深入人们的日常生活。同时，信息技术将不仅极大改变翻译的形态和模式，涵盖语际翻译、符际翻译，而且涉及多种媒介之间的信息转换，由此引发翻译范围的进一步扩大，需要重新定义为"协助多语沟通"，涵盖笔译、口译、视译、译后编辑、本地化、字幕翻译、创译、声音替换（respeaking）等多种形式。无论是全球化与逆全球化背景下的话语问题，还是新技术催生的协助多语沟通，其中的核心依然是人的认知问题。认知翻译学将围绕这一问题，探索人作为交际主体如何在多语和多媒介沟通中发挥作用。

就中国认知翻译学而言，过去十年是理论创建稳步推进、研究方法不断演进、研究领域逐步清晰、学科体系逐渐成形的十年。面对国际局势的风云变化、文化交流与冲突的跌宕起伏、信息技术的深入推进、人类沟通方式的逐步演化，探究历史性巨变背景下多语沟通中的认知问题，中国认知翻译学的未来发展值得期待。

参考文献

阿米妮古丽·奥斯曼，加日拉·买买提热依木，吐尔根·依布拉音.2013.维汉/汉维机器翻译译后编辑器的设计与实现.新疆大学学报，(4)：444–450.

薄振杰.2015.论翻译理论与翻译教学的桥接方案——以"化境"分析与认知翻译分析的隐显互映为例.外语教学，36(3)：85–89.

卜玉坤，杨忠.2011.认知视阈下科技英语隐喻词语照意汉译策略.外语与外语教学，(3)：73–77.

蔡国梁，李玉秀，王作雷.2003.学会研究会在高校科研中的地位和作用.科学管理研究，21(3)：97–100.

蔡晓燕.2017.语言框架理论与英汉隐喻翻译探究.中国科技翻译，(2)：47–49.

曹灵美，柳超健.2018."草"隐喻的英译认知研究——以《水浒传》四个译本为例.中国翻译，(6)：94–99.

曹雪芹，高鹗.1980. A Dream in Red Mansions. 杨宪益，戴乃迭译.北京：外文出版社.

曹雪芹，高鹗.1982.红楼梦.北京：人民文学出版社.

陈冲.2015.框架理论视阈下的《黄帝内经》比喻辞格英译研究.南京：南京中医药大学硕士学位论文.

陈冲，张淼.2015.框架理论视阈下的《黄帝内经》比喻辞格英译.中医药导报，(13)：111–113.

陈吉荣.2011.论认知语言学对译者认知不足与认知过度的解释力.外语与外语教学，(2)：16–19，32.

陈吉荣.2013.图式与意象理论范畴考辨.外语研究，(6)：33–38.

陈吉荣.2017.翻译的默认值、参照点与体验性——论"语内翻译"与"语际翻译"的差异与共性.外语学刊，(1)：85–90.

陈佳.2016.框架理论视角下诗歌视觉化翻译研究.苏州：江苏大学硕士学位论文.

陈家旭.2016.金融报道中的隐喻认知及其翻译研究.上海翻译，(6)：22–27.

陈善伟.2014.翻译科技新视野.北京：清华大学出版社.

陈少彬.2010.框架理论视角下的广告语隐喻翻译研究.中北大学学报（社会科学版），(5)：58–60，65.

陈思雨.2012.从框架语义学看《道德经》的英译.重庆：西南大学硕士学位论文.

陈维振.2002.有关范畴本质的认识——从"客观主义"到"经验现实主义".外语教学与研究，(1)：8–14，80.

陈香美.2019.基于实证研究的科技新词的认知与翻译.外国语文，35(1)：135–141.

陈雪，赵岩．2016.隐喻翻译的认知观和翻译策略．社会科学战线，(4)：256–259.

陈雪梅，柴明颎．2018.非平衡双语者口译语义加工路径探究．上海大学学报（社会科学版），35(5)：121–130.

谌莉文．2011.口译思维过程中的意义协商概念整合研究．上海：上海外国语大学博士学位论文．

谌莉文．2016.翻译过程的原型思维表征：概念框架转换．上海翻译，(3)：41–46，94.

成善祯．2003.框架语义信息与语用等效．苏州大学学报，(4)：72–74.

崔倩倩．2019.机器翻译错误与译后编辑策略研究．北京：北京外国语大学硕士学位论文．

戴光荣．2015.概念隐喻视角下的科学翻译．中国科技翻译，(4)：35–38.

戴凌靓．2016.认知概念转喻和隐喻审视下的方位对举词及其英译．福州大学学报（哲学社会科学版），(3)：91–95.

戴炜栋，徐海铭．2007.汉英交替传译过程中译员笔记特征实证研究——以职业受训译员和非职业译员为例．外语教学与研究，(2)：136–144，161.

邓静．2010.翻译研究的框架语义学视角评析．外语教学与研究，(1)：66–71，81.

邓军涛．2014.信息技术环境下口译教学资源的设计与开发．武汉：华中科技大学博士学位论文．

邓志辉．2011.译者选词决策过程的影响因素分析———项认知心理学视角的翻译过程实证研究．外国语，34(5)：71–76.

邓志辉．2012.认知科学视域下西方翻译过程实证研究发展述评．外国语，35(4)：88–94.

丁卫国．2013.基于框架理论的翻译教学模式研究．外语界，(6)：72–76.

董洪学，韩大伟．2012.理工科院校翻译专业硕士教学中计算机辅助翻译课程的设计研究．中国大学教学，(9)：63–65.

董燕萍，蔡任栋，赵南，林洁绚．2013.学生译员口译能力结构的测试与分析．外国语，36(4)：75–85.

窦智．2018.概念隐喻视角下《习近平谈治国理政》第二卷中的隐喻翻译研究．北京：北京外国语大学硕士学位论文．

段奡卉．2010.关联理论视角下汉诗英译的认知推理过程探析——以唐诗《春望》五种译文为例．外语教学，(4)：96–100.

段奡卉．2011.从关联翻译理论看汉语格律诗英译中形式的趋同——以《春望》三个译本为例．外语学刊，(3)：121–124.

范祥涛．2017.汉语文化典籍中的链式转喻及其英译研究．外语教学，38(6)：84–88.

范祥涛，陆碧霄．2019.认知翻译研究的观念和方法．外语教学，40(4)：8–12.

方梦之．2011.英语科技文体范式与翻译．北京：国防工业出版社．

冯佳．2017.译入／译出认知负荷比较研究——来自眼动追踪的证据．中国外语，14(4)：79–91.

冯佳. 2018. 中英双向互译中翻译认知过程研究:基于眼动追踪和键盘记录的实证分析. 北京:外语教学与研究出版社.

冯佳. 2019. 借助翻译进程图的译者注意资源分配研究. 外语与外语教学, (3):85–97.

冯梅. 2014. 医学冠名术语的转喻及其翻译研究. 上海翻译, (1):62–66.

冯全功. 2017a. 中国当代小说中的概念隐喻及其英译评析——以莫言、毕飞宇小说为例. 外语与外语教学, (3):20–29, 146–147.

冯全功. 2017b. 文学翻译中的修辞认知转换模式研究. 解放军外国语学院学报, 40(5):127–134.

冯全功, 胡本真. 2019. 译者的修辞认知对译文文学性影响的实证研究. 外语学刊, (1):97–103.

冯全功, 李嘉伟. 2016. 新闻翻译的译后编辑模式研究. 外语电化教学, (6):74–79.

冯全功, 刘明. 2018. 译后编辑能力三维模型构建. 外语界, (3):55–61.

冯全功, 张慧玉. 2015. 全球语言服务行业背景下译后编辑者培养研究. 外语界, (1):65–72.

冯涛, 张进辅. 2006. 认知心理生理学与无创性脑功能成像技术. 心理科学, 29(1):151–153.

冯学芳. 2015. 汉语"一把……"结构的语义阐释和英译. 解放军外国语学院学报, 38(1):136–144.

傅顺, 罗永胜, 陈文杰. 2019. 关联视角下的口译记忆认知机制及其对口译笔记教学的启示. 高教学刊, (22):113–116.

甘慧慧. 2012. 框架理论指导下的汉语商标英译. 牡丹江师范学院学报 (哲学社会科学版), (2):115–117.

刚小宝. 2018. 概念隐喻视角下《蛙》葛浩文译本的隐喻翻译研究. 北京:北京外国语大学硕士学位论文.

高彬. 2019. 英汉交替传译笔记中的语言选择发展规律——基于口译学习者的横向研究. 中国翻译, 40(1):83–90.

高彬, 柴明颎. 2009. 西方同声传译研究的新发展——一项文献计量研究. 中国翻译, 30(2):17–21.

高彬, 柴明颎. 2013. 猜测与反驳——同声传译理论发展路线研究. 中国翻译, 34(2):12–16.

高彬, 柴明颎. 2016. 同声传译模型教学研究. 外语电化教学, (1):62–66.

高巍, 孙凤兰. 2020. 科技语篇的隐喻功能与翻译——以《时间简史》英汉文本为例. 上海翻译, (3):29–89.

高志军. 2013. 计算机辅助翻译工具测评框架初探. 中国翻译, (5):70–76.

耿华, 王伟, 陆美慧. 2015. 输出与相关输入对"注意"和语言习得的作用——一项基于翻译活动的个案研究. 外语界, (1):12–21.

宫华萍 . 2017. 计算机辅助翻译实验室建设及应用探索 . 实验室研究与探索，(4)：257–261.

谷峰 . 2018. 概念隐喻认知视角下《伤寒论》中医隐喻术语的英译 . 中国中西医结合杂志，(3)：361–364.

顾毅,张昊宇 . 2019. 书论典籍中人体隐喻的翻译——以《续书谱》英译本为例 . 中国科技翻译，(4)：44–47，31.

桂诗春 . 2000. 新编心理语言学 . 上海：上海外语教育出版社 .

郭高攀，廖华英 . 2016. 框架语义的建构与翻译过程的概念整合——基于认知语料库"FrameNet"的翻译教学研究 . 上海翻译，(4)：33–36.

郭琳琳 . 2019. 译者能力与译后编辑能力的关系 . 济南：山东师范大学硕士学位论文 .

郭帅 . 2016. 基于框架理论的隐喻翻译——以《红楼梦》日译为例 . 语文学刊（外语教育教学），(12)：79–80.

韩淑芹，孙三军 . 2010. 基于实证角度的翻译过程之变量分析 . 山东外语教学，31(6)：82–87.

何立芳，李丝贝 . 2017. 道教典籍语言隐喻认知特征解析与翻译 . 外语学刊，(4)：99–103.

何妍，李德凤，李丽青 . 2020. 方向性与视译认知加工——基于近红外脑功能成像技术的实证研究 . 外语学刊，(2)：95–101.

贺爱军 . 2016. 翻译对等的原型范畴理论识解 . 外语教学，37(5)：107–110.

侯林平，郎玥，何元建 . 2019. 语料库辅助的翻译认知过程研究模式：特征与趋势 . 外语研究，36(6)：69–75.

胡春雨，谭金琳 . 2017. 汉语致股东信中的隐喻及英译研究 . 天津外国语大学学报，(1)：25–32.

胡开宝，李晓倩 . 2016. 语料库翻译学与翻译认知研究：共性与融合 . 山东社会科学，254(10)：42–43.

胡朋志 . 2017. 翻译认知过程中的注意机制：表征、扩展与转换 . 解放军外国语学院学报，40(4)：100–107.

胡文莉 . 2012. 框架语义学视角下霍译本《红楼梦》中熟语的超额与欠额翻译的研究 . 长沙：中南大学硕士学位论文 .

胡元江，马广惠 . 2013. 同声传译中目标语产出的认知心理模式研究 . 外语教学理论与实践，(4)：64–70，96.

胡珍铭 . 2018. 基于元认知调控的翻译元能力实验研究 . 长沙:湖南大学博士学位论文 .

胡壮麟 . 2019. 隐喻翻译的方法与理论 . 当代修辞学，(4)：1–9.

黄光惠，岳峰 . 2014. WHO 标准针灸经穴英译之完善性及策略探究 . 时珍国医国药，(8)：1930–1932.

黄海瑛，刘军平 . 2015. 计算机辅助翻译课程设置与技能体系研究 . 上海翻译，(2)：48–53.

黄红霞 . 2020. 意象图式理论指导下的宋词意象翻译研究 . 海外英语，(3)：122–123.

黄婕 . 2016. 英汉译后编辑的效率及其影响因素研究 . 北京：北京外国语大学硕士学位论文 .

黄秋菊 . 2016. 从概念隐喻角度评析《红楼梦》菊花诗的两个英译本 . 北京：北京外国语大学硕士学位论文 .

贾红霞 . 2014. 框架语义学视角下古典诗词文化意象的英译 . 西安文理学院学报（社会科学版），(6)：91–95.

蒋丽平 . 2016a. 基于框架理论的商务翻译教学模式研究 . 语言教育，(4)：28–33.

蒋丽平 . 2016b. 框架理论视域下的商务语词翻译策略研究 . 外国语文研究，(6)：81，98–105.

蒋丽平 . 2018. 认知框架视域下的商务翻译教学效果研究 . 上海翻译，(3)：57–61.

蒋跃，蒋新蕾 . 2019. 最大依存距离对口译中非流利度的影响 . 外语研究，36(1)：81–88.

金胜昔，林正军 . 2015a. 识解理论观照下的等效翻译 . 东北师大学报（哲学社会科学版），(2)：119–123.

金胜昔，林正军 . 2015b. 认知翻译模型构拟 . 外语学刊，(6)：100–104.

金胜昔，林正军 . 2016. 国内翻译认知研究的文献计量分析 . 外语教学，37(5)：96–101.

金胜昔 . 2017. 认知语言学视域下唐诗经典中的转喻翻译研究 . 长春：东北师范大学博士学位论文 .

靳祺 . 2019. 专利说明书英汉机器翻译译后编辑方法研究 . 西安：西安外国语大学硕士学位论文 .

康志峰 . 2011. 口译焦虑的动因、级度及其影响 . 外语研究，(4)：81–85.

康志峰 . 2012a. 多模态口译焦虑的级度溯源 . 外语教学，33(3)：106–109.

康志峰 . 2012b. 现代信息技术下口译多模态听焦虑探析 . 外语电化教学，(3)：42–45.

康志峰 . 2017. 口译行为的 ERP 证据：认知控制与冲突适应 . 中国外语，14(4)：92–102.

康志峰 . 2018. 双语转换代价与口译增效策略 . 外语教学，39(3)：84–89.

删佳，李嘉懿 . 2018. 从关联翻译理论看程抱一的诗歌翻译策略——以《终南别业》翻译为例 . 中国海洋大学学报（社会科学版），(5)：124–130.

赖思 . 2019. 基于隐喻的人工翻译与机器翻译译后编辑比较研究 . 长沙：湖南大学硕士学位论文 .

郎玥，侯林平，何元建 . 2018. 同声传译中记忆配对的认知研究 . 现代外语，41(6)：840–851.

郎玥，侯林平，何元建 . 2019. 多模态输入对同传认知加工路径影响的库助认知研究 . 外国语，42(2)：75–86.

雷静.2011.口译学习策略的概念维度建构与实证检验.广西民族大学学报（哲学社会科学版），33(1)：181–185.

雷晓峰，田建国.2014.语用顺应论框架下的隐喻翻译模式研究.外语教学，35(2)：99–103.

黎璐.2019.从场景—框架理论看《废都》方言词汇翻译.西南科技大学学报（哲学社会科学版），(2)：15–19.

李朝渊.2011.学生译员交替传译中修复策略使用机制阐释.外语与外语教学，(5)：78–82.

李成华.2016.藏象术语的隐喻认知及其英译研究.济南：山东中医药大学博士学位论文.

李德超.2005.TAPs翻译过程研究二十年：回顾与展望.中国翻译，26(1)：29–34.

李德凤.2017.翻译认知过程研究之沿革与方法述要.中国外语，14(4)：1，11–13.

李和庆，张树玲.2003.原型与翻译.中国科技翻译，(2)：9–12.

李洪乾.2016.军语泛化现象的认知研究.长沙：湖南师范大学博士学位论文.

李惠然.2015.《诗经》植物隐喻及许渊冲译法之认知探索.南京：东南大学硕士学位论文.

李家春.2018.默认意义及其翻译策略探究——默认语义学视角.东北师大学报（哲学社会科学版），(3)：107–112.

李家坤，李琳琳，徐淑玉.2017.行业译员培养中思辨缺乏症对策实证研究.外国语文，33(4)：105–114.

李家言.2018.《水浒传》人物绰号的概念隐喻英译策略比较研究.南京：东南大学硕士学位论文.

李晶晶.2019.多模态批评话语分析视角下的口译过程研究.外国语，42(6)：60–70.

李克，卢卫中.2017.英语专业学生转喻能力对翻译能力的影响探究.外语界，(1)：64–71.

李琳.2017.意象图式视角下戏剧翻译研究.重庆：四川外国语大学硕士学位论文.

李梅，朱锡明.2013.译后编辑自动化的英汉机器翻译新探索.中国翻译，(4)：83–87.

李畔媛.2017.框架语义学视角下唐代边塞诗之意象英译.广东第二师范学院学报，(2)：96–101.

李天贤，王文斌.2012.论文学翻译视域融合的"有界"与"无界"——以李清照《如梦令》为例.外语教学，(6)：93–96，100.

李文中.2015.《道德经》的核心概念及隐喻的英语表述分析.解放军外国语学院学报，(5)：108–116，150，160.

李先进.2013.关联理论视角下的文化缺省及翻译策略.外国语文，29(3)：112–116.

李孝英.2018.中医典籍文化推广瓶颈：隐喻性语言的解读与翻译.中华文化论坛，(2)：22–26，191.

李孝英 . 2019. 中医情感术语英译认知研究 . 上海翻译，(3)：80–84.

李占喜 . 2018. 学生译者认知处理作者明示和暗含过程的语用研究 . 上海翻译，(2)：43–48.

连小英，康志峰 . 2019. 眼动跟踪靶域与视译速效研究 . 中国外语，16(4)：104–111.

梁茂成 . 2010. 理性主义、经验主义与语料库语言学 .《中国外语》，7(4)：90–97.

梁晓晖 . 2013.《丰乳肥臀》中主题意象的翻译——论葛浩文对概念隐喻的英译 . 外国语文，(5)：93–99.

梁杏，兰凤利 . 2014. 基于隐喻认知的脉象术语英译研究 . 中国中西医结合杂志，(6)：760–763.

廖红英 . 2017. 从关联理论看文化信息在俄汉翻译中的传达——从"洪荒之力"的翻译谈起 . 外国语文，33(4)：115–118.

林海霞 . 2015. 框架语义学对《雷雨》英译的指导性语用研究 . 南通大学学报（社会科学版），(5)：82–86.

林洁绚，董燕萍，蔡任栋 . 2015. 口译中源语理解和语码重构在资源分配上的层级关系 . 外语教学与研究，47(3)：447–457，481.

林洁绚，董燕萍 . 2011. 汉英口译中语言转换的时间起点——串行加工观和并行加工观 . 外国语（上海外国语大学学报），34(4)：56–63.

刘冰泉，张磊 . 2009. 英汉互译中的认知隐喻翻译 . 中国翻译，30(4)：71–75.

刘庚玉 . 2012. 框架理论下看《牡丹亭》中文化意象翻译比较研究 . 剑南文学，(1)：101–102.

刘国辉 . 2010. 框架语义学对翻译的"三步曲"启示——认知图式、框架和识解 . 外国语文，(4)：74–79.

刘华文，李红霞 . 2005. 汉英翻译中再范畴化的认知特征 . 外语研究，(4)：49–54.

刘林玉 . 2014. 概念隐喻翻译及其在翻译教学中的应用 . 济南：山东师范大学硕士学位论文 .

刘猛 . 2014. 认知能力与交替传译能力的关系 . 上海：上海外国语大学博士学位论文 .

刘宓庆 . 2012. 新编当代翻译理论 . 北京：中国对外翻译出版有限公司 .

刘绍龙，胡爱梅 . 2012. 词汇翻译提取效率和操作机制的认知研究——基于不同二语水平者的实证调查 . 中国翻译，33(4)：24–30.

刘绍龙，夏忠燕 . 2008. 中国翻译认知研究：问题、反思与展望 . 外语研究，(4)：59–65，112.

刘小蓉 . 2016. 苏童长篇小说《米》中的概念隐喻翻译策略研究 . 语文建设，(33)：97–98.

刘璇 . 2019. 机器翻译在合同翻译中的表现及译后编辑的技巧 . 上海：上海外国语大学硕士学位论文 .

刘艳梅 . 2016. 认知心理视域下汉英翻译过程中策略使用研究 . 济南：山东大学博士学位论文 .

刘翼斌 . 2011. 概念隐喻翻译的认知分析 . 上海：上海外国语大学博士学位论文 .

刘颖呈, 梅德明 . 2019. 情境模型视角下同传译员与未受训双语者工作记忆对比研究 . 外语教学与研究，51(6)：914–924，961.

刘勇先 . 2018. 概念隐喻视角下汉英口译中隐喻的翻译策略 . 广州：广东外语外贸大学硕士学位论文 .

刘泽权，朱利利 . 2018. 国内外语料库翻译认知研究对比考察——基于 Web of Science 和中国知网数据库的可视化分析 . 解放军外国语学院学报，42(1)：29–38.

刘正光，陈弋，徐皓琪 . 2016. 亚瑟·韦利《论语》英译 "偏离" 的认知解释 . 外国语，(1)：89–96.

刘正光，邓忠，邓若瑜 . 2020. 认知对等及其认识论意义 . 外国语（上海外国语大学学报），43(1)：34–47.

龙明慧 . 2011. 翻译原型研究 . 上海：学林出版社 .

卢卫中 . 2011. 转喻的理解与翻译 . 中国翻译，(6)：64–67 .

卢卫中，王福祥 . 2013. 翻译研究的新范式——认知翻译学研究综述 . 外语教学与研究，45(4)：606–616.

卢信朝 . 2016. 原型范畴理论启示下的汉英同声传译简缩策略 . 外国语（上海外国语大学学报），39(3)：92–102.

卢信朝，李德凤，李丽青 . 2019. 同声传译译员能力要素与层级调查研究 . 外语教学与研究，51(5)：760–773.

卢信朝，王立弟 . 2019. 英汉同声传译信息损耗原因：基于会议口译员有提示回溯性访谈的研究 . 外语研究，36(2)：82–88.

卢艳 . 2015. 英语名词同义词的框架语义理论解析及翻译策略探讨 . 长春师范大学学报，(11)：93–95.

卢植，孙娟 . 2018. 人工翻译和译后编辑中认知加工的眼动实验研究 . 外语教学与研究，50(5)：760–769，801.

罗丹妮 . 2019.《诗经》中意象隐喻的翻译策略分析 . 哈尔滨：哈尔滨理工大学硕士学位论文 .

罗婕 . 2012. 隐喻理论评述及将其引入翻译教学的现实意义 . 语文学刊，(11)：101–102.

马星城 . 2017. 情境认知视角下的翻译过程研究 . 外语教学与研究，49(6)：939–949，961.

毛海燕 . 2010. 基于 FrameNet 的英汉词汇语义对比模式探索——以英汉情感框架词汇语义对比研究为例 . 外语学刊，(4)：48–51.

孟丽丽 . 2012. 从框架理论角度探究许渊冲的汉诗英译模式 . 吉林：吉林大学硕士学位论文 .

孟志刚，文婷 . 2014. 我国当代认知翻译学三十五年纵横谈 . 现代语文，(7)：4–8.

苗菊，朱琳 . 2010. 认知视角下的翻译思维与翻译教学研究 . 外语教学，31(1)：98–103.

穆雷，王巍巍，许艺 . 2016. 中国口译博士论文研究的现状、问题与思考（1997—2014）——以研究主题与方法分析为中心 . 外国语，39(2)：97–109.

穆雷，邹兵．2014．中国翻译学研究现状的文献计量分析（1992—2013）——对两岸四地近 700 篇博士论文的考察．中国翻译，(2)：14–20，127.

牛海燕．2018．框架理论视阈下中医典籍反义相成词英译研究．南京：南京中医药大学硕士学位论文．

庞莉，卢植．2019．翻译过程的认知负荷研究：现状与展望．中国科技翻译，32(4)：38–40.

裴文娟．2010．框架语义学视角下《哈利·波特与魔法石》中言说类动词的翻译研究．广州：广州大学硕士学位论文．

彭红艳．2020．翻译研究的哲学思考、研究范式与批评话语——廖七一教授访谈录．中国翻译，(1)：103–110.

彭正银．2010．知觉视点在翻译中的转换与等值效果．外国语文，(2)：105–110.

普昆．2015．认知语言学视域下的忠实对等——兼析《英汉对照乐府诗选》英译．解放军外国语学院学报，38(6)：151–156.

齐涛云．2019．从停顿频次特征看职业译员英汉同传的认知过程——基于小型双模态口译语料库的个案研究．外语与外语教学，(5)：135–146，151.

钱春花．2011．基于扎根理论的译者翻译能力体系研究．外语与外语教学，(6)：65–69.

钱春花．2012．基于译者认知的翻译生态系统构成要素实证研究．外语教学，33(2)：98–101.

乔小六．2014．认知语法视野下的《红楼梦》英译．上海翻译，(3)：73–76.

秦国丽．2016．概念隐喻视角下针刺手法术语英译方法研究——以《（汉英对照）针利手法图解》为例．合肥：安徽中医药大学硕士学位论文．

邱均平，王日芬．2008．文献计量内容分析法．北京：国家图书馆出版社．

曲琳琳．2017．框架语义学视阈下《金匮要略》病证［症］名英译探析．南京：南京中医药大学硕士学位论文．

权循莲，田德蓓．2012．概念隐喻视角下汉语古诗意象的英译．安徽师范大学学报（人文社会科学版），40(1)：127–132.

商莉君．2013．框架语义视角下文化意象的创造性翻译策略．太原师范学院学报（社会科学版），(3)：97–100.

尚宏．2011．不同译者思维过程与职业能力的实证研究．上海：上海外国语大学博士学位论文．

邵璐，黄丽敏．2020．认知文体学视域中《尘埃落定》的概念隐喻翻译．山东外语教学，(2)：93–104.

邵惟韺．2017．抽象化与具体化——英汉表达方法认知对比与翻译中的范畴转换．华东理工大学学报（社会科学版），32(3)：102–109.

沈家煊．1995．"有界"与"无界"．中国语文，(5)：368–380.

沈家煊．2017．从语言看中西方的范畴观．中国社会科学，(7)：131–143.

沈明霞，梁君英. 2015. 专业译员与学生译员在同传中的工作记忆对比研究——以"高风险省略"现象分析为例. 外国语（上海外国语大学学报），38(2)：47–56.

沈掌荣. 2013. 框架理论视阈下影视字幕翻译等值的实现. 浙江海洋学院学报（人文科学版），(2)：89–91，96.

师丹萍. 2015. 框架理论下《楚辞》的意象翻译研究. 剑南文学，(8)：59–60.

史倩倩. 2019. 意象图式理论视角下英汉动词翻译实践报告. 唐山：华北理工大学硕士学位论文.

束定芳. 2000. 隐喻学研究. 上海：上海外语教育出版社.

司念. 2019. 创造性文本译后编辑的过程研究. 曲阜：曲阜师范大学硕士学位论文.

苏冲. 2018. 格式塔意象传译的认知翻译策略研究. 重庆：西南大学博士学位论文.

苏冲，文旭. 2018. 格式塔意象的传译：认知翻译策略研究. 中国翻译，39(4)：13–20，129.

苏娜欣. 2016. 意象图式视角下的中英诗词意象对比与翻译. 北京：北京林业大学硕士学位论文.

苏炎奎，李荣宝. 2018. 认知压力和单词熟悉度对英语视觉词汇语义通达模式的影响——来自视译和阅读眼动实验的证据. 外国语，41(2)：54–62.

孙迪. 2010. 从框架理论看杨宪益夫妇对鲁迅《呐喊》的翻译. 北京航空航天大学学报（社会科学版），(3)：101–104.

孙凤兰. 2016a. 概念隐喻视角下的《黄帝内经》英译. 上海翻译，(2)：84–88.

孙凤兰. 2016b. 识解理论视角下的《黄帝内经》医学术语翻译. 外语学刊，(3)：107–111.

孙巧宁. 2017. Matecat 和 Trados 2015 的译后编辑功能对比评价. 信息记录材料，(11)：93–95.

孙怡. 2019.《诗经》中"水"隐喻的英译. 厦门：华侨大学硕士学位论文.

孙毅. 2017. 国外隐喻翻译研究 40 年嬗进寻迹(1976—2015). 外语教学理论与实践，(3)：80–90.

孙毅，白洋，卜凤姗，李柯萱. 2020. 博物馆介绍词隐喻概念的英译. 上海翻译，(3)：34–39.

索绪香. 2016. 诗性隐喻翻译的信息整合模式. 重庆：西南大学博士学位论文.

谭业升. 2012a. 翻译教学的认知语言学观. 外语界，(3)：66–73，88.

谭业升. 2012b. 认知翻译学探索：创造性翻译的认知路径与认知制约. 上海：上海外语教育出版社.

谭业升. 2013a. 基于认知文体分析框架的翻译批评——以《红楼梦》两个经典译本的批评分析为例. 外语研究，(2)：72–77.

谭业升. 2013b. 译者的意象图式与合成概念化——基于语料库方法的《红楼梦》"社会脸"翻译研究. 外语与外语教学，(3)：55–59.

谭业升 . 2016. 翻译能力的认知观：以识解为中心 . 中国翻译，37(5)：15–22，128.

谭业升 . 2019. 论域依赖的认知翻译教学模式——以应用型本科翻译专业实验教学设计为示例 . 外语电化教学，(5)：62–68.

谭业升，葛锦荣 . 2005. 隐喻翻译的认知限定条件——兼论翻译的认知空间 . 解放军外国语学院学报，(4)：59–63.

谭载喜 . 2011. 翻译与翻译原型 . 中国翻译，(4)：14–17.

唐芳，李德超 . 2013. 汉英交替传译中的显化特征——职业译员与学生译员对比研究 . 外语教学与研究，45(3)：442–452，481.

唐树华，孙序，陈玉梅 . 2011. 基于语料库的常规隐喻概念投射路径对比与翻译处理研究 . 外语教学，(1)：108–112.

唐叶凡 . 2019. 机器翻译，译后编辑在不同类型文本中的适用性分析 . 上海：上海外国语大学硕士学位论文 .

陶明忠，马玉蕾 . 2008. 框架语义学——格语法的第三阶段 . 当代语言学，(1)：35–42.

田苗 . 2016. 基于概念隐喻的 2015 年政府工作报告英译研究 . 黑龙江高教研究，(6)：157–160.

汪蓝玉 . 2014. 从框架理论的视角探讨英文商标名称翻译策略 . 黄山学院学报，(4)：68–71.

汪立荣 . 2005. 从框架理论看翻译 . 中国翻译，(3)：29–34.

汪美华 . 2012. 框架语义学与法律英语翻译策略 . 宜春学院学报，(5)：122–125.

汪榕培，王宏 . 2009. 中国典籍英译 . 上海：上海外语教育出版社 .

王斌华 . 2019a. 基于口译认识论的口译理论建构——多视角、多层面、多路径的口译研究整体框架 . 中国翻译，40(1)：19–29.

王斌华 . 2019b. 口译的即时双语信息处理论——口译过程真正处理的是什么 . 中国外语，16(04)：87–94.

王非，梅德明 . 2013. 交替传译过程中的错误记忆现象实证研究 . 外国语（上海外国语大学学报），36(2)：66–75.

王非，梅德明 . 2017. 不同方向的口译过程信息加工与工作记忆的关系——兼议"非对称有限并行模型" . 中国翻译，38(4)：38–44.

王福祥，徐庆利 . 2010. "翻译腔"与翻译任务复杂度和译者工作记忆关系的实证研究 . 外语教学，31(6)：105–109.

王福祥，徐庆利 . 2018. 翻译递归性与翻译经验关系的实证研究：翻译过程视角 . 外语教学，39(6)：96–101.

王福祥，郑冰寒 . 2019. 60 年翻译单位研究述评 . 外语学刊，(2)：99–105.

王红莉 . 2009. 从介词 over 的翻译看其意象图式的跨语言映射——基于语料库的个案分析 . 外语电化教学，(4)：12–16.

王宏 . 2012. 中国典籍英译：成绩、问题与对策 . 外语教学理论与实践，(3)：9–14.

王宏，曹灵美．2017．图式理论视域下的少数民族典籍英译研究．解放军外国语学院学报，(6)：45–52，77，158.

王华树，郝冠清．2016．现代翻译协作中的术语管理技术．中国科技翻译，(1)：18–21.

王华树，李德凤，李丽青．2018．翻译专业硕士（MTI）翻译技术教学研究：问题与对策．外语电化教学，(3)：76–82，94.

王华树，李智．2019．人工智能时代笔译员翻译技术应用调查——现状、发现与建议．外语电化教学，(6)：67–72.

王华树，李智，李德凤．2018．口译员技术应用能力实证研究：问题与对策．上海翻译，(5)：70–77.

王家义，李德凤，李丽青，何妍．2018．译员阅读加工的认知机制——基于眼动追踪技术的实证研究．外语电化教学，(4)：84–90.

王建华．2009．英文带稿的摘要式视译记忆实验研究．外语与外语教学，(12)：53–56.

王建华．2010．基于记忆训练的交互式口译教学模式实证探索．外语学刊，(3)：134–139.

王建华．2019．口译认知理论研究．北京：中国人民大学出版社．

王建华，郭薇．2015．口译笔记认知与非英语专业学生交传质量的相关性．外语与外语教学，(4)：68–74.

王娟．2013．国外机辅翻译条件下的翻译过程实证研究．上海翻译，(3)：60–65.

王柳琪，刘绍龙．2009．翻译信息转换模型的认知心理学研究——基于符号加工范式的思考与构建．中国翻译，30(6)：20–24.

王柳琪，苏海丽．2015．二语水平和词汇语义关系类型效应研究——一项基于英汉翻译词汇表征通达的实证研究．外语教学，36(2)：52–56.

王柳琪，吴华佳，刘绍龙．2018．二语语块表征及其汉英翻译加工范式研究．中国外语，15(1)：77–86.

王柳琪，夏忠燕，刘绍龙．2016．英语学习者语义相关词汉英翻译的表征和提取研究．中国翻译，37(4)：21–28.

王律，王湘玲，邢聪聪．2019．问题解决视角下的控制加工与译文质量研究．外国语，42(6)：71–82.

王明树．2010a．"辖域"对原语文本理解与翻译的制约——以李白诗歌英译为例．外国语文，(3)：91–95.

王明树．2010b．"主观化对等"对原语文本理解和翻译的制约．重庆：西南大学博士学位论文．

王明树．2017．概念隐喻视角下翻译原则、翻译策略或方法选取背后的认知机制．外国语文，33(2)：99–103.

王明树．2019．概念隐喻的认知流程及翻译研究——兼谈"翻译隐喻"与隐喻翻译之区别．英语研究，(9)：144–153.

王明树，刘伊娜．2015．概念隐喻视角下中医术语英译研究．重庆医学，(33)：4743–4744．

王骞．2018．概念隐喻视角下的法律英语翻译教学．上海翻译，(6)：57–62．

王茜，刘和平．2015．2004—2013 中国口译研究的发展与走向．上海翻译，(1)：77–83．

王仁强，章宜华．2004．原型理论与翻译研究．四川外语学院学报，(6)：105–109．

王瑞昀．2016．概念隐喻的认知及其跨文化英译研究——以《政府工作报告》译文为例．上海对外经贸大学学报，(2)：87–96．

王少爽，高乾．2014．翻译过程研究的新模式探析——从 Triangulation 的译名谈起．上海翻译，(1)：27–31．

王微．2015．从概念整合视角研究庞德《神州集》中的意象传递．解放军外国语学院学报，(6)：116–121．

王巍巍，李德超．2015．汉英交替传译策略使用特征——基于有声思维法的学生译员与职业译员对比研究．中国翻译，36(6)：41–47，129．

王雯秋，王明树．2013．"情态"对源语文本理解及翻译的制约——以李白诗歌英译为例．英语研究，(2)：38–42．

王文宇，周丹丹，王凌．2010．口译笔记特征与口译产出质量实证研究．外语界，(4)，9–18．

王湘玲，胡珍铭，申丽文．2016．学生译者与职业译者翻译元认知监控的因子分析．外语教学与研究，48(1)：139–150．

王湘玲，胡珍铭，邹玉屏．2013．认知心理因素对口译策略的影响——职业译员与学生译员交替传译之实证研究．外国语，36(1)：73–81．

王湘玲，贾艳芳．2018．21 世纪国外机器翻译译后编辑实证研究．湖南大学学报（社会科学版），(2)：82–87．

王一方．2017．翻译过程研究中眼动数据的收集、呈现与分析．外语研究，34(6)：76–81．

王一方．2018．两种翻译方向下语言隐喻对源语理解过程的影响．外语学刊，(2)：102–109．

王一方．2019a．汉译英过程中的平行处理——基于眼动和键击的实证研究．外语教学，40(4)：88–93．

王一方．2019b．语言隐喻对平行处理的影响——基于眼动和击键的汉—英笔译过程研究．解放军外国语学院学报，42(4)：142–150．

王寅．2005．认知语言学的翻译观．中国翻译，26(5)：15–20．

王寅．2006．解读语言形成的认知过程——七论语言的体验性：详解基于体验的认知过程．四川外语学院学报，(6)：53–59．

王寅．2012．认知翻译研究．中国翻译，33(4)：17–23，127．

王寅．2014．认知翻译研究：理论与方法．外语与外语教学，(2)：1–8．

王寅．2017．基于认知语言学的翻译过程新观．中国翻译，38(6)：5–10．

王雨艳.2013. 认知隐喻观视域下的中医药典籍隐喻英译研究：以《黄帝内经》及《伤寒论》为例. 南京：南京中医药大学硕士学位论文.

王玉凯.2018. 概念隐喻视域下隐喻翻译研究. 青岛：青岛大学硕士学位论文.

卫明高，余高峰，乔俊凯.2018. 政治文本中的隐喻翻译研究——以《2016 年政府工作报告》为例. 上海理工大学学报（社会科学版），(2)：120–124.

魏清光，瞿宗德.2008. 语义、框架与翻译教学. 河北师范大学学报，(12)：104–107.

文军，殷玲.2010. 翻译过程中翻译策略的实证性研究——基于英语专业大学生的有声思维调查. 解放军外国语学院学报，33(4)：75–80.

文旭.2014. 语言的认知基础. 北京：科学出版社.

文旭.2018. 认知翻译学：翻译研究的新范式. 英语研究，(2)：103–113.

文旭.2019. 基于"社会认知"的社会认知语言学. 现代外语，(3)：293–305.

文旭，江晓红.2001. 范畴化：语言中的认知. 外语教学，(4)：15–18.

文旭，罗洛.2004. 隐喻·语境·文化——兼论情感隐喻：人比黄花瘦. 外语与外语教学，(1)：11–14.

文旭，司卫国.2020. 具身认知、象似性与翻译的范畴转换. 上海翻译，(3)：1–6，95.

文旭，肖开容.2019. 认知翻译学. 北京：北京大学出版社.

文旭，叶狂.2003. 概念隐喻的系统性和连贯性. 外语学刊，(3)：1–7，112.

文旭，余平，司卫国.2019. 翻译的范畴转换及其认知阐释. 中国翻译，(3)：33–43，188.

文旭，曾容.2018. 从范畴动态化角度看词汇化与语法化的关系——以汉语"但是"为例. 外语教学，(2)：7–13.

吴迪.2013. 框架理论视角下的王维禅诗英目标语义差异辨析. 大连：辽宁师范大学硕士学位论文.

吴迪龙，武俊辉.2017. 关联翻译理论可适性范围与关联重构策略研究. 广西民族大学学报（哲学社会科学版），39(4)：185–190.

吴敬梓.1977. 儒林外史. 北京：人民文学出版社.

吴世雄，陈维振.2004. 范畴理论的发展及其对认知语言学的贡献. 外国语，(4)：34–40.

吴文梅.2017. 口译记忆训练模型 APEC Model 构建. 上海翻译，(2)：74–78.

吴云涛.2018. 框架语义学视角下航空英语半技术词一词多义现象及汉译策略探究. 中国科技语，(4)：34–39.

吴志焕.2017. 概念隐喻视角下《生死疲劳》中隐喻的翻译研究. 郑州：郑州大学硕士学位论文.

武光军，王瑞阳.2019. 基于眼动技术的英译汉过程中隐喻翻译的认知努力研究——以经济文本中的婚姻隐喻翻译为例. 中国外语，16(4)：95–103.

项君玲，徐坚俊.2018. 框架理论下的唐诗经典翻译研究——以《静夜思》的德译为例. 现代语文，(9)：105–110.

项霞，耿明华．2019．平行还是序列？——视／笔译认知加工模式实证研究述评．外语学刊，(2)：106–113．

肖华林．2016．交替传译的框架语义模型．广州：广东外语外贸大学硕士学位论文．

肖家燕，李恒威．2010．概念隐喻视角下的隐喻翻译研究．中国外语，(5)：106–111．

肖开容．2012．翻译中的框架操作：框架理论视角的中国古诗英译研究．重庆：西南大学博士学位论文．

肖开容．2013．知识系统与中国侠文化语际传播——从框架理论看金庸武侠小说英译．西南大学学报，(4)：94–101．

肖开容．2017．诗歌翻译中的框架操作：中国古诗英译认知研究．北京：科学出版社．

肖开容．2018．"遭遇"第四范式的浪潮：大数据时代的翻译研究．外语学刊，(2)：90–95．

肖开容．2021．认知翻译学的名与实．语言、翻译与认知，(1)：102–121．

肖开容，文旭．2012．翻译认知过程研究的新进展．中国翻译，33(6)：5–10．

肖开容，文旭．2013．框架与翻译中的认知操作．广译，(8)：57–87．

肖坤学．2013．"打铁还需自身硬"的英译研究——语言认知研究视角．外国语文，(5)：107–112．

肖茜．2011．中国官方讲话中隐喻翻译的认知分析．北京：外交学院硕士学位论文．

谢斌．2018．概念隐喻下《长恨歌》中隐喻的英译研究．福州：福建师范大学硕士学位论文．

谢娇．2016．基于意象图式的古诗词翻译探究——以杜甫的《登高》翻译为例．英语教师，(23)：150–153．

邢嘉峰．2018．认知翻译学：理论与应用．苏州：苏州大学出版社．

徐彬，郭红梅．2012．出版翻译中的项目管理．中国翻译，(1)：71–75．

徐海铭．2010．汉英交替传译活动中的口译停顿现象实证研究——以国际会议职业口译受训译员为例．外语研究，(1)：64–71，112．

徐海铭，柴明颎．2008．汉英交替传译活动中译员笔记困难及其原因的实证研究——以国际会议职业受训译员和非职业译员为例．外语学刊，(1)：122–127．

徐翰．2011．本科英语专业技能化口译教学的实证研究．上海：上海外国语大学博士学位论文．

徐莉娜．2012．从译者失语看翻译教学的缺失环节．中国翻译，33(2)：52–59．

徐琦璐．2011．交替传译中笔记语言选择的实证研究．南通大学学报（社会科学版），27(5)：84–88．

徐以中，孟宏．2013．汉英翻译中的预设等值及译者主体性的认知研究．外语与外语教学，(6)：72–76．

许佳欢．2012．框架理论关照下唐代爱情诗歌英译研究．大连：辽宁师范大学硕士学位论文．

许艺，穆雷．2017. 中国英语口译能力等级量表的策略能力构建——元认知理论视角．外语界，(6)：11-19.

许云鹏．2014. 语用关联在汉语和西班牙语互译中的应用研究．北京：北京外国语大学博士学位论文．

颜方明．2016. 翻译过程的认知机制研究．北京：世界图书出版公司．

颜林海．2014. 试论认知翻译操作模式的建构．外语与外语教学，(2)：9-14.

闫怡恂．2019. 文化认知视阈下译者主体创造性研究．长春：东北师范大学博士学位论文．

闫怡恂，成晓光．2019. 基于场景框架认知模式的译者主体创造性研究——《青衣》平行语料库分析．外语与外语教学，(3)：98-106，146-147.

杨朝军．2018. Hots 何以可能——兼论 Langacker 的认知语法思想．外文研究，(1)：1-6.

杨朝军．2019. 翻译过程中的图式化．英语研究，(2)：115-127.

杨诚，朱健平．2017. 认知突显理论观照下霍译《红楼梦》中探春形象定向重构研究．外国语，(1)：91-99.

杨承淑，邓敏君．2011. 老手与新手译员的口译决策过程．中国翻译，32(4)：54-59.

杨帆，李德凤．2018. 翻译过程研究的方法：问题与展望．中国科技翻译，31(4)：1-5.

杨俊峰．2011. 从古典诗歌中的意象翻译看意象图式理论的阐释空间．外语与外语教学，(4)：66-70.

杨璘璘．2018. 认知视域下记者招待会中隐喻口译策略的实证研究．宁波大学学报（人文科学版），(2)：88-94.

杨文滢．2015. 概念转喻视角下汉语诗词意象的解读与英译研究——以"凭阑"为例．外语与外语教学，(2)：75-79.

杨子，王雪明．2014. 以构式为基本单位的翻译操作取向——以《傲慢与偏见》开篇句汉译为例．外语与外语教学，(4)：91-96.

杨梓悠．2019. 架构理论视域下《荒原》中译本意象重构的对比研究．广州：广州大学硕士学位论文．

姚琴．2007. 框架理论与等值翻译．重庆交通大学学报，(5)：127-131.

叶进平．2018. 意向图式和诗歌翻译批评．海口：海南大学硕士学位论文．

叶娜，张桂平，韩亚冬，蔡东风．2011. 基于用户行为模型的计算机辅助翻译方法．中文信息学报，(3)：98-103.

叶子南．2013. 认知隐喻与翻译实用教程．北京：北京大学出版社．

由丽萍．2006. 构建现代汉语框架语义知识库技术研究．上海：上海师范大学博士学位论文．

由丽萍，杨翠．2007. 汉语框架语义知识库概述．电脑开发与应用，(6)：2-4.

于红，张政．2013. 项目化教学：理论与实践——MTI 的 CAT 课程建设探索．中国翻译，(3)：44-48.

俞晶荷 . 2004. 框架语义研究与翻译：俄汉时间范畴的框架语义对比分析与翻译 . 上海：上海外国语大学博士学位论文 .

俞敬松，王惠临，王聪 . 2014. 翻译技术认证考试的设计与实证 . 中国翻译，(4)：73–78.

余音 . 2019. 概念隐喻：关于 2019 年政府工作报告的英译 . 文教资料，(32)：212–213.

袁青青 . 2018. MTI 人工翻译与机译译后编辑的产出、质量与态度对比研究 . 长沙：湖南大学硕士学位论文 .

袁艳玲，戈玲玲 . 2019. 基于汉英双语平行语料库的本源概念翻译模式认知研究——以莫言小说《变》及其英译本为例 . 外国语文，35(2)：133–138.

臧庆，郑雨轩，徐海铭 . 2020. 口译测试中词类错误模式分析——工作记忆视角 . 外语测试与教学，(1)：17–25.

曾记，洪媚 . 2012. 学生译员汉译英连传口译中的自我修正研究 . 外语与外语教学，(3)：68–71，97.

翟秋兰，王冉，王华 . 2013. 焦虑与笔译策略内在关联实证性研究——基于英语专业大学生的有声思维调查 . 兰州大学学报（社会科学版），41(4)：150–154.

张斌，杜福荣 . 2011. 认知理论视域下的中医隐喻翻译 . 医学与哲学（人文社会医学版），(6)：66–75.

张成智 . 2020. 技术转向背景下的翻译研究新视野 . 外国语言与文化，(1)：96–103.

张冬瑜，杨亮，郑朴琪，徐博，林鸿飞 . 2015. 情感隐喻语料库构建与应用 . 中国科学：信息科学，(12)：1574–1587.

张继光，张蓊荟 . 2010. 原型理论视角下的当代散文翻译研究 . 东北师大学报（哲学社会科学版），(5)：110–114.

张洁 . 2015. 概念隐喻视角下的中医典籍篇章翻译——基于《内经》三个译本的案例分析 . 南京：南京中医药大学硕士学位论文 .

张立文 . 2020. 中国哲学之道 . 光明日报，4–13：15.

张琳琳 . 2010. 词汇场与框架语义学视角下的《孙子兵法》英译研究 . 大连：辽宁师范大学硕士学位论文 .

张瑞娥 . 2012. 翻译能力构成体系的重新建构与教学启示——从成分分析到再范畴化 . 外语界，(3)：51–58，65.

张威 . 2006. 口译过程的认知因素分析：认知记忆能力与口译的关系——一项基于中国口译人员的调查报告 . 中国翻译，27(6)：47–53.

张威 . 2008. 同声传译对工作记忆发展潜势的特殊影响研究 . 现代外语，(4)：423–430，438.

张威 . 2009. 同声传译认知加工分析工作记忆能力与同声传译效果的关系——一项基于中国英语口译人员的实证研究报告 . 外国语文，25(4)：128–134.

张威 . 2010. 同声传译的工作记忆机制研究 . 外国语（上海外国语大学学报），33(2)：60–66.

张威. 2012. 工作记忆与口译技能在同声传译中的作用与影响. 外语教学与研究, 44(5): 751–764, 801.

张威. 2014. 认知记忆训练对口译学习效果的影响研究. 外语与外语教学, (6): 56–61.

张威, 王克非. 2007. 口译与工作记忆研究. 外语与外语教学, (1): 43–47.

张伟平. 2010. 图解翻译学. 西安: 世界图书出版公司.

张新玲, 刘君玲. 2013. 一项中国 EFL 学习者英译汉笔试成绩预测因素的实证研究. 上海翻译, (4): 37–40.

赵晨. 2013. 中英不平衡双语者口译中的源语理解过程. 外语教学与研究, 45(1): 93–104, 161.

赵雪琴, 徐晗宇. 2018. 逻辑连词对汉英视译过程中认知负荷影响研究——一项基于眼动的研究. 外语研究, 35(5): 7–11.

赵雪琴, 徐晗宇, 陈莹. 2019. 视译过程中认知负荷与译文质量相关性研究——以汉语逻辑连词英译为例. 外语研究, 36(4): 12–15, 43, 112.

郑剑委, 彭石玉. 2018. 过程化认知翻目标语境模型的构建. 西南交通大学学报（社会科学版）, 19(5): 83–88.

郑丽华. 2011. 框架理论视角下的婉约词英译研究. 大连: 辽宁师范大学硕士学位论文.

钟俊. 2014. 框架语义学视角下的文化词语译义研究——以"希腊十二主神"为例. 西华大学学报（哲学社会科学版）, (1): 47–51.

周赫. 2016. 从认知角度分析概念隐喻翻译策略. 北京: 北京外国语大学硕士学位论文.

周晶, 何元建. 2010. 归化作为一种翻译策略的运用及其认知基础. 中国翻译, 31(6): 58–63.

周盼盼. 2019. 《红楼梦》空间隐喻的俄译及其翻译适应选择论解读. 上海: 上海外国语大学硕士学位论文.

周兴华. 2013. 计算机辅助翻译教学：方法与资源. 中国翻译, (4): 91–95.

周兴华. 2015. 计算机辅助翻译协作模式探究. 中国翻译, (2): 77–80.

周颖. 2008. 框架理论下的隐喻翻译. 外国语言文学, (2): 117–120.

朱纯深, 崔英. 2010. 从词义连贯、隐喻连贯与意向聚集看诗歌意境之"出"——以李商隐诗《夜雨寄北》及其英译为例. 中国翻译, (1): 57–64, 95–96.

朱晓敏, 曾国秀. 2013. 现代汉语政治文本的隐喻模式及其翻译策略——一项基于汉英政治文本平行语料库的研究. 解放军外国语学院学报, (5): 82–86.

朱宇博. 2017. 认知语言学视角下《道德经》核心概念"道"在德译本中的意义构建模式初探. 解放军外国语学院学报, (4): 124–131.

朱玉彬. 2012. 技以载道, 道器并举——对地方高校 MTI 计算机辅助翻译课程教学的思考. 中国翻译, (3): 63–65.

朱玉彬, 陈晓倩. 2013. 国内外四种常见计算机辅助翻译软件比较研究. 外语电化教学, (1): 69–75.

Albir, A. H., Alves, F., Dimitrova, B. E. & Lacruz, I. 2015. A retrospective and prospective view of translation research from an empirical, experimental, and cognitive perspective: the TREC network. *The International Journal for Translation & Interpreting Research, 7*(1): 5–25.

Alves, F. 2003. Triangulation in process oriented research in translation. In Alves, F. (ed.) *Triangulating Translation: Perspectives in Process Oriented Research*. Amsterdam: John Benjamins, vii–x.

Alves, F. & Hurtado Albir, A. 2017. Evolution, challenges, and perspectives for research on cognitive aspects of translation. In Schwieter, J. W. & A. Ferreira. (eds.) *The Handbook of Translation and Cognition*. Hoboken: Willey Blackwell, 537–554.

Alves, F. & Jakobsen, A. L. 2020. *The Routledge Handbook of Translation and Cognition*. London & New York: Routledge.

Ammann, M. 1990. Anmerkungen zu einer theories der übersetzungskritik und ihrer praktischen anwendung. *Textcontext*, (5): 209–250.

Anderson, J. R. 1995. *Cognitive Psychology and Its Implications: Fourth Edition*. New York: Freeman.

Angelone, E. 2010. Uncertainty, uncertainty management, and metacognitive problem solving in the translation task. In Angelone, E. & G. M. Shreve. (eds.) *Translation and Cognition*. Amsterdam: John Benjamins, 17– 40.

Aziz, W., Castilho, S. & Specia, L. 2012. PET: A tool for post-editing and assessing machine translation. *Paper Presented at the Proceedings of the Eighth International Conference on Language Resources and Evaluation, 3982–3987*.

Baddeley, A. D. & Hitch, G. J. 1974. Working memory. In Bower, G. (ed.) *The Psychology of Learning and Motivation*, Vol. VIII. New York: Academic Press, 47–90.

Baddeley, A. D. & Hitch, G. J. 1994. Developments in the concept of working memory. *Neuropsychology, 8*(4), 485–493.

Baddeley, A., Gathercole, S. & Papagno, C. 1998. The phonological loop as a language learning device. *Psychological Review, 105*(1): 158–173.

Baker, C. 2008. Survey methods in researching language and education. In Hornberger, N. H. (ed.) *Encyclopedia of Language and Education*. (2nd ed.) Boston: Springer, 55–68.

Baker, M. 1993. Corpus linguistics and translation studies: implications and applications. In Baker, M., G. Francis, & E. Tognini-Bonelli. (eds.) *Text and Technology: In Honour of John Sinclair. Amsterdam: John Benjamins, 233–250.

Ballou, J. 2008. Survey. In Lavrakas, P. J. (ed.) *Encyclopedia of Survey Research Methods*. Thousand Oaks: Sage, 861.

Barsalou, L. 1992. Frames, concepts, and conceptual fields. In Kittay, E. & A. Lehrer. (eds.) *Frames, Fields, and Contrasts: New Essays in Semantic and Lexical Organization*. Hillsdale: Lawrence Erlbaum Associates, 21–74.

Bartlett, F. C. 1932. *Remembering: A Study in Experimental and Social Psychology*. Cambridge: Cambridge University Press.

Bartłomiejczyk, M. 2006. Strategies of simultaneous interpreting and directionality. *Interpreting, 8*(2), 149–174.

Baumgarten, N., Meyer, B. & Özçetin, D. 2008. Explicitness in translation and interpreting: a critical view and some empirical evidence (of an elusive concept). *Across Languages and Cultures*, (9/2):177–193.

Bereiter, C. & Scardamalia, M. 1987. *The Psychology of Written Composition*. Hillsdale: Lawrence Erlbaum Associates.

Berlin, B. & Kay, P. 1969. *Basic Color Terms: Their Universality and Evolution*. Berkeley: University of California Press.

Bernardini, S. & Kenny, D. 2019. Corpora. In Baker, M. & G. Saldanha. (eds.) *Routledge Encyclopedia of Translation Studies*. (3rd ed.) London / New York: Routledge, 110–115.

Biel, Ł. 2018. Genre analysis and translation. In Malmkjær, K. (ed.) *The Routledge Handbook of Translation Studies and Linguistics*. London: Routledge, 151–164.

Biguenet, J. & Schulte, R. (eds.) 2012. *Theories of Translation: An Anthology of Essays from Dryden to Derrida*. Chicago: University of Chicago Press.

Boas, H. C. 2002. *Bilingual FrameNet Dictionaries or Machine Translation. Proceedings of the Third International Conference on Language Resources and Evaluation*. Las Palmas, Spain: European Language Resources Association.

Boas, H. C. (ed.) 2009. *Multilingual FrameNets in Computational Lexicography: Methods and Applications*. Berlin / New York: Mouton de Gruyter.

Boas, H. C. 2013. Frame semantics and translation. In Rojo, A. & I. Ibarretxe-Antuñano. (eds.) *Cognitive Linguistics and Translation: Advances in Some Theoretical Models and Applications*. Berlin/Boston: Mouton de Gruyter, 125–158.

Brdar, M. & Brdar-Szabó, R. 2013. Translating (by means of) metonymy. In Rojo, A. & I. Ibarretxe-Antuñano. (eds.) *Cognitive Linguistics and*

Translation: Advances in Some Theoretical Models and Applications. Berlin/ Boston: Mouton de Gruyter, 199–226.

Broeck, R. 1981. The limits of translatability exemplified by metaphor translation. *Poetics Today, 2* (4): 73–87.

Buck, P. S. (trans). 2004. *All Men Are Brothers.* New York: Moyer Bell Ltd.

Bundgaard, K. & Christensen, T. P. 2019. Is the concordance feature the new black? A workplace study of translators' interaction with translation resources while post-editing TM and MT matches. *Journal of Specialised Translation,* (31): 14–37.

Carl, M. & Báez, M. C. T. 2019. Machine translation errors and the translation process: a study across different languages. *Journal of Specialised Translation,* (31): 107–132.

Carl, M. & Schaeffer, M. 2017. Measuring translation literality. In Jakobsen, A. L. & B. Mesa-Lao. (eds.) *Translation in Transition: Between Cognition, Computing and Technology.* Amsterdam: John Benjamins, 81–105.

Castilho, S., Gaspari, F., Moorkens, J., Popović, M. & Toral, A. 2019. Foreword to the special issue on human factors in neural machine translation. *Machine Translation,* (33): 1–7.

Catford, J. C. 1965. *A Linguistic Theory of Translation.* Oxford: Oxford University Press.

Cettolo, M., Bertoldi, N. & Federico, M. 2013. Cache-based online adaptation for machine translation enhanced computer assisted translation. *In Proceedings of Machine Translation Summit XIV.* Stroudsburg, PA: Association for Computational Linguistics, 35–42.

Chan S. 2015. *The Routledge Encyclopedia of Translation Technology.* London / New York: Routledge.

Chang, C. Y. 2009. *Testing Applicability of Eye-Tracking and fMRI to Translation and Interpreting Studies: An Investigation into Directionality.* Unpublished PhD dissertation. London: Imperial College London.

Chang, V. C. 2009. *Testing Applicability of Eye-Tracking and fMRI to Translation and Interpreting Studies: An Investigation into Directionality.* Unpublished PhD dissertation. London: Imperial College London.

Chen, S. 2017. The construct of cognitive load in interpreting and its measurement. *Perspectives, 25* (4): 640–657.

Chmiel, A. 2018. Meaning and words in the conference interpreter's mind: effects of interpreter training and experience in a semantic priming study. *Translation, Cognition & Behavior, 1* (1): 21–41.

Chmiel, A. & Lijewska, A. 2019. Syntactic processing in sight translation by Professional and trainee interpreters: professionals are more time-efficient while trainees view the source text less. *Target: International Journal of Translation Studies, 3* (31): 378–397.

Chomsky, N. 1963. Formal properties of grammars. In Luce, R. D., Bush, R. R. & E. Galanter. (eds.) *Handbook of Mathematical Psychology*. New York: John Wiley and Sons, 323–418.

Christoffels, I., de Groot, A. & Kroll, J. 2006. Memory and language skills in simultaneous Interpreters: the role of expertise and language proficiency. *Journal of Memory and Language, 54*(3): 324–345.

Clausner, T. C. & Croft, W. 1999. Domains and image-schemas. *Cognitive Linguistics,* (10): 1–31.

Cooper, A. 2004. *The Inmates Are Running the Asylum: Why High-Tech Products Drive Us Crazy and How to Restore the Sanity*. Indianapolis: Sams.

Croft, W. & Cruse, D. A. 2004. *Cognitive Linguistics*. Cambridge: Cambridge University Press.

Dagut, M. 1976. Can "metaphor" be translated? *Babel, 22* (1): 21–33.

Dam, H. V. 2004. Interpreters' notes: on the choice of language. *Interpreting, 6*(1), 3–17.

Dancette, J. 1997. Mapping meaning and comprehension in translation. In Danks, J. H., Shreve, G. M., Fountain, S. B. & M. K. McBeath. (eds.) *Cognitive Process in Translation and Interpreting*. Thousand Oaks: Sage Publications, 77–103.

de Beaugrande, R. A. & Dressler, W. U. 1981. *Introduction to Text Linguistics*. London: Longman.

Denroche, C. 2015. *Metonymy and Language: A New Theory of Linguistic Processing*. New York: Routledge.

Dent-Young, J. & Dent-Young, A. (trans). 2010. *The Marshes of Mount Liang*. Shanghai: Shanghai Foreign Language Education Press.

Dong, Y, Li, Y. & Zhao, N. 2019. Acquisition of interpreting strategies by student interpreters. *The Interpreter and Translator Trainer, 13*(4): 408–425.

Dong, Y. & Lin, J. 2013. Parallel processing of the target language during source language comprehension in interpreting. *Bilingualism: Language and Cognition, 16*(3): 682–692.

Dong, Y., Liu, Y. & Cai, R. 2018. How does consecutive interpreting training influence working memory: a longitudinal study of potential links between the two. *Frontiers in Psychology, 9*: 875.

Dragsted, B. 2004. *Segmentation in Translation and Translation Memory Systems: An Empirical Investigation of Cognitive Segmentation and Effects of Integrating a TM System into the Translation Process*. PhD. dissertation, Copenhagen: Copenhagen Business School.

Dragsted, B. 2006. Computer-aided translation as a distributed cognitive task. *Pragmatics & Cognition*, (2): 237–256.

Ehrensberger-Dow, M. 2019. Ergonomics and the translation process. *Slovo. ru: Baltic accent*, (10): 37–51.

Ehrensberger-Dow, M. & O'Brien, S. 2015. Ergonomics of the translation workplace: potential for cognitive friction. *Translation Spaces*, 4(1): 98–118.

Elmer, S., Meyer, M. & Jancke, L. 2010. Simultaneous interpreters as a model for neuronal adaptation in the domain of language processing. *Brain Research*, (1317): 147–156.

Ericsson, K. A. & Simon, H. A. 1984. *Protocol Analysis: Verbal Reports as Data*. Cambridge: MIT Press.

Evans, R. 1998. Metaphor of translation. In Baker, M. (ed.) *Routledge Encyclopedia of Translation Studies*. London: Routledge, 149–152.

Evans, V. & Green, M. 2006. *Cognitive Linguistics: An introduction*. Edinburgh: Edinburgh University Press.

Fantinuoli, C. 2013. *Interpret Bank: Design and Implementation of a Terminology and Knowledge Management Software for Conference Interpreters*. Berlin: Epubli.

Fantinuoli, C. 2018. Computer-assisted interpreting: challenges and future perspectives. In Pastor, G. C., & I. Durán-Munoz. (eds.) *Trends in E-Tools and Resources for Translators and Interpreters*. Leiden: Brill, 153–174.

Ferreira, A. & Schwieter, J. W. 2015. *Psycholinguistic and Cognitive Inquiries into Translation and Interpreting*. Amsterdam: John Benjamins.

Fillmore, C. J. 1975. An alternative to checklist theories of meaning. *BLS*, (1): 123–131.

Fillmore, C. J. 1976. Frame semantics and the nature of language. In Harnad, S., Steklis, H. & J. Lancaster. (eds.) *Origins and Evolution of Language and Speech*. New York: New York Academy of Sciences, 20–32.

Fillmore, C. J. 1977. Topics in lexical semantics. In Cole, R. (ed.) *Current Issues in Linguistic Theory*. Bloomington: Indiana University Press, 76–137.

Fillmore, C. J. 1982. Frame semantics. In Yang, I. (ed.) *Linguistics in the Morning Calm. Selected Papers from SICOL—1981*. Seoul: Hanshin, 111–137.

Fillmore, C. J. 1985. Frames and the semantics of understanding. *Quaderni di Semantics*, (6): 222–254.

Fillmore, C. J. 1988. The mechanisms of construction grammar. *Proceedings of the Fourteenth Annual Meeting of the Berkeley Linguistic Society*, (14): 35–55.

Fillmore, C. J. 2008. Border conflicts: frameNet meets construction grammar. In Bernal, E. & J. DeCesaris. (eds.) *Proceedings of the XIII EURALEX International Congress*. Barcelona: Universitat Pompeu Fabra, 49–68.

Flavell, J. H. 1976. Metacognitive aspects of problem solving. In Resnick, L. B. (ed.) *The Nature of Intelligence*. Hillsdale: Erlbaum, 231–235.

Flavell, J. H. 1979. Metacognition and cognitive monitoring: a new area of cognitive developmental inquiry. *American Psychologist*, (34): 906–911.

Flower, L. & Hayes, J. R. 1981. A cognitive process theory of writing. *College Composition and Communication, 32*(4): 365–387.

García, A. M. 2015. Psycholinguistic explorations of lexical translation equivalents: thirty years of research and their implications for cognitive translatology. *Translation Spaces*, 4(1): 9–28.

García, A. M., Mikulan, E. & Ibáñez, A. 2016. A neuroscientific toolkit for translation studies. In Muñoz Martín, R. (ed.) *Reembedding Translation Process Research*. Amsterdam: John Benjamins, 21–46.

Georgios, L. 2018. Constructions and image-schema preservation: a historical-comparative analysis of PAY in Greek and English. *Lingua*, (206): 85–111.

Gilardi, L. & Baker, C. 2018. Learning to align across languages: toward multilingual frameNet. *Proceedings of the International FrameNet Workshop*, 13–22.

Gile, D. 1995. *Basic Concepts and Models for Interpreter and Translator Training*. Amsterdam: John Benjamins.

Gile, D. 2009. *Basic Concepts and Models for Interpreter and Translator Training*. (revised ed.) Amsterdam: John Benjamins.

Goldberg, A. 1995. *Constructions: A Construction Grammar Approach to Argument Structure*. Chicago: Chicago University Press.

Goldberg, A. E. 2013. Constructionist approaches. In Hoffmann, T. & G. Trousdale. (eds.) *The Oxford handbook of Construction Grammar*. Oxford: Oxford University Press, 27–39.

Göpferich, S. 2009. Towards a model of translation competence and its acquisition: the longitudinal study transcomp. In Gopferich, S., A. L.

Jakobsen & I. M. Mees. (eds.) *Behind the Mind: Methods, Models and Results in Translation Process Research*. Copenhagen: Samfundslitteratur, 12–38.

Göpferich, S. 2013. Translation competence: explaining development and stagnation from a dynamic systems perspective. *Target, 25*(1): 61–76.

Göpferich, S., Jakobsen, A. L. & Mees, I. M. 2008. *Looking at Eyes: Eye-Tracking Studies of Reading and Translation Processing*. Copenhagen: Samfundslitteratur.

Gósy, M. 2007. Disfluencies and self-montioring. *Govor, 24*(2), 91–110.

Guerberof, A. & Moorkens, J. 2019. Machine translation and post-editing training as part of a master's programme. *The Journal of Specialised Translation*, (31): 217–238.

Guldin, R. 2016. *Translation as Metaphor*. Abingdon: Routledge.

Halliday, M. A. K. & Hasan, R. 1976. *Cohesion in English*. London: Longman.

Halverson, S. 2000. Prototype Effects in the Translation Category, In Chesterman, A., Salvador, S. & Y. Gambier. (eds.) *Translation in Context*. Amsterdam: John Benjamins, 3–16.

Halverson, S. 2002. Cognitive models, prototype effects and translation: the role of cognition in translation (meta) theory. *Across Languages and Cultures, 3*(1), 21–44.

Halverson, S. 2010. Cognitive translation studies. In Shreve, G. & E. Angelone. (eds.) *Translation and Cognition*. Amsterdam: John Benjamins, 349–369.

Halverson, S. 2017. Multimethod approaches. In Schwieter, J. W. & A. Ferreira. (eds.) *The Handbook of Translation and Cognition*. Hoboken: John Wiley & Sons, 195– 212.

Halverson, S. 2018. Metalinguistic knowledge/awareness/ability and translation: some questions. *Hermes*, (57): 11– 28.

Halverson, S. 2019. "Default" translation: a construct for cognitive translation and interpreting studies. *Translation, Cognition and Behavior, 2*(2): 169–193.

Hansen-Schirra, S. 2017. EEG and universal language processing in translation. In Schwieter, J. W. & A. Ferreira. (eds.) *The Handbook of Translation and Cognition*. Hoboken: Wiley Blackwell, 232–247.

Hatim, B. & Mason, I. 1990. *Discourse and the Translator*. London: Longman.

Hawkes, D. (trans.). 1976. *The Story of the Stone*. London: Penguin Books.

Herbig, N., Pal, S., Vela, M., Krüger, A. & Genabith, J. 2019. Multi-modal indicators for estimating perceived cognitive load in post-editing of machine translation. *Machine Translation*, (33): 91–115.

Hervais-Adelman, A. G., Moser-Mercer, B., Michel, C. M. & Golestani, N. 2011. The neural basis of simultaneous interpretation: a functional magnetic resonance imaging investigation of novice simultaneous interpreters. *Poster Presented at the 8th International Symposium on Bilingualism*, Oslo, Norway, June 15–18, 2011.

Hickey, L. 1998. *The Pragmatics of Translation*. Clevedon: Multilingual Matter Ltd.

Hilary, P. 1981. *Reason, Truth and History*. Cambridge: Cambridge University Press.

Hiltunen, S., Paakkonen, R., Vik, G.-V & Krause, C. 2014. On interpreters' working memory and executive control. *International Journal of Bilingualism*, 20(3): 297–314.

Holmes, J. S. 1972/2000. The name and nature of translation studies. In Venuti, L. (ed.) *The Translation Studies Reader*. Oxford: Routledge, 172–185.

House, J. 1997. *Translation Quality Assessment: A Model Revisited*. Tübingen: Gunter Narr Verlag.

House, J. 2012. Text linguistics and translation. In Gambier, Y. & L. van Doorslaer. (eds.) *Handbook of Translation Studies*. Amsterdam: John Benjamins, 178–183.

House, J. 2013. Towards a new linguistic-cognitive orientation in translation studies. *Target*, 25(1): 46–60.

Hubscher-Davidson, S. 2009. Personal diversity and diverse personalities in translation: a study of individual differences. *Perspective: Studies in Translatology*, 17(3): 175–192.

Hubscher-Davidson, S. 2013. Emotional intelligence and translation studies: a new bridge. *Meta: Translators' Journal*, 58(2): 324–346.

Hubscher-Davidson, S. 2016. Trait emotional intelligence and translation: a study of professional translators. *Target*, 28(1): 129–154.

Hubscher-Davidson, S. 2018. Do translation professionals need to tolerate ambiguity to be successful? A study of the links between tolerance of ambiguity, emotional intelligence and job satisfaction. In Lacruz, I. & R. Jääskeläinen. (eds.) *Innovation and Expansion in Translation Process Research*. Amsterdam: John Benjamins, 77–104.

Hunt-Gómez, C. I. & Gómez Moreno, P. 2015. Reality-based court interpreting didactic material using new technologies. *Interpreter & Translator Trainer*, 9(2): 188–204.

Hurtado Albir, A. & Alves, F. 2009. Translation as a cognitive activity. In Munday, J. (ed.) *The Routledge Companion to Translation Studies*. London/ New York: Routledge, 54–73.

Hutchins, J. 2010. Machine translation: a concise history. *Journal of Translation Studies*, 13(1–2): 29–70.

Hvelplund, K. T. 2011. *Allocation of Cognitive Resources in Translation: An Eye-Tracking and Key-Logging Study*. PhD dissertation, Copenhagen: Copenhagen Business School.

Hvelplund, K. T. 2017a. Eye tracking and the translation process: reflections on the analysis and interpretation of eye-tracking data. In Schwieter, J. W. & A. Ferreira. (eds.) *The Handbook of Translation and Cognition*. Oxford: Wiley Blackwell, 248–264.

Hvelplund, K. T. 2017b. Eye tracking in translation process research. In Schwieter, J. W. & A. Ferreira. (eds.) *The handbook of Translation and Cognition*. Hoboken: John Wiley & Sons, 248–264.

ISO. 2013. *Translation Services—Requirements for Translation Services*. Geneva: International Standards Office.

ISO. 2017. *Translation Services—Post-Editing of Machine Translation Output— Requirements*. Geneva: International Standards Office.

Jääskeläinen, R. 1999. *Tapping the Process: An Explorative Study of the Cognitive and Affective Factors Involved in Translating*. PhD dissertation. Joensuu: University of Joensuu.

Jääskeläinen, R. 2010. Are all professionals experts? Definition of expertise and reinterpretation of research evidence in process studies. In Shreve, G. M. & E. Angelone. (eds.) *Translation and Cognition*. Amsterdam: John Benjamins, 213–227.

Jääskeläinen, R. & Tirkkonen-Condit, S. 1991. Automatised processes in professional vs. non-professional translation: a think-aloud protocol study. In Tirkkonen-Condit, S. (ed.) *Empirical Research in Translation and Intercultural Studies*. Tubingen: Narr, 89–110.

Jackson, J. H. (trans). 2010. *The Water Margin: Outlaws of the Marsh*. Tokyo: Tuttle Publishing.

Jakobsen, A. L. 2002. Orientation, segmentation, and revision in translation. In Hansen, G. (ed.), *Empirical Translation Studies: Process and Product*. Copenhagen: Samfundslitteratur, 191–204.

Jakobsen, A. L. 2003. Effects of think aloud on translation speed, revision and segmentation. In Alves, F. (ed.) *Triangulating Translation: Perspectives in Process-Oriented Research*. Amsterdam: John Benjamins, 69–95.

Jakobsen, A. L. 2005. Instances of peak performance in translation. *Lebende Sprachen, 50*(3): 111–116.

Jakobsen, A. L. 2014. The development and current state of translation process research. In Brems, E., Meylaerts, R. & Doorslaer, L. V. (eds.) *The Known Unknowns of Translation Studies*. Amsterdam: John Benjamins, 65–88.

Jakobsen, A. L. 2017. Translation process research. In Schwieter, J. W. & A. Ferreira. (eds.) *The Handbook of Translation and Cognition*. Hoboken: Wiley Blackwell, 21–49.

Jakobsen, A. L. & Jensen, K. T. H. 2008. Eye movement behaviour across four different types of reading task. In Göpferich, S., A. L. Jakobsen & I. M. Mees. (eds.) *Looking at Eyes: Eye-Tracking Studies of Reading and Translation Processing. Copenhagen Studies in Language, 36*. Copenhagen: Samfundslitteratur, 103–124.

Jakobsen, A. L. & Schou, L. 1999. Translog documentation, version 1.0. in hansen, G. (ed.) *Probing the Process in Translation: Methods and Results*. Copenhagen: Samfundslitteratur, 1–36.

Jakobson, R. 1959/2000. On linguistic aspects of translation. In Browe, R. A. (ed.) *On Translation*. Cambridge: Harvard University Press, 232–239. Reprinted in Venuti, L. (ed.) 2000. *The Translation Studies Reader*. London: Routledge, 113–118.

Jensen, A. 2001. *The Effects of Time on Cognitive Processes and Strategies in Translation*. PhD dissertation, Copenhagen: Copenhagen Business School.

Jensen, K., Sjørup, A. C. & Balling, L. W. 2009. Effects of L1 syntax on L2 translation. In Alves, F., S. Göpferich & I. M. Mees. (eds.) *Methodology, Technology and Innovation in Translation Process Research: A Tribute to Arnt Lykke Jakobsen*. Copenhagen: Samfundslitteratur, 319–336.

Jia, Y., Carl, M. & Wang, X. 2019a. Post-editing neural machine translation versus phrase-based machine translation for English-Chinese. *Machine Translation, 33*(1–2): 9–29.

Jia, Y., Carl, M. & Wang, X. 2019b. How does the post-editing of neural machine translation compare with from-scratch translation? A product and process study. *The Journal of Specialised Translation*, (31): 60–86.

Jiménez-Crespo, M. A. 2014. Building from the ground up: on the necessity of using translation competence models in planning and evaluating translation and interpreting programs. *Cuadernos de ALDEEU*, (25): 37–67.

Johnson, M. 1987. *The Body in the Mind*. Chicago: University of Chicago Press.

Johnson, P. 1992. *Human Computer Interaction: Psychology, Task Analysis, and Software Engineering*. New York: McGraw-Hill.

Joos, M. 1967. *The Five Clocks*. New York: Harcourt, Brace & World.

Jörn, H. 2017. How cognitive linguistics inspires HCI: image schemas and image-schematic metaphors. *International Journal of Human-Computer Interaction*, (1): 1–20.

Joseph, I. T. & Karol, Z. O. 2011. A conceptual framework for interpreting neuroimaging studies of brain neuroplasticity and cognitive recovery. *Neuro Rehabilitation*, (29): 331–338.

Just, M. A. & Carpenter, P. A. 1980. A theory of reading: from eye fixations to comprehension. *Psychological Review*, *87*(4): 329–354.

Karwowski, W. (ed.). 2006. *International Encyclopedia of Ergonomics and Human Factors*. 2nd ed.. Boca Raton: CRC / Taylor & Francis.

Klubička, F., Toral, A. & Sánchez-Cartagena, V. M. 2017. Fine-grained human evaluation of neural versus phrase-based machine translation. *The Prague Bulletin of Mathematical Linguistics*, *108*(1): 121–132.

Koehn, P. 2009. A process study of computer-aided translation. *Machine Translation*, *23*(4): 241–63.

Koglin, A. 2015. An empirical investigation of cognitive effort required to post-edit machine translated metaphors compared to the translation of metaphors. *Translation & Interpreting*, *7*(1): 126–141.

Koglin, A. & Cunha, R. 2019. Investigating the post-editing effort associated with machine-translated metaphors: a process-driven analysis. *Journal of Specialised Translation*, (31): 8–59.

Köpke, B. & Nespoulous, J.-L. 2006. Working memory performance in expert and novice interpreters. *Interpreting*, *8*(1): 1–23.

Köpke, B. & Signorelli, T. 2012. Methodological aspects of working memory assessment in simultaneous interpreters. *International Journal of Bilingualism*, *16*(2): 183–197.

Koponen, M., Salmi, L. & Nikulin, M. 2019. A product and process analysis of post-editor corrections on neural, statistical and rule-based machine translation output. *Machine Translation*, (33): 61–90.

Kormos, J. 2006. *Speech Production and Second Language Acquisition*. New Jersey: Lawrence Erlbaum Associates.

Koshkin, R., Shtyrov, Y., Myachykov, A. & Ossadtchi, A. 2018. Testing the efforts model of simultaneous interpreting: An ERP study. *PLOS ONE*, *13*(10): e0206129.

Kövecses, Z. 2020. *Extended Conceptual Metaphor Theory*. Cambridge: Cambridge University Press.

Kroll, J. F. & Ma, F. 2018. The bilingual lexicon. In Fernández, E. M. & H. S. Cairns. (eds.) *The Blackwell Handbook of Psycholinguistics*. London: Wiley Blackwell, 294–319.

Kussmaul, P. 1994. Semantic models and translating. *Target*, (6): 1–13.

Kussmaul, P. 1995. *Training the Translator*. Amsterdam: John Benjamins.

Kussmaul, P. 2000. A cognitive framework for looking at creative mental processes. In Olohan, M. (ed.) *Intercultural Faultlines: Research Models in Translation Studies I: Textual and Cognitive Aspects*. Manchester: St. Jerome, 57–71.

Kussmaul, P. 2006. A cognitive framework for looking at creative mental process. In Olohan, M. (ed.) *Intercultural Faultlines: Research Models in Translation Studies I: Textual and Cognitive Aspects*. Beijing: Foreign Language Teaching and Research Press.

Labov, W. 1973. The boundaries of words and their meanings. In Bailey, C. & R. Shuy. (eds.) *New Ways of Analyzing Variation in English*. Washington, DC.: Georgetown University Press, 340–373.

Lachaud, C. M. 2011. EEG, EYE and KEY: Three simultaneous streams of data for investigating the cognitive mechanisms of translation. In O'Brien, S. (ed.) *Cognitive Explorations of Translation*. London / New York: Continuum, 131–153.

Lagoudaki, P. M. 2009. *Expanding the Possibilities of Translation Memory Systems: From the Translators Wishlist to the Developers Design*. PhD dissertation. London: Imperial College London.

Lakoff, G. 1987. *Women, Fire and Dangerous Things: What Categories Reveal About the Mind*. Chicago: University of Chicago Press.

Lakoff, G. & Johnson, M. 1980. *Metaphors We Live By*. Chicago: University of Chicago Press.

Lakoff, G. & Turner, M. 1989. *More Than Cool Reason: A Field Guide to Poetic Metaphor*. Chicago: University of Chicago Press.

Lambert, S. 1994. Simultaneous interpretation: One ear may be better than two. In Lamert, S. & B. Moser-Mercer. (eds.) *Bridging the Gap: Empirical Research in Simultaneous Interpretation*. Amsterdam/Philadelphia: John Benjamins.

Langacker, R. W. 1982. Space grammar, analyzability, and the English passive. *Language, 58*(1): 22–80.

Langacker, R. W. 1986. An introduction to cognitive grammar. *Cognitive Science*, (10): 1–40.

Langacker, R. W. 1987. *Foundations of Cognitive Grammar*. Stanford: Stanford University Press.

Langacker, R. W. 1991. *Foundations of Cognitive Grammar* (Vol.2): *Descriptive Application*. Stanford: Stanford University Press.

Langacker, R. W. 2008. *Cognitive Grammar: A Basic Introduction*. Oxford: Oxford University Press.

Langlais, P. & Lapalme, G. 2002. Transtype: Development-evaluation cycles to boost translator's productivity. *Machine Translation, 17*(2): 77–98.

Lara, C. P. 2019. SWOT Analysis of the inclusion of machine translation and post-editing in the master's degrees offered in the EMT network. *Journal of Specialised Translation*, (31): 260–280.

Lehtonen, M. H., Laine, M., Niemi, J., Thomsen, T., Vorobyev, V. A. & Hugdahl, K. 2005. Brain correlates of sentence translation in Finnish-Norwegian bilinguals. *NeuroReport, 16*(6): 607–610.

Levelt, W. J. M. 1989. *Speaking: From Intention to Articulation*. Cambridge: MIT Press.

Lim, H. 2011. Using anticipation as a simultaneous interpretation strategy. *Interpretation and Translation*, (13): 59–87.

Lin, Y., Lv, Q. & Liang, J. 2018. Predicting fluency with language proficiency, working memory, and directionality in simultaneous interpreting. *Frontiers in Psychology, 9*: 1543.

Liu, M., Diane, L. & Carroll, P. 2004. Working memory and expertise in simultaneous interpreting. *Interpreting, 6*(1): 19–42.

Lyngfelt, B. 2018. Introduction: Constructicons and constructicography. In Lyngfelt, B., Borin, L. Ohara, K. & T. T. Torrent. (eds.) *Constructicography: Constructicon Development Across Languages*. Amsterdam/Philadelphia: John Benjamins, 1–18.

Macizo, P. & Bajo, M. T. 2006. Reading for repetition and reading for translation: Do they involve the same processes? *Cognition, 99*(1), 1–34.

Macnamara, B. N. & Conway, A. R. A. 2016. Working memory capacity as a predictor of simultaneous language interpreting performance. *Journal of Applied Research in Memory and Cognition, 5*(4): 434–444.

Malmkjær, K. 2007. Translation Competence and the Aesthetic Attitude. In Pym, A., Shlesinger, M. & D. Simeoni, (eds.) *Beyond Descriptive Translation Studies: Investigations in Homage to Gideon Toury.* Amsterdam: John Benjamins, 293–310.

Martikainen, K. 1999. *What Happens to Metaphorical Expressions Relating to "Comprehension" in the Processes and Products of Translation? A Think-Aloud Protocol Study.* PhD dissertation, Savonlinna: University of Savonlinna.

Martin, R. 2010. On paradigms and cognitive translatology. In Shreve, G. & E. Angelone. (eds.) *Translation and Cognition.* Amsterdam: John Benjamins, 169–187.

Mason, K. 1982. Metaphor and translation. *Babel, 28* (3): 140–149.

Massey, G. 2017. Translation competence development and process-oriented pedagogy. In Schwieter, J. W. & A. Ferreira. (eds.) *The Handbook of Translation and Cognition.* Hoboken: Willey Blackwell, 496–518.

Mellinger, C. D. 2014. *Computer-Assisted Translation: An Empirical Investigation of Cognitive Effort.* PhD dissertation. Kent: Kent State University.

Meshkati, N. 1988. Toward development of a cohesive model of workload. In Hancock, P. A. & N. Meshkati. (eds.) *Human Mental Workload.* Amsterdam / New York: North-Holland, 305–314.

Miles, B. 2010. Discourse analysis. In Salkind, N. J. (ed.) *Encyclopedia of Research Design.* Thousand Oaks: Sage, 368–370.

Minsky, M. 1975. A framework for representing knowledge. In Winston, P. (ed.) *The Psychology of Computer Vision.* New York: McGraw-Hill, 211–277.

Moorkens, J. & O'Brien, S. 2017. Assessing user interface needs of post-editors of machine translation. In Kenny, D. (ed.) *Human Issues in Translation Technology.* Oxon / New York: Routledge, 127–148.

Morales J., Yudes C., Gómez-Ariza C. J. & Bajo M. T. 2015. Bilingualism modulates dual mechanisms of cognitive control: Evidence from ERPs. *Neuropsychologia, 66*: 157–169.

Moran, J. & Lewis, D. 2011. Unobtrusive methods for low-cost manual evaluation of machine translation. *In Proceedings of Tralogy 2011.* Paris: Centre National de la Recherche Scientifique.

Moser-Mercer, B. 2010. The search for neurophysiological correlates of expertise in interpreting. In Shreve, G. M. & E. Angelone. (eds.) *Translation and Cognition*. Amsterdam: John Benjamins, 263–288.

Munday, J. 2001. *Introducing Translation Studies: Theories and Applications*. London / New York: Routledge.

Muñoz Martin, R. 2010a. On paradigms and cognitive translatology. In Shreve, G. M. & E. Angelone. (eds.) *Translation and Cognition*. Amsterdam: John Benjamins, 169–187.

Muñoz Martin, R. 2010b. Leave no stone unturned: On the development of cognitive translatology. *Translation & Interpreting Studies*, 5(2): 145–162.

Muñoz Martin, R. 2017a. Looking toward the future of cognitive translation studies. In Schwieter, J. & A. Ferreira, (eds.) *The Handbook of Translation and Cognition*. Hoboken: Wiley Blackwell, 555–572.

Muñoz Martin, R. 2017b. Paradigms and cognitive translatology. In Shreve, G. M. & E. Angelone. (eds.) *Translation and Cognition*. Amsterdam: John Benjamins, 169–287.

Murata, M., Ohno, T., Matsubara, S. & Inagaki, Y. 2010. Construction of chunk-aligned bilingual lecture corpus for simultaneous machine translation. *Proceedings of the Seventh International Conference on Language Resources and Evaluation*, LREC.

Nagy, G. T. 2005. *A Cognitive Theory of Style*. Berlin: Peter Lang.

Neubert, A. 1985. *Text and translation*. Leipzig: Verlag Enzyklopädie.

Neubert, A. & Shreve, G. M. 1992. *Translation as Text*. Kent: Kent State University Press.

Newmark, P. 1981. *Approaches to Translation*. Oxford: Pergamon Press.

Newmark, P. 1987. The use of systemic linguistics in translation analysis and criticism. In Steele, R. & T. Threadgold. (eds.) *Language Topics: Essays in Honour of Michael Halliday*. Amsterdam: John Benjamins, 293–303.

Newmark, P. 1988. *A Textbook of Translation*. London: Prentice Hall.

Nida, E. & Charles, R. T. 1969. *The Theory and Practice of Translation*. Leiden: E. J. Brill.

Nida, E. A. 1964. *Towards a Science of Translating*. Shanghai: Shanghai Foreign Language Education Press.

Nitzke, J., Hansen-Schirra, S. & Canfora, C. 2019. Risk management and post-editing competence. *Journal of Specialised Translation*, (31): 239–259.

Nour, S., Struys, E. & Stengers, H. 2020. Adaptive control in interpreters: Assessing the impact of training and experience on working memory.

Bilingualism: Language and Cognition, 23(4): 772–779.

O'Brien, S. 2006a. Eye-tracking and translation memory matches. *Perspectives: Studies in Translatology*, (14): 185–203.

O'Brien, S. 2006b. Pauses as indicators of cognitive effort in post-editing machine translation output. *Across Languages and Cultures*, 7(1): 1–21.

O'Brien, S. 2008. Processing fuzzy matches in translation memory tools: An eye-tracking analysis. *Copenhagen Studies in Language*, (36): 79–102.

O'Brien, S. 2012. Translation as human computer interaction. *Translation Spaces*, 1(1): 101–122.

O'Brien, S. 2013. The borrowers: Researching the cognitive aspects of translation. *Target*, 25(1): 5–17.

O'Brien, S. 2017. Machine translation and cognition. In Schwieter, J. W., Ferreira, A. & J. Wiley. (eds.) *The Handbook of Translation and Cognition*. New York: Wiley-Blackwell, 311–331.

O'Brien, S. 2020. Translation, human-computer interaction and cognition. In Jakobsen, A. L. & F. Alves. (eds.) *Routledge Handbook of Translation and Cognition*. London: Routledge, 376–387.

O'Brien, S. & Moorkens, J. 2014. Towards intelligent post-editing interfaces. In Baur, W., Eichner, B. Kalina, S. Kessler, N. Mayer F. & J. Orsted. (eds.) *Proceedings of the XXth FIT World Congress*. Berlin: BDÜ Fachverlag, 131–137.

O'Hagan, M. 2013. The impact of new technologies on translation studies: A technological turn? In Millán-Varela, C. & B. Francesca. (eds.) *Routledge Handbook of Translation Studies*. London: Routledge, 503–518.

O'Rourke, D. 2008. Interviewing. In Lavrakas, P. J. (ed.) *Encyclopedia of Survey Research Methods*. Thousand Oaks: Sage, 386–388.

PACTE. 2005. Investigating translation competence: Conceptual and methodological issues. *Meta*, 50(2): 609–619.

Padilla, F., Bajo, M. & Macizo, P. 2005. Articulatory suppression in language interpretation: Working memory capacity, dual tasking and word knowledge. *Bilingualism: Language and Cognition*, 8(3): 207–219.

Paradis, M. 2004. *A Neurolinguistic Theory of Bilingualism*. Amsterdam: John Benjamins.

Paradis, M. 2009. *Declarative and Procedural Determinants of Second Languages*. Amsterdam: John Benjamins.

Pasquandrea, S. 2012. Co-constructing dyadic sequences in healthcare interpreting: A multimodal account. *New Voices in Translation Studies*, (8): 132–157.

Pavlović, N. & Jensen, K. T. H. 2009. Eye tracking translation directionality. In Pym, A. & A. Perekrestenko. (eds.) *Translation Research Projects*. Tarragona: Universitat Rovirai Virgili, 101–119.

Perfect, T. J. & Schwartz, B. L. 2002. *Applied Metacognition*. Cambridge: Cambridge University Press.

Pielmeier, H. & O'Mara, P. 2020. The state of the linguist supply chain: Translater and Interpreters in 2020. 01–28. From CSA Research websites.

Pöchhacker, F. 2004. *Introducing Interpreting Studies*. New York: Routledge.

Pöchhacker, F. 2006. Going social? On pathways and paradigms in interpreting studies. In Pym, A., Shlesinger, M. & Z. Jettmarova.(eds.) *Sociocultural Aspects of Translating and Interpreting*. Amsterdam/Philadelphia: John Benjamins.

Pöchhacker, F. 2009. The turns of interpreting studies. In Hansen, G., A. Chesterman & H. Gerzymisch Arbogast. (eds.) *Efforts and Models in Interpreting and Translation Research: A Tribute to Daniel Gile*. Amsterdam: John Benjamins: 25–46.

Pritchard, A. 1969. Statistical bibliography or bibliometrics? *Journal of Documentation, 25*: 348–349.

Quadros, R. M. & Stumpf, R. M. 2015. Sign language interpretation and translation in Brazil: Innovative formal education. In Ehrlich, S. & J. Napier. (eds.) *Interpreter Education in the Digital Age: Innovation, Access, and Change*. Washington D. C.: Gallaudet University Press, 243–265.

Quaresima, V., Ferrari, M., van der Sluijs, M. C., Menssen, J. & Colier, W. N. 2002. Lateral frontal cortex oxygenation changes during translation and language switching revealed by non-invasive near-infrared multi-point measurements. *Brain Research Bulletin, 59*(3): 235–243.

Radden, G. & Dirven, R. 2007. *Cognitive English Grammar*. Amsterdam/ Philadelphia: John Benjamins.

Reder, L. Y. & Schunn, C. D. 1996. Metacognition does not imply awareness: Strategy choice is governed by implicit learning and memory. In Reder, L. Y. (ed.) *Implicit Memory and Metacognition*. Mahah: Erlbaum, 45–76.

Ribas, M. A. 2012. Problems and strategies in consecutive interpreting: A pilot study at two different stages of interpreter training. *META*, (57): 812–835.

Rinne, J. O., Tommola, J., Laine, M., Krause, B. J., Schmidt, D., Kaasinen, V. & Sunnari, M. 2000. The translating brain: Cerebral activation patterns during simultaneous interpreting. *Neuroscience Letters, 294*(2): 85–88.

Risku, H. 2010. A cognitive scientific view on technical communication and translation: Do embodied and situatedness really make a difference? *Target*, 22(1): 94–111.

Risku, H. 2014. Translation process research as interaction research: From mental to socio-cognitive processes. *MonTI Special Issue (1)—Minding Translation*, 331–353.

Risku, H. 2017. Ethnographies of translation and situated cognition. In Schwieter, J. W. & A. Ferreira. (eds.) *The Handbook of Translation and Cognition*. Malden: Wiley Blackwell, 290–310.

Robinson, D. 2014. *Western Translation Theory from Herodotus to Nietzsche*. London / New York: Routledge.

Rojo, A. 2002. Applying frame semantics to translation: A practical example. *Meta*, (47): 311–350.

Rojo, A. 2009. A cognitive approach to the translation of metonymy-based humor. *Across Languages and Cultures*, (10): 63–83.

Rosch, E. 1975. Cognitive representations of semantic categories. *Journal of Experimental Psychology: General*, (104): 192–233.

Rosch, E. & Barbara, B. L. 1978. *Cognition and Categorization*. Hillsdale: Lawrence Erlbaum Associates.

Rossi, C. & Chevrot, J. P. 2019. Uses and perceptions of machine translation at the European commission. *The Journal of Specialised Translation*, (31): 177–200.

Rovira-Esteva, S., Orero, P. & Aixelá, J. F. 2015. Bibliometric and bibliographical research in translation studies. *Perspectives*, 23(2): 159–160.

Ruiz, C., Paredes, N., Macizo, P. & Bajo, M. T. 2008. Activation of lexical and syntactic target language properties in translation. *Acta Psychologica*, 128: 490–500.

Rumelhart, D. E. & McClelland, J. L. 1986. PDP models and general issues in cognitive science. In Rumelhart, D. E. & J. L. McClelland. (eds.) *Parallel Distributed Processing: Explorations in the Microstructure of Cognition, Vol. 1*. Cambridge: MIT Press, 110–146.

Russo, M. 2011. Aptitude testing over the years. *Interpreting*, 13(1): 5–30.

Russo, M., Bendazzoli, C., Sandrelli, A. & Spinolo, N. 2012. The european parliament interpreting corpus (EPIC): Implementation and Developments. In Sergio, F. S. & C. Falbo. (eds.) *Breaking Ground in Corpus-Based Interpreting Studies*. Bern: Peter Lang, 53–90.

Sabina, K. & Stankov, L. 2007. Self-confidence and metacognitive processes. *Learning and Individual Differences, 17*(2): 161–173.

Sakamoto, A. 2019. Why do many translators resist post-editing? A sociological analysis using bourdieu's concepts. *The Journal of Specialised Translation,* (31): 201–216.

Sánchez-Gijón, P., Moorkens, J. & Way, A. 2019. Post-editing neural machine translation versus translation memory segments. *Machine Translation,* (33): 1–29.

Schäffner, C. 2004. Metaphor and translation: Some implications of a cognitive approach. *Journal of Pragmatics,* (36): 1253–1269.

Schäffner, C. & Shuttleworth, M. 2013. Metaphor in translation: Possibilities for process research. *Target, 25*(1): 93–106.

Scherer, L. C., Fonseca, R. P., Amiri, M., Adrover-Roig, D., Marcotte, K., Giroux, F., Senhadji, N., Benali, H., Lesage, F. & Ansaldo, A. I. 2012. Syntactic processing in bilinguals: An fNIRS study. *Brain and language, 121*(2): 144–151.

Schrijiver, I., van Vaerenbergh, L. & van Waes, L. 2011. Transediting in students' translation process. From Artesis website.

Screen, B. 2019. What effect does post-editing have on the translation product from an end-user's perspective? *Journal of Specialised Translation,* (31): 133–157.

Seeber, K. G. & Kerzel, D. 2012. Cognitive load in simultaneous interpreting: model meets data. *The International Journal of Bilingualism,* (16): 228–242.

Semino, E. & Culpeper, J. (eds.) 2002. *Cognitive Stylistics: Language and Cognition in Text Analysis.* Amsterdam: John Benjamins.

Sergio, F. S. & Falbo, C. 2012. Studying interpreting through corpora: An introduction. In Sergio, F. S. & C. Falbo. (eds.) *Breaking Ground in Corpus-Based Interpreting Studies.* Bern: Peter Lang, 9–52.

Shapiro, S. (trans). 2004. *Outlaws of the Marsh.* Beijing: Foreign Languages Press.

Sharmin, S., Špakov, O., Räiha, K. & Jakobsen, A. L. 2008. Where on the screen do translation students look while translating, and for how long? In Göpferich, S. Jakobsen, A. L. & I. M. Mees. (eds.) *Looking at Eyes: Eye-Tracking Studies of Reading and Translation Processing: Copenhagen Studies in Language 36.* Copenhagen: Samfundslitteratur, 31–51.

Shlesinger, M. 2008. Towards a definition of interpretese: An intermodal, corpus-based study. In Hansen, G., Chesterman, A. & H. Gerzymisch-

Arbogast. (eds.) *Efforts and Models in Interpreting and Translation Research: A Tribute to Daniel Gile*. Amsterdam/Philadelphia: John Benjamins, 237–253.

Shreve, G. M. 1997. Cognition and evolution of translation competence. In Danks, J. H., Shreve, G. M., Fountain, S. B. & M. K. McBeath. (eds.) *Cognitive Process in Translation and Interpreting*. Thousand Oaks, CA: Sage, 120–136.

Shreve, G. M. & Angelone, E. 2010. Translation and cognition: Recent developments. In Shreve, G. M. & E. Angelone. (eds.) *Translation and Cognition*. Amsterdam/Philadelphia: John Benjamins, 1–16.

Shreve, G. M., Angelone, E. & Lacruz, I. 2017. Are expertise and translation competence the same? Psychological reality and the theoretical status of competence. In Lacruz, I. & R. Jääskeläinen. (eds.) *Innovation and Expansion in Translation Process Research*. Amsterdam/Philadelphia: John Benjamins, 37–54.

Shreve, G. M. & Koby, G. S. 1997. What's in the "black box"? cognitive science and translation studies. In Danks, H. J., Shreve, G. M., Fountain, S. B. & M. K. McBeath. (eds.) *Cognitive Processing in Translation and Interpreting*. Thousand Oaks: Sage, xi–xviii.

Shuttleworth, M. 2017. *Studying Scientific Metaphor in Translation: An Inquiry into Cross-Lingual Translation Practices*. New York: Routledge.

Sidiropoulou, M. & Tsapaki, E. 2014. Conceptualisations across English-Greek parallel press data: A foreign language teaching perspective. *Interpreter & Translator Trainer*, *8*(1): 32–51.

Signorelli, T. M., Haarmann, H. J. & Obler, L. K. 2012. Working memory in simultaneous interpreters: Effects of task and age. *International Journal of Bilingualism*, *16*(2): 198–212.

Snell-Hornby, M. 1988. *Translation Studies: An Integrated approach*. Amsterdam: John Benjamins.

Snell-Hornby, M. 2006. *The Turns of Translation Studies: New Paradigms or Shifting Viewpoints?* Amsterdam: John Benjamins.

Stockwell, P. 2002. *Cognitive Poetics: An Introduction*. London: Routledge.

Sun, S. 2015. Measuring translation difficulty: Theoretical and methodological considerations. *Across Languages and Cultures*, *16* (1): 29–54.

Sun, S. & Shreve, G. M. 2014. Measuring translation difficulty: An empirical study. *Target*, *26*(1): 98–127.

Sun, S. & Xiao, K. 2019. Chinese scholarship in cognitive translation studies: A survey of researchers. *Translation, Cognition & Behavior*, *2*(1): 125–146.

Sweller, J. 1988. Cognitive load during problem solving: Effects on learning. *Cognitive Science, 12*: 257–285.

Szabó, C. 2006. Language choice in note-taking for consecutive interpreting: A topic revisited. *Interpreting, 8*(2): 129–147.

Talmy, L. 2000a. *Toward a Cognitive Semantics: Concept Structuring Systems,* (Vol. 1). Cambridge: MIT Press.

Talmy, L. 2000b. *Toward a Cognitive Semantics: Typology and Process in Concept* (Vol. 2). Cambridge: MIT Press.

TAUS. 2019. A Review of the TAUS Global Content Conference in Salt Lake City, UT (USA). 07–18. From TAUS websites.

Taylor, J. 1989. *Linguistic Categorization: Prototypes in Linguistic Theory.* London: Oxford University Press.

Taylor, J. 1995. *Linguistic Categorization: Prototypes in Linguistic Theory.* Oxford: Clarendon Press.

Taylor, J. R. 2002. *Cognitive Grammar.* Oxford: Oxford University Press.

Teixeira, C. S. & O'Brien, S. 2018. Overcoming methodological challenges of eye tracking in the translation workplace. In Walker, C. & F. M. Federici. (eds.) *Eye Tracking and Multidisciplinary Studies on Translation.* Amsterdam/Philadelphia: John Benjamins, 33–54.

Timarová, Š., Čeňková, I., Meylaerts, R., Hertog, E., Szmalec, A. & Duyck, W. 2014. Simultaneous interpreting and working memory executive control. *Interpreting, 16*(2): 139–168.

Tiselius, E. & Hild, A. 2017. Expertise and competence in translation and interpreting. In Schwieter, J. W. & A. Ferreira. (eds.) *The Handbook of Translation and Cognition.* Hoboken: Willey Blackwell, 425–444.

Torrent, T., Ellsworth, M., Baker, C. & Matos, E. 2018. The multilingual frameNet shared annotation task: A preliminary report. A paper presented at the international frameNet workshop 2018, Miyazaki, Japan.

Toury, G. 1981. Translated literature: System, norms performance: Toward a TT-oriented approach to literary translation. *Poetics Today,* 2(4): 9–27.

Toury, G. 1988. A handful of paragraphs on "translation" and "norms". In Schäffner, C. (ed.) *Translation and Norms.* Clevedon: Multilingual Matters, 10–32.

Toury, G. 1995. *Descriptive Translation Studies and Beyond.* Amsterdam: John Benjamins.

Trobia, A. 2008. Questionnaire. In Lavrakas, P. J. (ed.) *Encyclopedia of Survey Research Methods*. Thousand Oaks: Sage, 653–655.

Tymoczko, M. 2012. The neurosciences of translation. *Target, 24*(1): 83–102.

Tytler, A. F. 1790. *Essay on the Principles of Translation*. London: Dent.

Tzou, Y.-Z., Eslami, Z. R., Chen, H.-C. & Vaid, J. 2012. Effect of language proficiency and degree of formal training in simultaneous interpreting on working memory and interpreting performance: Evidence from Mandarin-English speakers. *International Journal of Bilingualism, 16*(2): 213–227.

Ungerer, F. & Schmid, H. J. 1996. *An Introduction to Cognitive Linguistics*. London: Longman.

Ünlü, E. A. & Şimşek, Ç. S. 2018. Testing the impact of formal interpreting training on working memory capacity: Evidence from Turkish-English students-interpreters. *Lingua, 209*: 78–88.

van den Broek, P. & Helder, A. 2017. Cognitive processes in discourse comprehension: Passive processes, reader-initiated processes, and evolving mental representations. *Discourse Processes, 54*: 360–372.

van Dijk, R., Christoffels, I., Postma, A. & Hermans, D. 2012. The relation between the working memory skills of sign language interpreters and the quality of their interpretations. *Bilingualism: Language and Cognition, 15*(2): 340–350.

van Dijk, T. A. 1972. *Some Aspects of Text Grammars*. The Hague: Mouton.

van Dijk, T. A. 1977. *Text and Context*. London: Longman.

van Egdom, G. M. W. & Pluymaekers, M. 2019. Why go the extra mile? How different degrees of post-editing affect perceptions of texts, senders and products among end users. *Journal of Specialised Translation, (31)*: 158–176.

van Waes, L. & Schellens, P. J. 2003. Writing profiles: The effect of the writing mode on pausing and revision patterns of experienced writers. *Journal of Pragmatics, 35*(6): 829–853.

Venuti, L. 1995. *The Translator's Invisibility*. London: Routledge.

Venuti, L. 2012. *The Translation Studies Reader*. London / New York: Routledge.

Vieira, L. N. 2019. Post-editing of machine translation. In O'Hagan, M. (ed.) *The Routledge Handbook of Translation and Technology*. New York: Routledge, 206–318.

Vieira, N. L., Alonso, E. & Bywood, L. 2019. Post-editing in practice—process, product and networks. *Journal of Specialised Translation, (31)*: 2–13.

Wang, B. & Li., T. 2015. An empirical study of pauses in Chinese-English simultaneous interpreting. *Perspectives*, (1): 124–142.

Wang, J. 2013. Bilingual working memory capacity of professional Auslan/English interpreters. *Interpreting, 15*(2): 139–167.

Wang, J. & Napier, J. 2013. Signed language working memory capacity of signed language interpreters and deaf signers. *Journal of Deaf Studies and Deaf Education, 18*(2): 271–286.

Wehrmeyer, E. A. 2019. Corpus for signed language interpreting research. *Interpreting, 21*(1): 62–90.

Wittgenstein, L. 1953. *Philosophical investigation*. Oxford: Basil Blackwell.

Wu, Y. & Liao, P. 2018. Re-conceptualising interpreting strategies for teaching interpretation into A B language. *The Interpreter and Translator Trainer, 12*(2): 188–206.

Xiao, K. & Muñoz, R. 2020. Cognitive translation studies: Models and methods at the cutting edge. *Linguistica Antverpiensia, New Series: Themes in Translation Studies, 19*: 1–24.

Yamada, M. 2019. The impact of google neural machine translation on post-editing by student translators. *The Journal of Specialised Translation*, (31): 87–106.

Zagar Galvão, E. 2009. Speech and gesture in the booth—a descriptive approach to multimodality in simultaneous interpreting. In DeCrom, D. (ed.) *Selected Papers of the CETRA Research Seminar in Translation Studies 2009*.

Zheng, B. H. & Xiang, X. 2013. Processing metaphorical expressions in sight translation: An empirical-experimental research. *Babel, 59* (2): 160–183.

术 语 表

百科知识	encyclopedic knowledge
半技术词	semi-technical word
背景知识	background knowledge
变量	variable
变译	translation variation
表达策略	production strategy
表征方式	representation
并行加工	parallel process
布拉德福定律	Bradford's law
布罗卡区	Broca's area
侧显	profile
层创空间	emergent structure
层次转换	level shifts
阐释主义	interpretivism
场元素	field element
超额翻译	overtranslation
超学科	transdisciplinarity
陈述记忆	declarative memory
创造性翻译	creative translation
词频	word frequency
词元	lexical units
次任务测量	subtask measure
刺激回忆法	stimulated recall
存储转换	storage conversion
存在句型	existential sentence
错拼词	mispronounced words
错误类型	error pattern
大脑电位	brain potential
单语研究	monolingual research
等效原则	equivalence principle

第二语言	second language
电生理工具	electrophysiological tools
动态对等	dynamic equivalence
度量图示	scale schema
短期记忆	short-term memory
对照实验	controlled experiments
多模态语篇分析	multimodal discourse analysis
多学科	multidisciplinarity
多义性	polysemy
多元互证法	triangulation
额叶	frontal lobe
额叶基底	basal frontal lobe
额叶下皮质	lower frontal cortex
发音抑制	articulatory suppression
发展脉络	development context
法庭口译	court interpreting
翻译策略	translation strategies
翻译单位	translation unit
翻译递归性	translation recursiveness
翻译对等	translation equivalence
翻译过程	translation process
翻译记忆	translation memory
翻译技术	translation technology
翻译能力	translation competence
翻译批评	translation criticism
翻译性阅读	reading for translation
翻译转换	translation shifts
翻译自动化用户协会	Translation Automation User Society（TAUS）
反讽	irony
范畴	category
范畴化	normalization
范畴转换	category shifts
范式	paradigm
访谈	interview
访谈法	interview method

非词汇重复	nonlexical repetition
非流利现象	disfluency
非言语信息	nonverbal information
非隐喻性表达	non-metaphorical expression
分化性激活	differentiated activation
附属运动皮层	adnexal motor cortex
复述	retelling
副言语信息	para-verbal information
概念表征	conceptual representation
概念对等	conceptual equivalence
概念范畴	notional category
概念基元	concept primitive
概念属性	concept attributes
概念系统	conceptual system
概念隐喻	conceptual metaphor
概念隐喻理论	conceptual metaphor theory
概念映射	concept mapping
概念整合	conceptual integration
概念转换	concept conversion
概念转喻	conceptual metonymy
概念转喻理论	conceptual metonymy theory
感官知觉	sensory perception
格语法	case grammar
根隐喻	root metaphor
工作记忆	working memory
工作记忆容量	working memory capacity
功能对等	functional equivalence
功能性磁共振成像	fMRI (functional magnetic resonance imaging)
功能性近红外光谱	fNIRS (functional near-infrared spectroscopy)
功能性近红外线成像	fNIRI (functional near-infrared imaging)
共变关系	covariation
构式语法	construction grammar
关键词共现	keyword co-occurrence
关联翻译论	relevance translation theory
关联理论	relevance theory

归化策略	domesticating strategy
汉语框架网	Chinese FrameNet
合成空间	blended space
核磁共振	MRI
后天手语者	non-native signer
互动论	interaction
回溯性思维报告	retrospective report
击键记录	keystroke logging
机辅翻译	computer-aided translation
机器翻译	machine translation
鸡尾酒会测试	cocktail-party test
即时性	instantaneity
即席性	extemporaneousness
计算机科学	computer science
记忆加工	memory process
记忆容量	memory capacity
技术类文本	technical text
绩效测量	performance measurement
监控策略	monitoring strategy
简化	simplification
交际功能	communicative function
交际互动	communicative interaction
交替传译	consecutive interpreting
脚本	script
结构方程模型	SEM (Structural Equation Modeling)
截断词	truncated words
解构	deconstruction
解码	decoding
解释性	interpretability
经验主义	empiricism
句法特征	syntactic feature
句级切分	sentence segmentation
具身认知	embodied cognition
具身体验	embodied experience
聚类分析	cluster analysis

颗粒度	granularity
可读性	readability
可视化工具	visualization tools
可译性	translatability
口译笔记	interpreting notes
口译策略	interpreting strategies
口译记忆认知机制	cognitive mechanism of interpreting memory
口译认知过程	cognitive process of interpreting
口译认知研究	interpreting cognition studies
口译研究	interpreting studies
跨文化交际	cross-cultural communication
跨文化移植	cross-cultural transplantation
跨学科	crossdisciplinarity
跨学科融合	interdisciplinary integration
跨学科性	interdisciplinarity
跨学科研究	interdisciplinary research
跨域映射	cross-domain mapping
框架	frame
框架借用	frame borrowing
框架语义学	frame semantics
框架转移	frame-shifting
类属空间	generic space
离线数据分析	off-line data analysis
理解性阅读	reading for comprehension
历时性研究	diachronic study
历史语言学	historical linguistics
联结主义	connectionism
链式转喻	chained metonymy
路径图示	path schema
媒介语	medium language
描述性翻译研究	Descriptive Translation Studies
模糊匹配	fuzzy match
母体语系	protolanguage
目标语	target language
目标域	target domain

脑磁图	MEG(magnetoencephalography)
脑电图	EEG (electroencephalogram)
脑活动模式	pattern of brain activity
脑区活动	cerebral area activity
内侧苍白球	globus pallidus
内丹修炼者	inner alchemy practicer
内省法	introspection
逆向翻译	backward translation
颞顶叶	temporal-parietal lobe
派生隐喻	derivative metaphor
配价	valency
批判话语分析	critical discourse analysis
皮肤反应	skin reaction
匹配度	matching degree
频谱分析	spectral analysis
屏幕录制	screen recording
普赖斯定律	Price law
前额叶腹侧皮层	ventral prefrontal cortex
前运动皮层	premotor cortex
欠额翻译	undertranslation
情感隐喻	emotional metaphor
情感映射	emotion mapping
情境认知	situational cognition
情境—社会互动	situational and social interaction
情态	modality
人工翻译	human translation
人工智能	artificial intelligence
人机交互	human-computer interaction
人机交互翻译	human-computer interaction translation
人类工效学	ergonomics
认知参数	cognitive parameter
认知动因	cognitive motivation
认知翻译学	Cognitive Translation Studies
认知负荷	cognitive load
认知机制	cognitive mechanism

认知加工	cognitive processing
认知加工策略	cognitive processing strategy
认知科学	cognitive science
认知模式	cognitive model
认知努力	cognitive effort
认知人类学	cognitive anthropology
认知神经科学	cognitive neuroscience
认知—神经生理机制	cognitive and neurophysiological mechanisms
认知失谐	cognitive dissonance
认知突显	cognitive salience
认知图式	cognitive schema
认知文体学	cognitive stylistics
认知语法	cognitive grammar
认知语言学	cognitive linguistics
认知语用学	cognitive pragmatics
认知域	cognitive domain
认知资源	cognitive resources
容器图示	container schema
社会认知	social cognition
身体体验	bodily experience
神经机器翻译	neural machine translation
神经科学	neuroscience
神经联结	neutral connection
神经元活动	neuron activity
神经元适应	neuronal adaptation
生态效度	ecological validity
省译	omission
识解	construal
实证研究	empirical research
实证主义范式	positivist paradigm
实证主义哲学	positivism
始源域	source domain
事件融合理论	event fusion
事件图式	event schema
事件相关单位	ERP(even-related potentials)

文本评估	text assessment
文本细读	close reading
文化补偿	cultural compensation
文化负荷	cultural load
文化认知	cultural cognition
文化适应	cultural adaptation
文化意象	cultural image
文化语境	cultural context
文献计量法	bibliometric method
文学翻译	literary translation
文学文本	literary text
文学语境	literary context
文艺理论	literary theory
问卷法	questionnaire method
无创技术	noninvasive technique
误译	mistranslation
系统功能语法	Systemic Functional Grammar
辖域	scope
先天手语者	native signer
象似性	iconicity
效度	validity
协调策略	coordination strategy
心理测量	psychological measurement
心理生理测量	psycho-physiological measurement
心理语言学	psycholinguistics
心率	heart rate
心智空间	mental space
信息表达	information expression
信息感知	information perception
信息加工	information processing
信息科学	informatics
信息损耗	information loss
信息提取	information extraction
形合语言	hypotactic language
形式对等	formal equivalence

形态结构	morphological structure
形态句法学	morphosyntax
修辞功能	rhetorical function
修正效率	updating efficiency
叙事性文本	narrative text
选择性侧显	selective profiling
学习期望	learning expectations
血压	blood pressure
言语信息	verbal information
研究范式	research paradigm
眼动追踪	eye tracking
眼－脑假设	eye-brain hypothesis
眼－脑协同	eye-brain coordination
氧消耗	oxygen consumption
医学翻译	medical translation
异化	foreignization
译后编辑	post-editing
译后编辑能力	post- editing abilities
译前编辑	pre- edition
译者主体性	translator subjectivity
译者视域	the translator's horizon
易碎性	friability
意合语言	paratactic language
意图评估	intention assessment
意象	image
意象图式	image schema
因子分析法	factor analysis
音位结构	phonological construction
音系学	phonology
隐喻	metaphor
隐喻词效应	metaphorical word effect
隐喻翻译	metaphor translation
隐喻框架	metaphorical frame
隐喻识别	metaphor recognition
隐喻网络	metaphorical web

映射	mapping
有声思维法	think-aloud protocols
语法功能	grammatical function
语法可能性	grammatical affordances
语际翻译	interlingual translation
语境	context
语境意义	contextual meaning
语块对齐	chunk alignment
语块提取	chunk extraction
语料库	corpus
语料库翻译学	corpus-based translation studies
语料库语言学	corpus linguistics
语料转录	transcription of language material
语码转换	code switch
语内翻译	intralingual translation
语篇分析	discourse analysis
语篇特征	discourse features
语言服务	language service
语言共性论	linguistic universalism
语言机制	faculty of language
语言监控	language monitoring
语言认知	linguistic cognition
语言相对论	linguistic relativity
语言隐喻	verbal metaphor
语义翻译	semantic translation
语义分析	semantic analysis
语义负荷	semantic load
语义特征	semantic features
语音环	phonological loop
语用策略	pragmatic strategy
语用等效	pragmatic equivalence
语域	register
元认知	metacognition
元认知策略能力	metacognitive strategies
元认知监控	metacognitive monitoring

元认知知识	metacognitive knowledge
元语言知识	metalinguistic knowledge
原型范畴理论	prototype theory
原型效应	prototype effect
源语言	source language
阅读广度	reading span
长时记忆	long-term memory
正词法	orthography
正电子发射断层摄影术	PET (positron emission tomography)
直译	literal translation
质性访谈	qualitative interview
中央执行系统	central executive system
主观性	subjectivity
主任务测量	main task measure
注视点	point of fixation
注视时长	fixation duration
注意策略	attention strategy
注意力分配	attention allocation
专业技能	professional skill
转喻	metonymy
自我调节	self-regulation
自我修正策略	self-repair strategies
自由回忆任务	free recall
字面意义	literal meaning
字幕翻译	subtitle translation
左脑侧化	left brain lateralization